H. DE LAMOTHE

CINQ MOIS

CHEZ LES

FRANÇAIS D'AMÉRIQUE

VOYAGE AU CANADA ET A LA RIVIÈRE ROUGE DU NORD

CINQ MOIS

CHEZ LES

FRANÇAIS D'AMÉRIQUE

PARIS. — IMPRIMERIE E. MARTINET, RUE MIGNON, 2.

La colline du Parlement. (Ottawa.) Frontispice.

CINQ MOIS

CHEZ LES

FRANÇAIS D'AMÉRIQUE

VOYAGE AU CANADA

ET A LA RIVIÈRE ROUGE DU NORD

PAR

H. DE LAMOTHE

Contenant 4 cartes et 24 gravures sur bois.

PARIS

LIBRAIRIE HACHETTE ET CIE

79, BOULEVARD SAINT-GERMAIN, 79

1879

Tous droits réservés.

PRÉFACE

A Monsieur Onésime Reclus,

Vous souvient-il, cher ami, de quelle façon impromptue se décida le voyage dont je suis heureux de pouvoir vous dédier aujourd'hui la relation très sincère, sinon très intéressante?

Au mois de janvier 1873, nous traversions ensemble les magnifiques gorges de l'Isser, sur la route d'Alger à Constantine par Palestro.

Nous étions trois dans la voiture, B****, un vieil Algérien, notre ami à tous deux, vous et moi. On causait peuplement, immigration, on escomptait l'avenir encore lointain, où, transformée par le génie de notre race et conquise par notre belle langue française, l'Afrique septentrionale viendrait compenser, et au delà, la perte cruelle et récente de deux de nos provinces.

La conversation s'était peu à peu, comme il arrive

toujours, éloignée de son point de départ. De digressions en digressions, cherchant partout des exemples dont on pût tirer profit dans notre chère Algérie, nous avions quitté l'ancien continent pour le nouveau. Nous en vînmes à parler d'un pays fort peu connu de la grande majorité de nos compatriotes — même des plus lettrés, — mais dont vos études, vos recherches journalières vous avaient appris à comprendre et à apprécier l'importance et les destinées.

Il est vrai que ce pays est une ancienne possession de la France, et que nous semblons souvent prendre à tâche d'oublier ce que nous avons perdu : sans doute pour qu'un souvenir importun ne vienne pas rouvrir de vieilles blessures et nous obliger à supputer ce que nous ont coûté ces trois vices chroniques de notre politique extérieure : ignorance, légèreté et routine.

— Eh bien, vous disais-je, après avoir vu nos compatriotes à l'œuvre au Sénégal et en Algérie sous la tutelle parfois bien gênante d'une administration trop centralisée et presque sans attaches locales, il ne me déplairait pas d'aller examiner sur place les résultats obtenus sous une domination étrangère, mais avec un régime de liberté et d'autonomie, par les Français de l'Amérique du Nord.

— Y tenez-vous beaucoup? telle fut votre très laconique réponse.

— Pouvez-vous en douter? Vous savez bien que je suis le voyageur de l Écriture, errant sur la face de la terre, et qu'au premier signal je boucle une valise et je pars.

— En ce cas, je crois avoir votre affaire. Dans six mois vous contemplerez les eaux vertes du Saint-Laurent.

Et ce que vous aviez dit, vous l'avez fait. Moins de dix mois après ce dialogue, je partais muni, grâce à vous, des meilleures recommandations pour quelques-uns des personnages les plus en vue de la Confédération canadienne. A peine débarqué sur le continent américain, je recevais du gouvernement d'Ottawa une mission qui me permettait de pousser jusqu'à la région des Prairies, au pays des Métis. Et quand je revins en France, n'est-ce pas encore sur votre présentation amicale que le *Tour du Monde* voulut bien accorder l'hospitalité de ses colonnes à presque toute la partie pittoresque et descriptive de mes impressions de voyage, tandis que quelques-uns de nos meilleurs artistes prêtaient leur crayon à l'interprétation scrupuleusement fidèle des photographies, gravures ou esquisses que chemin faisant j'étais parvenu à réunir?

Les trois premières livraisons venaient à peine de paraître, en 1875, que la capricieuse fée des voyages m'entraînait encore une fois dans le cortège de ses adorateurs. Pendant trois ans, courant sans relâche, je passai des roches arides de l'Herzégovine aux splendeurs du centenaire américain de Philadelphie, des paysages tropicaux de Cuba et de Saint-Domingue aux frimas des montagnes Rocheuses, du spectacle de la lutte politique des races et des partis en Louisiane aux émotions de la grande guerre sur le Danube et dans les Balkans. Obligé d'enregistrer jour par jour, et de détailler ensuite aux lecteurs du *Temps* le menu de ces pérégrinations fantastiques, je dus fatalement négliger tout le reste, et la publication des dernières livraisons en fut retardée jusqu'en 1878. Ces délais m'ont permis du moins de revoir tout mon travail avant de le publier sous forme de livre, le complétant à l'aide de renseignements puisés aux sources les plus récentes, et que vous-même m'avez largement aidé à recueillir.

C'est donc bien vous, cher ami, qui êtes en quelque sorte le premier auteur de ce volume, et s'il a quelque mérite, vous pouvez à bon droit en revendiquer la meilleure part. Il n'est que juste que vous en receviez l'hommage.

H. DE LAMOTHE.

Paris, le 1er janvier 1879.

CINQ MOIS

CHEZ LES

FRANÇAIS D'AMÉRIQUE

I

La Ligne Allan. — Passagers et émigrants français. — La baie de Londonderry. — Le détroit de Belle-Isle. — Les glaces flottantes. — Un saint Thomas. — L'estuaire du Saint-Laurent. — Anticosti. — Les Acadiens et les Pêcheries. — Les milices canadiennes.

J'avais quitté Alger entre le départ d'un gouverneur général et l'arrivée de son successeur [1]; le 14 juillet 1873, au lendemain des fêtes qui avaient accueilli la venue du chah de Perse à Paris, je m'embarquais au Havre pour l'Angleterre, et trois jours plus tard je prenais passage à Liverpool sur le steamer *Moravian* de la ligne Allan, à destination de Québec.

Les recommandations dont j'étais muni m'avaient imposé en quelque sorte le choix de cette ligne essentiellement canadienne pour effectuer ma première traversée d'Europe en Amérique, et je m'en suis souvent félicité depuis. De toutes les lignes transatlantiques il n'en est point dont l'itinéraire offre autant d'attraits à un touriste. On a traversé l'Angleterre, on côtoie l'Irlande, et durant

---

1. L'amiral de Gueydon et le général Chanzy.

la belle saison on gagne le continent américain en passant
au nord de l'île de Terre-Neuve, ce qui réduit à trois mille
cinq cents kilomètres environ la traversée en pleine mer
(de Liverpool à Belle-Isle). C'est presque un tiers de moins
que la distance du Havre ou de Liverpool à New-York. Les
douze cents derniers kilomètres se font en vue des côtes, et,
sauf l'entrée du golfe Saint-Laurent, dans des eaux relativement tranquilles. En hiver seulement, lorsque le Saint-
Laurent est fermé par les glaces, les paquebots canadiens
changent leur itinéraire et débarquent soit à Portland, dans
l'État du Maine, d'où le chemin de fer du *Grand Tronc*
transporte directement les voyageurs à Québec et à Montréal, soit à Halifax dans la Nouvelle-Écosse que le chemin
de fer intercolonial relie au réseau canadien.

Pour ne parler ici que de l'itinéraire d'été, on ne saurait imaginer une plus splendide avenue, pour pénétrer au
cœur du Nouveau-Monde, que la voie maritime et fluviale
qui commence au détroit de Belle-Isle, au milieu des glaces
flottantes détachées des banquises de la mer de Baffin, et
se termine à Québec [1], après cent cinquante lieues de
navigation dans le magnifique estuaire du Saint-Laurent.
Quelle différence entre l'admirable panorama dont on
jouit sur tout ce parcours, et la brusque apparition, après
neuf ou dix jours passés entre ciel et eau, des côtes sans
relief de Long-Island et des quais de l'immense mais peu
pittoresque ville de New-York !

Les passagers étaient nombreux à bord du *Moravian;*
toutefois le « french speaking element » — le personnel
français — des premières classes se réduisait à quatre
voyageurs. D'abord un jeune Canadien de Montréal, tout
fraîchement sorti du collége, et que sa famille venait d'en-

---

1. Les passagers débarquent d'ordinaire à Québec, mais Montréal
est en réalité le *terminus* de la navigation transatlantique.

voyer, pour ses débuts dans la vie, faire sans le moindre
mentor une excursion de touriste à Londres, Paris,
Rome, le Caire et Bombay. Entre autres impressions de
voyage, il aimait à raconter une anecdote qui jetait, suivant lui, un jour fâcheux sur l'érudition géographico-his-
torique de l'honorable corporation des hôteliers français.
Circonstance aggravante, c'était dans notre premier port
de mer, à Marseille. Le maître de l'hôtel où il était des-
cendu, lui voyant écrire le mot « Canada » à la suite de
son nom sur le registre réglementaire, lui avait exprimé
son profond étonnement de l'entendre parler si correcte-
ment notre idiome. « Quelle langue croyez-vous donc que
nous parlons au Canada? s'était écrié M. V***. — Eh!
Monsieur, avait riposté, avec l'accent que l'on sait, l'enfant de la Canebière, je croyais que dans ce pays-là tout
le monde parlait sauvage! »

Le second de mes compagnons était aussi Canadien,
c'était le frère visiteur des écoles chrétiennes de la province de Québec, revenant de Paris où l'avait appelé l'élection du général de son ordre. Un Français frisant la quarantaine, autrefois directeur de haras en Autriche et qui
se rendait au Canada pour essayer l'élevage et le commerce des trotteurs renommés que nourrit surtout la province d'Ontario, complétait avec moi ce quatuor, où figu-
raient en nombre égal les deux branches européenne et
américaine de notre nationalité.

Si l'élément français était en infime minorité dans les
cabines, il n'en était pas de même pour l'entre-pont, où
plus de cent vingt passagers et passagères, Parisiens,
Lyonnais, Alsaciens, etc., le représentaient de la façon la
plus bruyante. C'étaient des émigrants envoyés à Québec
par l'agence canadienne de Paris. Plus d'une fois, pendant le voyage, leur entrain, leur grosse gaieté, leurs
danses surtout, improvisées au son de l'accordéon d'un

émigrant piémontais, scandalisèrent quelques Anglais
formalistes. Un jour même que le tapage était à son
comble, on entendit un insulaire murmurer avec une
sorte d'effroi le mot de « Commune ! », un bien gros mot
en vérité pour quelques pacifiques entrechats.

En dehors de nos compatriotes, il n'y avait guère
comme passagers d'entre-pont que quelques pauvres diables d'Irlandais et de Scandinaves, la plupart en gue-
nilles. Les femmes et les jeunes filles surtout faisaient
peine à voir. Tête et pieds nus, drapées de leur mieux
dans des châles en lambeaux qui les protégeaient à peine
contre la bise de l'Atlantique boréal, bise souvent glaciale,
même en cette saison de l'année, elles passaient la plus
grande partie de leur temps accroupies contre les borda-
ges, préférant sans doute le froid du grand air aux effluves
de l'intérieur du navire. J'allais oublier un couple intéres-
sant : deux jeunes tourtereaux en pleine lune de miel, et
partis sans doute dans l'intention de se bâtir un nid dans
quelque coin du Nouveau-Monde. Leur idylle se termina à
Québec par l'arrivée d'un constable. Une dépêche télégra-
phique les avait précédés, dépêche d'un mari jaloux de
leur bonheur. C'était un cas de « criminal conversation »
aggravé par l'enlèvement de la tourterelle. Fiez-vous
donc aux apparences !

Le lendemain de notre départ de Liverpool, nous
apercevons les côtes de la verte Érin, l'île d'émeraude.
Jamais surnom ne fut mieux mérité. Les collines côtières
sont recouvertes, même sur leurs pentes les plus fortes,
d'un tapis de gazon dont les vives couleurs acquièrent un
surcroît d'intensité par le contraste des teintes grises et
sombres des flots de l'Océan. Nous entrons dans la baie
de Londonderry et le steamer s'arrête devant le petit
bourg de Moville, où nous devons prendre les passagers
d'Irlande et les dernières dépêches d'Europe. Il s'agit de

mettre à profit ces quelques heures d'arrêt : je descends à terre avec quelques-unes de mes nouvelles connaissances; et bientôt une voiture malpropre, munie de sièges très imparfaitement rembourrés, mais attelée de deux trotteurs de bonne race, nous conduit aux ruines de Greencastle, situées à vingt minutes du bourg de Moville, près d'une petite batterie de côte gardée par quelques artilleurs de l'armée de Sa Gracieuse Majesté.

Quelles charmantes campagnes remplies de verdure et de fraîcheur dans ce petit coin d'Irlande que nous parcourons! Mais aussi quel abrégé de toutes les misères du peuple irlandais se déroule devant nous! Des vieilles femmes sexagénaires, en haillons, assiègent les voyageurs de leurs sollicitations. Des multitudes d'enfants, plus déguenillés encore, courent derrière notre voiture, réclamant un penny. Et pourtant quel beau sang dans cette race déshéritée! Comment se figurer, si d'implacables statistiques n'en faisaient foi, que la faim torture pendant les deux tiers de l'année ces pauvres *babies*, si roses, si frais et si gracieux de figure?

Après le départ de Moville, le voyage se continue sans aucun incident jusqu'à l'entrée du détroit de Belle-Isle. Chaque soir, pendant que la portion masculine des passagers déguste l'éternelle tasse de thé, ou le verre de whisky, quelques *misses* anglaises ou américaines chantent, au piano, les derniers airs en vogue à Londres ou à New-York. Quiconque a voyagé sur les vapeurs transatlantiques, anglais ou autres, sait qu'à moins d'événements extraordinaires, causés la plupart du temps par la mauvaise humeur de Neptune, le programme des distractions journalières brille surtout par la plus parfaite uniformité. Notons en passant que la cuisine est loin de valoir comme qualité celle de nos transatlantiques français. Mais les estomacs que n'incommodent ni roulis ni tangage peuvent se rattraper amplement sur la quantité, laquelle est à la hauteur des appétits britanniques.

Le 26, nous apercevons entre le navire et les montagnes du Labrador, déjà visibles à l'horizon, de nombreuses taches d'une blancheur éclatante qui grossissent rapidement en se rapprochant, et que nous reconnaissons bientôt pour d'énormes blocs de glace flottante. Une heure plus tard, le steamer passe à portée de plusieurs de ces blocs, qui se présentent sous les formes les plus diverses et dont la partie émergée atteint parfois la hauteur d'une maison à deux étages. Ce spectacle, par un beau soleil de juillet, est vraiment féerique. J'entends parmi nos émigrants quelques Parisiens enthousiastes s'écrier qu'une telle vue vaut à elle seule le voyage. Mais un vieux bonhomme à tournure campagnarde, et qui cependant se dit enfant de la grande capitale, proteste énergiquement contre la supposition qu'il puisse y avoir sur mer, en plein juillet, des glaçons flottants et surtout des glaçons de cette taille. Des rochers, des écueils tant qu'on voudra, mais des glaçons! Ce n'est pas à lui qu'on fera croire de telles balivernes.

Des paris s'engagent : un tisseur lyonnais vient faire appel à la science des passagers de première classe, mais notre homme tient bon, il ne se fie pas aux gens « savants » qui, dit-il, aiment à en faire accroire au pauvre monde. La discussion aurait duré longtemps encore, si les débris d'un petit glaçon brisé en menus fragments n'étaient venus passer tout près du navire. Notre saint Thomas, malgré son esprit d'opposition systématique, est alors obligé de confesser sa défaite au milieu des huées joyeuses de ses contradicteurs.

Tandis que, captivés par l'étrange aspect de la nature semi-boréale qui nous environne, nous portons nos regards des blancs écueils de glace aux montagnes du

Labrador, et du phare de Belle-Isle aux côtes de Terre-Neuve, voici que des strics blanchâtres et mobiles, des fumerolles légères se sont formées au-dessus des eaux. Peu à peu elles augmentent de volume et semblent de petits paquets de gaze effleurant légèrement la surface d'un miroir. Pas une vague, pas une ride. Quelques minutes encore, et montagnes et glaçons disparaissent subitement dans un épais brouillard. Ces brumes subites sont le plus grand danger de ces parages. Des navires ainsi surpris ont été brisés comme verre par la rencontre d'un roc de glace. Aussi la corne marine se fait bruyamment entendre de cinq en cinq minutes, et pendant toute la journée nous marchons avec cette sage lenteur qui est la meilleure des précautions.

L'aube du lendemain nous trouve à l'entrée du golfe Saint-Laurent. Nous apercevons au loin, dans l'après-midi, les côtes d'Anticosti, grande île peu élevée, presque aussi vaste que la Corse, mais encore à peu près inhabitée. Ses côtes cependant, comme celles du Labrador, se peuplent peu à peu, malgré la rigueur du climat et la stérilité du sol [1]. La veille déjà, nous avons aperçu avec nos longues-vues les maisons d'un hameau de pêcheurs. Ce sont des Acadiens, les descendants des proscrits chantés par Longfellow dans *Évangéline*, qui viennent des côtes du Nouveau-Brunswick, des îles de la Madeleine et du Prince-Édouard, se fixer sur ces plages

---

1. La division du Labrador qui s'étend depuis Manicouagan et la pointe de Monts jusqu'au détroit de Belle-Isle, ne renfermait encore en 1871 que 3699 habitants répandus sur une côte longue de sept cents kilomètres. Au point de vue de la nationalité d'origine, ces 3699 personnes comptaient 1835 Canadiens ou Acadiens français, 1309 Indiens, le reste Anglais, Irlandais, Écossais et Jerseyais. Une compagnie écossaise de colonisation vient d'acheter l'île d'Anticosti, concédée jadis en seigneurie à l'un des plus illustres explorateurs canadiens du XVIIe siècle : Joliet, le précurseur de Cavelier de la Salle dans la découverte du Mississipi.

désertes, rocheuses, mais où le poisson abonde. Ces Acadiens sont les premiers pêcheurs et les plus intrépides marins de l'Amérique du Nord. Pauvres, ignorants, mais énergiques, ils conservent avec amour cette nationalité française pour laquelle ils ont tant souffert au siècle dernier. Ils offrent aussi l'exemple le plus prodigieux de fécondité humaine qui ait jamais été constaté ; puisque les cent dix-huit ou cent vingt mille individus de leur race aujourd'hui vivants sont les descendants authentiques de moins de quatre cents familles d'aventuriers et de marins saintongeois, bretons et landais, débarqués en Acadie pendant la première partie du dix-septième siècle.

Si l'on tient compte des guerres à outrance qu'ils soutinrent contre les Anglais pendant plus d'un siècle, de leur dispersion pendant la guerre de Sept-Ans, et des pertes que leur inflige annuellement le courroux de l'Océan, on ne trouvera point d'expression pour admirer la prodigieuse vitalité de cette branche lointaine de la famille française.

Dans les parages où ils exercent leur périlleuse industrie, les Acadiens français se rencontrent journellement avec nos marins bretons et normands qui jouissent, en vertu des traités, du droit exclusif de pêche sur la côte occidentale de Terre-Neuve et d'un droit de concurrence dans d'autres parages du littoral de l'Amérique britannique. Une partie de la population des îles Saint-Pierre et Miquelon, ces chétives épaves de notre puissance dans l'Amérique du Nord, est aussi de descendance acadienne. La situation que le privilège réservé aux pêcheurs français fait à une partie de l'île de Terre-Neuve est véritablement singulière. D'une part, les colons anglais, maîtres du sol par droit de souveraineté, ne peuvent créer sur la côte ouest des établissements auxquels manqueraient les ressources de la pêche, seule industrie

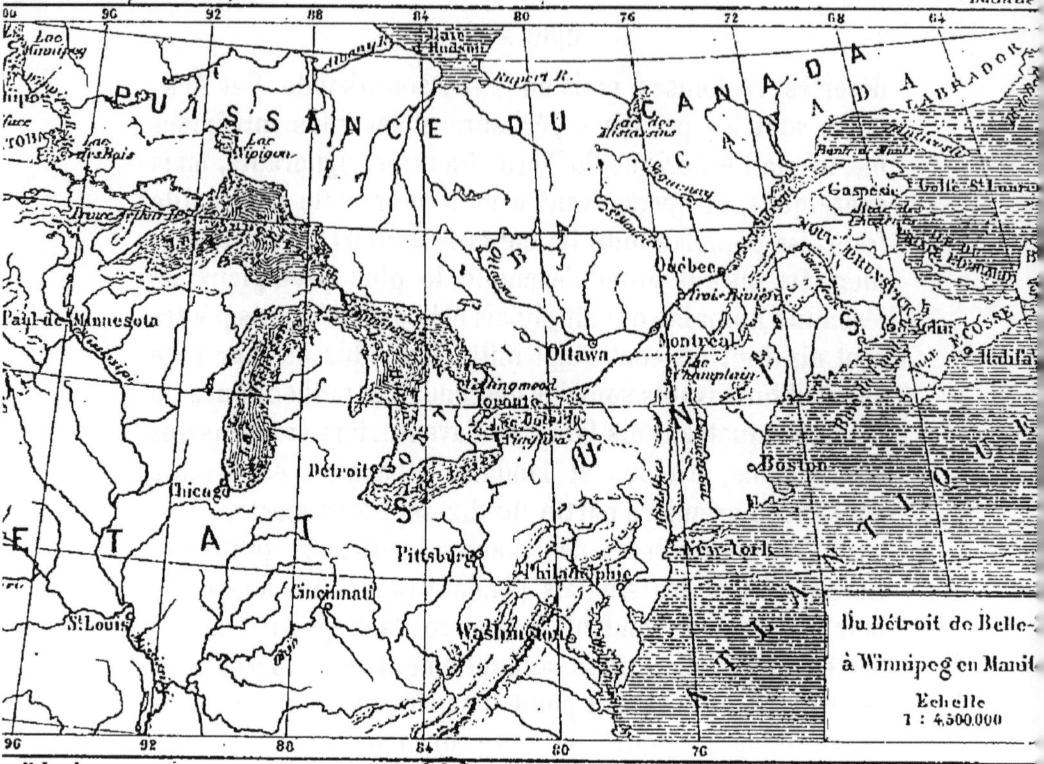

Lac Winnipeg
St. Paul de Minnesota
St. Louis
Cincinnati
Chicago
Détroit
Pittsburg
Washington
Philadelphie
New-York
Boston
Ottawa
Toronto
Toledo
Montréal
Lac Champlain
Québec
Trois-Rivières
Gaspésie
Golfe St. Laurent
Halifax
NLLE ÉCOSSE
Baie d'Hudson
Rupert R.
Lac des Mistassins
Lac Nipigon
Port Arthur
Lac des Bois
PUISSANCE DU CANADA
CANADA
LABRADOR
NOUVEAU-BRUNSWICK
ÉTATS-UNIS
OCÉAN ATLANTIQUE

Du Détroit de Belle-
à Winnipeg en Manit.
Échelle
1 : 4.500.000

Erhard

fructueuse dans ces régions si peu favorisées. D'autre
part, les Français, maîtres de la mer, ne peuvent fonder
sur le rivage, qui ne leur appartient plus, que des stations
temporaires où ils se bornent à réparer leurs agrès et à
faire sécher leur poisson. Cette situation est un constant
sujet de plaintes pour les habitants de Terre-Neuve; et
si cette île se décide enfin à entrer dans la Confédération
canadienne, ce sera dans l'espoir que des négociations
entre le Canada et la France pourront aboutir au rachat
des servitudes internationales qui frappent d'interdit une
si importante portion de son territoire [1].

Le 27 au soir, on découvre à l'horizon le cap Rosier,
qui est, avec le cap Gaspé, la pointe la plus orientale de
la presqu'île située au sud de l'estuaire du Saint-Laurent.
Le lendemain matin à l'aube nous étions déjà en face de
Matane. A cet endroit, le fleuve a encore près de cinquante
kilomètres de large. Nous longeons la rive sud, et celle
du nord n'apparaît à l'horizon que comme une ligne
bleuâtre terminée par la saillie de la pointe de Monts [2].

Le premier aspect du paysage est triste et sévère : il est
enlaidi par de grandes taches noires qu'un incendie récent
a laissées sur les collines. On aperçoit encore les troncs
des sapins dont la flamme a détruit le feuillage. Quelques
dépressions des collines littorales permettent d'entrevoir
les sommets les plus élevés de la chaîne centrale de Gaspé,
les monts Chikchaks ou Notre-Dame, dont les pics prin-

---

1. Depuis que ces lignes ont été écrites, des négociations ont été
entamées entre la France et l'Angleterre au sujet des Pêcheries de
Terre-Neuve. Elles n'ont encore produit aucun résultat.

2. La pointe de Monts (et non « des Monts »), ainsi nommée de
M. de Monts qui vint au Canada en 1608 avec M. de Poutrincourt.
M. de Monts était huguenot. La révocation de l'édit de Nantes a fait
passer ses descendants à l'étranger, et le nom de l'explorateur français
du Saint-Laurent était porté en 1870 par un officier de la marine
allemande.

cipaux atteignent treize cents mètres. Mais cette fâcheuse impression est de courte durée. Bientôt commence cette série ininterrompue de maisons blanches, adossées à de verdoyantes collines, que nous ne quitterons plus de vue jusqu'à Québec, et qui forment le trait caractéristique de la rive sud du Saint-Laurent. Là, en effet, point de gros villages où se concentre la population rurale ; seules, quelques petites villes, Rimouski, Trois-Pistoles, Kamouraska, Montmagny, nous rappellent les agglomérations européennes. Dans les campagnes, chacun bâtit sa maison sur sa terre, sans s'occuper de la distance qui le sépare des autres habitants de la paroisse. De loin en loin, une église avec son clocher couvert de plaques en fer-blanc, resplendissant au soleil comme des lames d'argent, nous indique le centre d'une nouvelle localité.

Le dimanche, l'« habitant » Canadien attelle son « trotteur » à une élégante voiture à ressorts et engage avec ses voisins une sorte de *steeple-chase* dont le but est l'église paroissiale. Les attelages, les belles fourrures, la parure de leurs « blondes »[1], voilà le luxe des Canadiens; et ce luxe tend malheureusement à prendre des proportions inquiétantes pour l'épargne du petit cultivateur, qui ne veut point rester en arrière des gros « habitants ». On s'endette, on vend sa terre et l'on part enfin avec toute sa famille pour les manufactures des États-Unis. En 1870, le recensement américain accuse, dans l'État industriel de Massachusetts, la présence de soixante-neuf mille quatre cent quatre-vingt-onze individus nés au

---

1. Dans les paroisses du Bas-Canada, les jeunes filles et les jeunes gens se donnent réciproquement les gracieuses appellations de « blondes » et de « cavaliers ». Il est vrai que, d'autre part, les gens mariés, les grands parents, se servent à l'égard du beau sexe d'une expression beaucoup moins galante, bien connue dans tout l'ouest de la France. Pour eux la plus charmante moitié du genre humain ne se compose que de « créatures ». Le cultivateur se nomme « habitant ».

Canada, la plupart Canadiens français. L'État de New-York
en contenait soixante-dix-huit mille cinq cent dix, l'Union
entière près de cinq cent mille. J'aurai à reparler ailleurs
de cette émigration si fâcheuse pour le pays et des moyens
par lesquels on se propose de l'enrayer.

Notre navigation sur le Saint-Laurent était favorisée
par un temps splendide. Les glaces flottantes avaient disparu au large d'Anticosti, et, avec elles, les brumes froides
qui se forment à leur contact. La largeur du fleuve, les
collines gracieusement ondulées et couvertes de bois de
la rive du sud, les montagnes abruptes de la rive du nord,
dont le relief s'accentuait davantage à mesure que nous
nous avancions dans l'estuaire; tout cela me rappelait
certain voyage fait, il y a bien longtemps, par un beau
jour d'été, sur le lac de Constance. Je le répète ici, je ne
crois pas qu'il existe au monde un cours d'eau aussi
splendidement encadré que le Saint-Laurent, de Matane
à Québec. On a dit que pour entrer la première fois dans
une capitale il fallait choisir l'avenue la plus grandiose.
S'il en est de même pour les continents, nul rival ne peut
disputer au fleuve canadien l'honneur d'être l' « avenue
des Champs-Élysées » du Nouveau-Monde. Ni le Mississipi
avec ses eaux boueuses et son cours tortueux, ni l'Ama-
zone avec ses rives basses et presque invisibles, ne peuvent rivaliser en majesté et en grandeur avec ce fleuve
admirable dont les eaux, épurées par les innombrables
lacs que traversent ses affluents, réfléchissent dans un
miroir de cristal les cimes déchiquetées des Laurentides.

Les comtés qui s'étendent sur les deux rives du Saint-
Laurent, dans sa partie inférieure, sont certainement de
tout le Canada ceux où l'élément français est le plus pur
de tout mélange[1]. Chaque année, de nouvelles paroisses

____

1. En 1871 le comté de Bellechasse renfermait 17 542 Français sur
une population totale de 17 637 habitants; — Montmagny, 13 449 sur

se forment en arrière des anciennes. Du côté du sud,
l'élément franco-canadien commence même à envahir les
portions limitrophes du Nouveau-Brunswick et de l'État
du Maine. Au nord, le vaste territoire qui s'étend dans la
partie supérieure de la rivière Saguenay et autour du lac
Saint-Jean a reçu depuis vingt ans plus de quinze mille
colons Canadiens français. Plus d'un million d'hectares
ont été arpentés; et, sans les incendies de forêts qui ont
ravagé cette région en 1870, son développement eût été
encore plus rapide.

Cependant, si la longue succession de fermes et de
maisons blanches qui bordent le bas Saint-Laurent donne
à première vue à cette partie du Canada l'aspect d'un pays
surpeuplé et extraordinairement fertile, un examen plus
réfléchi montre bientôt qu'il faut rabattre beaucoup de
cette première impression. En réalité, les terres de culture ne forment guère que deux bandes parallèles au
fleuve, d'une largeur variable et qui dépasse rarement
quatre lieues. Derrière cette zone fertile s'élèvent les
pentes abruptes et le plus souvent stériles des Laurentides. Sur la rive nord, les terres cultivables ne commencent même réellement que quelques lieues avant d'arriver à Québec. De ce côté, tout l'intérieur du pays est
un amas de granit, de gneiss et autres roches éruptives ou
métamorphiques, dans les fissures desquelles les conifères
enfoncent leurs racines, et qui, retenant les eaux par mille
barrages naturels, donnent naissance à des milliers de
lacs de toutes grandeurs. Sauf la région du lac Saint-Jean,

13 555; — l'Islet, 13 375 sur 13 517; — Kamouraska, 21 038 sur
21 254; — Temiscouata, 21 809 sur 22 491; — Rimouski, 25 957 sur
27 418; — Charlevoix, 15 270 sur 15 611; — Montmorency, 11 602
sur 12 085; — Chicoutimi, 16 643 sur 17 493.

La faible population d'origine anglaise ou indienne qui vit dans
ces contrées tend chaque jour davantage à se fondre complètement
avec les Canadiens français.

où se trouve une vaste surface de terres alluviales, sauf
d'étroites lisières des mêmes terrains sur les bords de
quelques cours d'eau, la partie du Bas-Canada située au
nord du Saint-Laurent inférieur doit surtout chercher son
avenir dans l'exploitation de ses richesses minérales et
forestières.

Voici, du reste, de quelle façon pittoresque un touriste
canadien caractérisait, au retour d'un voyage par terre,
cette curieuse mais peu hospitalière partie de son pays [1] :

« La rive nord du Saint-Laurent est tout ce qu'il y a de
plus inhumain ; sur une étendue de quarante lieues à
partir de Québec (en aval), ce ne sont que côtes qui plongent dans des abîmes et remontent aux nues. — Le bon
Dieu n'a vidé son sac que par *escousses*, me disait un
habitant qui me menait en calèche dans ces interminables
plongeons des Laurentides, c'est pas fait pour des hommes, ce pays-*cite*, c'est bon rien que pour des sauvages et
des *nations*. — Rochers, gorges, chemins empierrés se
précipitant et rebondissant, voilà la rive nord, de la baie
Saint-Paul à Tadoussac. On met une journée à faire six
lieues, et l'on saute constamment ; cela vaut le mal de mer.
Aucune dyspepsie n'y peut tenir : mais aussi l'on arrive
comme du café moulu sortant de l'engrenage... On ne
voyage en somme dans ces régions que pour arriver au
paradis, puisque c'est le chemin qui y mène. » Le paradis
ici, c'est la vallée de Saguenay ; quant à l'allusion au bon
Dieu vidant son sac, elle se rattache à une théorie locale
sur la formation de notre planète que je ne prendrai pas
sur moi de recommander à l'Académie des sciences. La
voici toutefois, telle que le même touriste prétend l'avoir
recueillie de la bouche d'un « vieil habitant » :

« Dieu, disait celui-ci, commença par faire les mers, les

---

1. Arthur Buies, *Chroniques.*

fleuves, les ruisseaux, puis le district de Montréal, puis
la côte du Sud. Cela lui prit quatre ou cinq jours. Le
sixième jour il se sentit fatigué; mais, comme il n'avait
pas encore fini, de lassitude il jeta çà et là le sac de la
création, et voilà comment se fit la côte Nord. »

Deux ans plus tard j'ai retrouvé la même légende,
agrémentée, bien entendu, de quelques variantes, dans un
pays très éloigné des rives du Saint-Laurent, et dont les
naturels ne ressemblent guère aux paisibles habitants
du Bas-Canada. C'était en Herzégovine, contrée de
montagnes bien autrement tourmentées et rocailleuses
que les Laurentides elles-mêmes. Exemple curieux de
l'ubiquité de certaines conceptions populaires !

Poursuivant sa route, le *Moravian* passe devant la
Pointe-aux-Pères où l'on stoppe un instant et d'où le télégraphe doit signaler à Québec la nouvelle de notre arrivée.
Il laisse successivement derrière lui les nombreuses îles
du Saint-Laurent : Bic, l'Ile-Verte, etc., puis la plage de
Cacouna, le Trouville canadien, avec son vaste hôtel-
casino où non-seulement les élégants de Québec et de
Montréal, mais de nombreux touristes des États-Unis
viennent passer la saison des bains froids ; puis la petite
ville de la Rivière-du-Loup, point de jonction de la ligne
centrale canadienne « du Grand Tronc » avec le nouveau
chemin de fer intercolonial — alors en construction — qui
réunit le réseau de l'ancien Canada à celui des provinces
maritimes du Nouveau-Brunswick et de la Nouvelle-Écosse.
Sur la droite nous suivons longtemps du regard la chaîne
de montagnes à travers laquelle le Saguenay, se frayant un
passage, apporte au Saint-Laurent les eaux du lac Saint-
Jean. Désolées en hiver par un froid glacial et par les
tourmentes de neige que déchaîne le redoutable nord-est,
les rives septentrionales du fleuve sont animées en été par
la foule joyeuse des touristes qui viennent visiter les sites

charmants de la Malbaie ou le cours majestueux du Saguenay. Des vapeurs font plusieurs fois par semaine le trajet
de Québec à Chicoutimi, remontant et redescendant la
rivière, qui coule dans un lit de un à deux kilomètres de
largeur entre d'énormes falaises à pic de trois à quatre
cents mètres de haut. Je m'étais promis de faire cette
splendide excursion pendant mon séjour au Canada; mais,
on le sait, l'homme propose... Ce ne sera donc que dans
un nouveau voyage (si je l'accomplis un jour) que je
pourrai admirer les panoramas, si vantés dans toute
l'Amérique, du cap de l'Éternité et de la baie de Ha-Ha!
ainsi nommée, paraît-il, à cause des exclamations d'admiration que son aspect arracha à ses premiers explorateurs.

Vers le soir, nous passons devant la petite ville de
Kamouraska. Des tentes dressées au bord du fleuve deviennent le point de mire de nos jumelles. Nous apprenons
qu'il s'agit d'un camp de milice canadienne. Depuis trois
ans, le dernier soldat anglais a repassé l'Atlantique. On
a créé une milice nationale qui doit, dit-on, rendre inutile
la présence des garnisons insulaires. Cette milice est vêtue
à l'anglaise, les commandements s'y font en anglais, au
grand déplaisir de quelques Bas-Canadiens anglophobes.
On fait de temps en temps des réunions de bataillons,
d'escadrons et de batteries; mais les mauvaises langues
prétendent que le plus clair profit de cette institution est de
permettre à la jeunesse dorée du pays d'acquérir une tournure martiale... et un brevet d'officier de milice aux écoles
de Québec ou de Kingston. D'ailleurs, il est doux de s'entendre saluer par ses concitoyens des titres belliqueux de
lieutenant et de capitaine. Quelques opposants intraita-
bles vont même plus loin, et soutiennent que dans ces
réunions militaires il n'y a généralement que le cadre qui
change. La troupe se composerait d'un stock invariable
d'hommes de bonne volonté, désireux apparemment d'épar-

gner à leurs camarades les ennuis des prises d'armes et aussi, dit-on, de participer aux libations qui accompagnent toujours ces petites fêtes de famille.

Je ne me serais jamais permis de reproduire d'aussi méchants propos, si l'un des écrivains les plus spirituels du Bas-Canada, en m'en faisant la confidence, ne m'eût assuré que ces innocentes pratiques n'étaient un mystère pour personne. Je crois même qu'il en a été quelque peu question au Parlement, « en Parlement », pour parler comme nos Bas-Canadiens, qui disent de même « en Canada », ce qui, après tout, me paraît plus rationnel que de dire, ainsi que nous le faisons dans la même phrase, « en France », et « au Canada ».

Il fait déjà nuit lorsque nous arrivons près de l'Ile-aux-Coudres (beaucoup de Canadiens continuent à écrire *isle*, suivant la vieille mode). Le reste de notre trajet s'achève dans l'obscurité, et le lendemain au point du jour nous nous réveillons en face de Québec.

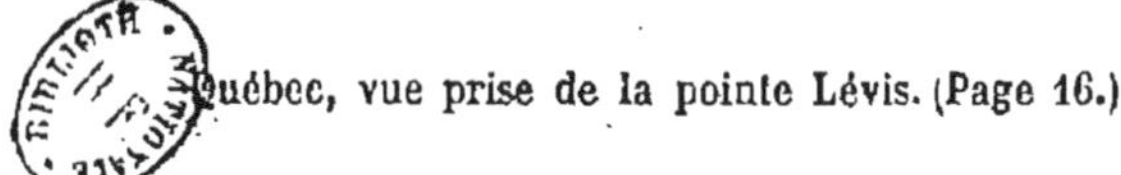
Québec, vue prise de la pointe Lévis. (Page 16.)

II

Ce n'est pas sous son plus bel aspect que la vieille cité
fondée le 3 juillet 1608 [1] par Samuel de Champlain, natif
de Brouage en Saintonge, se présente tout d'abord à nos
yeux. Dans la position qu'occupe le steamer, le roc de
la citadelle nous en cache la plus grande et la plus belle
partie, ne nous laissant apercevoir que les rues, ou plutôt la rue unique qui, s'étendant au pied du rocher, le
long du fleuve, constitue le quartier le plus essentiellement irlandais, autrement dit le plus malpropre de la
ville. Deux points sont particulièrement favorables pour
jouir d'une vue splendide de l'ancienne capitale du
Canada : la Pointe-Lévis, sur la rive opposée du fleuve,
et, à quelques kilomètres plus bas, sur le Saint-Laurent,
le sommet de l'escarpement situé à gauche de la cascade

---

1. Comme antiquité Québec est la troisième ville de la portion du
continent américain située au nord du golfe du Mexique. Ses aînées
sont Saint-Augustin de Floride, qui date de 1592, et Jamestown sur le
Potomac, fondée en 1607.

de Montmorency. De ce dernier endroit surtout, je lui ai trouvé quelque ressemblance avec l'amphithéâtre bien connu sur lequel est bâti Alger. Le scintillement des toits recouverts en tôle étamée de la ville canadienne remplace l'éclatante blancheur des murailles de la ville africaine. Mais, malgré son énorme profondeur, la limpidité de ses eaux et la présence des majestueux navires qui le sillonnent, le Saint-Laurent, brusquement rétréci devant Québec par la saillie du cap Diamant, ne peut nous faire oublier la Méditerranée. Les pics des Laurentides, qui ferment au loin l'horizon, restent bien au-dessous des cimes du petit Atlas et des colosses du Djurjura. Enfin, bien qu'éclairée par cette lumière vive et pénétrante, digne en tout point de l'Espagne et de la Sicile, qui fait la gloire des étés canadiens, la sombre végétation des arbres du nord ne saurait rivaliser pour la variété et le chatoiement de ses teintes avec les mille essences méridionales qui embellissent les collines du Sahel.

Le débarquement ne s'effectue point à Québec même, mais sur la rive opposée où se trouve la gare du « Grand Tronc ». Les passagers d'entre-pont sont conduits à la « station des immigrants », le « Castle-Garden » de la Confédération canadienne, où, en outre des renseignements fournis à tous par les agents officiels des deux grandes provinces d'Ontario et de Québec, les plus pauvres seront hébergés aux frais du gouvernement colonial pendant deux, trois jours et quelquefois plus, en attendant qu'on puisse diriger chacun d'eux sur la localité où il trouvera le plus facilement à s'employer. Les passagers de cabine traversent le fleuve sur un « ferry boat » (expression de New-York) ou « bateau traversier » (expression de Québec). Quelques instants plus tard, réunis, V..., R... et moi, autour d'une table bien garnie, nous nous préparons à arroser convenablement notre premier déjeuner sur la terre d'Amérique.

Hélas ! bien que l'hôtel soit un hôtel canadien-français, ce 'n'est plus la cuisine française ! En fait de boisson de table on nous apporte du thé. Nous savions bien par V... que tel est l'usage des Canadiens de nos jours: La longue suspension des relations commerciales entre la France et son ancienne colonie pendant la guerre de la fin du siècle passé et du commencement du nôtre leur a fait oublier les vins généreux si chers à leurs ancêtres. Mais nous ne sommes pas encore assez canadiens, nous autres «Français des vieux pays », pour adopter incontinent ce nouveau régime. Nous repoussons avec indignation le fade breuvage et demandons du vin de France. On nous apporte une bouteille de « claret » munie de l'étiquette réglementaire attestant sa provenance de Bordeaux ; mais, dès la première gorgée, quelle grimace ! Ce bordeaux provient des vignobles que l'on cultive dans les docks de Liverpool. [1] Coût de la décoction : un dollar. Décidément il vaudra mieux essayer de se faire aux usages du Canada. Mais n'est-ce pas un peu notre faute, à nous Français? Pourquoi, aujourd'hui qu'aucun « acte de navigation » ne s'y oppose plus, ne pas renouer des relations commerciales directes avec notre ancienne colonie? Pourquoi laisser les « commission's merchants » d'Albion vendre presque sans concurrence dans tous les pays lointains, sous l'étiquette de produits de France, des denrées trop souvent frelatées? Nos exportations directes au Canada en vins, eaux-de-vie, sucres, soieries, ne dépassent guère dix millions de francs, année moyenne, tandis que la valeur totale des marchandises françaises, ou réputées telles, que l'on consomme annuellement dans ce même pays est d'au moins quatre où cinq fois ce chiffre. C'est une commission de 10 à 12 pour 100 que nous payons bénévolement à nos voisins d'outre-Manche, grâce au manque d'initiative et d'esprit d'entreprise qui caractérise la plupart de nos commerçants et de nos armateurs.

Cette première expérience faite, nous allons, en vrais « Français de France », flâner un peu à travers les rues peu régulières et singulièrement mal entretenues de la vieille ville, cherchant à secouer de notre mieux ce sentiment de malaise indéfinissable, d'étourdissement, semblable à une demi-ivresse, qu'on éprouve en marchant sur la terre ferme après une longue traversée. Une particularité curieuse ne tarde pas à nous frapper. Les mêmes noms se répètent à profusion sur les enseignes des boutiques. Les Dugas, les Turcotte, les Gingras et quelques autres, semblent avoir accaparé en famille tout le commerce de détail des quartiers français. Un peu de réflexion donne l'explication du phénomène. La France, en 150 ans de domination effective, n'a envoyé au Canada que dix mille colons à peine, dont descendent en droite ligne les 1 600 000 Canadiens français de l'Amérique anglaise du Nord et des États-Unis. La multiplication des noms de famille n'a pas, on le comprend, suivi celle des individus, de sorte que dans certains villages de cinq et six cents habitants il n'y a pas plus de douze ou quinze noms différents.

Aussi un patient et laborieux chercheur, M. l'abbé Tanguay, a-t-il pu, en compulsant les registres des anciennes paroisses reconstituer la généalogie de toutes les familles canadiennes françaises jusqu'aux premiers colons du pays. Grâce au volumineux dictionnaire, fruit de ces recherches, le peuple canadien présente cette particularité unique de posséder le livre d'or complet de sa nationalité remontant au premier jour de son histoire. A propos de la publication de cet immense travail, l'un des plus sympathiques poètes du Canada, M. L. H. Fréchette,

a adressé à l'auteur une fort belle pièce de vers dont je
citerai seulement les deux dernières strophes :

> Quand la France peuplait ces rivages nouveaux,
> Que d'exploits étonnants, que d'immortels travaux,
>   Que de légendes homériques
> N'eurent pour tous héros que ces preux inconnus,
> Soldats et laboureurs, cœurs de bronze, venus
>   Du fond des vieilles Armoriques !
>
> Le temps les a plongés dans son gouffre béant.
> Mais d'exhumer au moins leurs beaux noms du néant
>   Qui fera l'œuvre expiatoire ?...
> C'est vous, savant abbé ! c'est votre livre, ami,
> Qui se fait leur vengeur, et répare à demi
>   L'ingratitude de l'histoire.

Remarquons en passant qu'il est assez de mode en France
d'exalter, au détriment du présent, les créations coloniales
de l'ancien régime. Bien des gens, parfaitement étrangers
aux relations des chiffres et des faits, croient pouvoir
humilier la stérilité contemporaine en vantant les résultats obtenus par les administrateurs de la « grande époque
monarchique ». Alors on savait coloniser, alors on peuplait
le Canada et la Louisiane ! Nous venons de voir ce qu'il en
est pour le Canada ; en Louisiane, le recensement opéré par
les soins des premiers gouverneurs envoyés par l'Espagne,
après la cession de la colonie par Louis XV, constate la
présence d'un peu moins de six mille habitants de race
française. Voilà où l'on en était, cent ans après la découverte du Mississipi. Cent mille colons français implantés
sur le continent de l'Amérique du Nord, aux dix-septième
et dix-huitième siècles, eussent assuré la domination de ce
continent à notre race et à notre langue. Terres fertiles,
population indigène insignifiante en nombre, facilités de
pénétrer par de magnifiques voies fluviales au cœur même

de cet immense domaine ; tous les éléments de succès semblaient se réunir en notre faveur ; l'imbécillité du souverain, l'indifférence et l'avidité de quelques bureaucrates, le dédain ou les préjugés des grands écrivains qui dirigeaient alors l'opinion publique, en ont décidé autrement ; dans les « quelques arpents de neige » que nous lui avons abandonnés, la race anglo-saxonne a su se tailler un empire autrement durable et autrement important pour son avenir dans le monde, que celui que les conquêtes de la République et du premier Napoléon nous avaient un moment donné en Europe.

En Algérie, sur un territoire relativement restreint, et à peine égal dans sa surface utilisable à l'un des nombreux États ou provinces taillés dans ce qui fut jadis le Canada et la Louisiane française, après quarante-huit ans d'occupation, dont vingt au moins de guerres continuelles contre une race bien autrement dense, armée et attachée au sol que les tribus américaines, nous trouvons une population de trois cent mille colons d'origine européenne, premier noyau d'une nation néo-française, qui dominera un jour, si nous le voulons bien, le Nord de l'Afrique, et compensera dans une certaine limite ce que nous avons perdu dans le Nouveau-Monde et dans l'ancien. Bien loin de vanter l'ancienne colonisation du Canada au détriment de celle de l'Afrique du Nord, il serait équitable de reconnaître que la création de l'Algérie française constitue, en dépit des fautes commises, le plus grand effort colonial qu'ait jamais tenté notre race ; tandis que nos entreprises en Amérique ont été toujours conduites avec une mesquinerie déplorable.

Mais, si en Amérique le gouvernement de la France est resté infiniment au-dessous de sa mission, l'individu, le colon, a été, lui, bien supérieur à tout ce qu'on en pouvait attendre. Abandonné de sa mère patrie, il ne s'est pas abandonné lui-même; il s'est raidi contre la langue anglaise, la religion et les mœurs de l'Angleterre. Grâce à sa ténacité, grâce surtout à l'étonnante fécondité des familles franco-canadiennes, fécondité très supérieure à celle des immigrants britanniques, il a pu conserver, étendre même, en dépit du flot montant de l'immigration étrangère, la seule portion de l'immense empire colonial rêvé par Champlain et Bienville, qui fût réellement occupée par les soixante-dix mille contemporains de la conquête anglaise. De cette portion Québec est restée la capitale, au point de vue moral aussi bien qu'au point de vue politique.

Québec est en effet, par excellence, la ville française de l'Amérique du Nord. Montréal et la Nouvelle-Orléans renferment un plus grand nombre d'habitants parlant notre langue[1]; mais c'est à Québec seulement que l'élément français, par sa supériorité numérique sur les autres nationalités, par les grandes institutions qu'il a fondées, et par la présence d'assemblées politiques où il domine, se sent véritablement chez lui et imprime son caractère à tout ce qui l'entoure. Cependant, il faut l'avouer, l'absence prolongée de relations commerciales avec la France donne aux grands magasins, même à ceux qui appartiennent à des Canadiens, un caractère presque exclusivement anglais. Dans les relations de famille, dans les tribunaux, dans la politique, le français reste à peu près maître du terrain. On n'en pourrait pas dire autant du théâtre : le clergé canadien est peu favorable à notre ré-

---

1. Population de Québec d'après le recensement de 1871 : 59 699 habitants, dont 48 890 Français. Montréal renfermait, à la même époque, 56 856 Français sur 107 255 habitants. Aux États-Unis on ne distingue pas dans le recensement les populations d'après l'origine ou la langue. Toutefois, on peut estimer la population parlant français de la Nouvelle-Orléans à environ 60 000 âmes.

pertoire ; et nos pièces parisiennes, si brillamment représentées chaque année à la Nouvelle-Orléans, ne le sont
qu'à de rares intervalles dans les grandes villes du
Canada.

Au reste, il faut bien se le dire, si au Canada nous
retrouvons la France, ce n'est point la France telle que
nous l'avons laissée de l'autre côté de l'Océan. Un auteur
anglais, M. Russell, l'a dit un jour : « C'est plutôt une
France du vieux temps où régnait le drapeau blanc fleur-
delysé... » Et c'est en effet une remarque que bien des
voyageurs ont faite : au Canada, tout ce qui est français,
ou peu s'en faut, semble remonter au dix-septième siècle ;
ce qui est moderne porte généralement l'empreinte britannique ou américaine. Sans admettre ce que cet apho-
risme peut avoir de trop absolu, surtout en présence des
progrès de l'esprit d'initiative auxquels on doit la création
de banques, de chemins de fer et de diverses autres entreprises alimentées presque exclusivement par des capitaux canadiens français, et affectant un caractère strictement national, on doit convenir qu'en ce qui regarde
certaines idées courantes, certains jugements sur « les
choses du vieux pays », l'appréciation n'est pas dénuée de
justesse.

Nous aurons d'ailleurs à revenir, en l'expliquant, sur
l'influence prépondérante que le clergé canadien exerce
sur les intelligences, et souvent sur la direction de la
politique intérieure, dans un pays où règnent cependant,
d'une façon tout aussi absolue qu'en Angleterre et en
Amérique, les libertés de presse, de réunion et d'association ; où toutes les croyances sont également protégées,
sans contrôle de l'État ; et où les catholiques subviennent
seuls aux frais de leur culte en payant à leurs pasteurs la
redevance de la *dîme*, cet impôt dont le souvenir est resté
si antipathique à nos paysans d'Europe. Contentons-nous

pour le moment de constater que la religion a gagné beaucoup à s'unir intimement à l'idée patriotique. Le clergé a puissamment contribué, dans les années qui ont suivi la conquête, à maintenir la nationalité menacée, et aujourd'hui la nationalité fortement constituée se trouve être la meilleure sauvegarde du catholicisme contre la propagande des sectes protestantes anglaises.

Après avoir été à diverses reprises la capitale du Canada uni, Québec s'est vu supplanter par Ottawa. Mais, lorsqu'en 1867 l'union des deux Canada eut fait place à la confédération des provinces anglaises de l'Amérique du Nord, l'ancienne province du Bas-Canada changea son nom en celui de province de Québec, et la vieille ville redevint le siège d'un gouvernement; gouvernement provincial, il est vrai, mais pourvu néanmoins de tous les organes nécessaires au fonctionnement du régime parlementaire : lieutenant gouverneur représentant la couronne, un ministère responsable et deux chambres. La province étant aux quatre cinquièmes française (930 000 habitants d'origine française, sur une population totale de 1 190 000,) sa capitale devenait, en droit comme en fait, le centre politique de la nationalité franco-canadienne. Grâce à l'Université Laval, elle en est aussi le centre intellectuel.

Cette Université, ainsi nommée en l'honneur du premier évêque de la Nouvelle-France, Mgr de Montmorency-Laval, a été fondée en 1852 par la corporation du séminaire de Québec, qui est lui-même la plus ancienne des institutions d'éducation existant au Canada. Sa charte lui a été accordée par le gouvernement anglais, sur la recommandation de lord Elgin, alors gouverneur général.

Elle comptait en 1873 quatre Facultés : théologie, médecine, droit et arts (cette dernière subdivisée en lettres et sciences), 38 professeurs et 276 élèves inscrits, sans compter les auditeurs libres.

« Les édifices du séminaire de Québec et de l'Université, dit M. Chauveau dans son livre sur l'instruction publique au Canada, occupent un des endroits les plus importants de la vieille cité et couvrent, avec la cathédrale et le palais de l'archevêque, la plus grande partie du terrain que Louis Hébert, le premier colon du Canada, commença à défricher en 1617. Le séminaire est un corps de bâtiments d'ancienne et pittoresque structure; l'Université proprement dite, le pensionnat et l'école de médecine sont bâtis dans le goût moderne; malheureusement on a été forcé de les entasser dans un espace étroit qui n'a pas permis de leur donner tout le développement nécessaire. Comme œuvres d'architecture ils laissent beaucoup à désirer, mais comme distribution intérieure et installation ils peuvent soutenir la comparaison avec ce qu'on trouve de mieux en Europe. »

De fort belles collections et une bibliothèque de près de soixante mille volumes dont la partie américaine et canadienne est surtout remarquable, ont été formées soit par voie d'achat, soit par des legs. L'Université, considérée d'ailleurs comme ne faisant qu'un avec le séminaire qui possède d'immenses propriétés datant de l'époque française, n'a jamais demandé de subventions au gouvernement et les a même refusées lorsqu'elles lui étaient offertes.

Comme on le voit, l'Université Laval est essentiellement une université catholique ; cependant plusieurs des professeurs de la Faculté de droit et de médecine et le doyen de cette dernière Faculté sont protestants, indices évidents, fait remarquer M. Chauveau, de la bonne harmonie qui règne entre les divers éléments de la population. D'ailleurs, et pour des raisons qui tiennent à l'histoire même du développement politique du pays, il n'y a pas dans la province de Québec d'enseignement d'État. Universités, collèges et écoles primaires sont essentiellement confessionnels. Ainsi l'Université Mac Gill de Montréal fondée en 1827 est protestante, mais sans distinction de secte, et compte même plusieurs professeurs canadiens français et catholiques. Celle de Lennoxville est anglicane.

Pendant longtemps l'Université Laval a été le seul établissement d'instruction supérieure dans l'Amérique du Nord où l'enseignement fût donné en français. Depuis lors, son succès lui a suscité une concurrence dont l'effet ne pourra être que très salutaire. L'Université anglaise de Victoria, dont le siège est à Cobourg dans la province d'Ontario, s'est affilié une branche française établie à Montréal et comprenant une école de médecine fréquentée en 1873 par 106 élèves, presque tous Canadiens français.

Chose singulière, bien que fondée et administrée par le clergé, l'Université Laval était violemment attaquée vers l'époque de mon voyage par les ultra-catholiques du pays, comme suspecte de tendances gallicanes. On avait même parlé d'ouvrir à Montréal une Université plus foncièrement orthodoxe. La cour de Rome ayant donné raison à l'Université contre ses détracteurs trop zélés, ce projet n'a pas eu de suite [1].

Pendant mon séjour à Québec, le Parlement provincial n'était pas en session. Je n'ai donc pu juger de l'éloquence des orateurs franco-canadiens qui composent la grande majorité des deux assemblées. En revanche, la bibliothèque du Parlement m'a été montrée en détail par son conservateur, M. Lemay, littérateur distingué, auteur de plusieurs poésies, et notamment d'une traduction en vers

---

1. Depuis que ces lignes ont été écrites, l'Université Laval a créé à Montréal une succursale de sa Faculté de droit (1878).

français de l'*Evangéline* de Longfellow, traduction qui mériterait d'être mieux connue dans le monde des lettres françaises. Cette bibliothèque renferme une très curieuse collection d'anciens ouvrages français relatifs au Canada, et de réimpressions des plus importants et des plus rares d'entre eux. Quelques-unes de ces réimpressions, exécutées au Canada, se distinguent par un véritable luxe de typographie : tel est, par exemple, le *Voyage de Samuel de Champlain*, réédité par les soins de l'Université Laval. Citons aussi la collection de toutes les brochures et pamphlets publiés depuis la conquête. Quant aux bâtiments du Parlement, ils n'ont par eux-mêmes rien de remarquable.

Malgré son ancienneté, ou plutôt à cause de son ancienneté même, Québec est loin d'être une jolie ville dans le sens moderne du mot. Ses rues généralement escarpées, étroites et toujours irrégulières, sauf dans le faubourg Saint-Roch et les quartiers neufs de la haute ville; ses maisons petites et souvent bâties en bois, même dans le quartier commercial, en font une ville à part sur ce continent où la ligne droite et l'architecture à prétentions babyloniennes des Anglo-Américains règnent sans partage de l'un à l'autre Océan. La municipalité, qu'on appelle la « corporation », se ressent, elle aussi, à ce que prétendent ses critiques, de cette atmosphère de vétusté et d'archéologie relatives. La propreté et le pavage laissent en effet à désirer. Quelques rues, surtout dans la vieille ville, sont entièrement pavées de vieux madriers. Les trottoirs sont toujours en planches, ce qui ne laisse pas de surprendre quelque peu le voyageur nouvellement débarqué d'Europe où le prix du bois ne permettrait guère un tel luxe. Il est vrai que le « luxe » de Québec est souvent vermoulu.

Québec possède plusieurs promenades à la mode. La

Escaliers de la basse ville, a Québec. (Page 28.)

Plateforme, l'Esplanade, le jardin du gouverneur, celui-ci situé au-dessous de la citadelle à peu de distance du monument élevé à la mémoire de Wolfe et de Montcalm, les deux illustres victimes de la bataille qui décida, en 1759, du sort de l'Amérique française. La Plateforme est un vaste promenoir parqueté en bois, formant corniche au-dessus de la basse ville et d'où l'on jouit d'une vue admirable sur le fleuve, l'Ile d'Orléans, Lévis et les collines de la rive droite. C'est la Plateforme, appelée aussi par les Anglais « Durham Terrace », qui devient, durant les belles soirées d'été, le rendez-vous de l'élite de la société québecoise; une élite dont la portion féminine est généralement charmante. Dans les parures, c'est la mode anglaise qui domine ; mais à portée de voix on entend bientôt le doux parler de France, qu'un accent tout particulier souligne sans le défigurer. On prétend que cet accent vient de la Normandie, patrie de la grande majorité des premiers colons du Canada. Récemment un Canadien voyageant en France écrivait que c'était à Chartres qu'il en avait trouvé la plus exacte reproduction. Quoi qu'il en soit, ce qui paraît surtout bizarre au Français arrivant d'Europe, c'est l'uniformité même de ce mode de prononciation, aussi bien chez les classes les plus instruites que chez les cultivateurs et les ouvriers. Chez nous, la centralisation, les communications faciles, la fréquentation d'officiers et de fonctionnaires originaires de toutes les parties de la France, tout contribue à faire disparaître du langage des villes les provincialismes relégués désormais dans les campagnes, et à niveler l'accentuation, qui devient à peu près partout celle de la bourgeoisie et de la haute société parisienne. On comprend qu'un isolement de cent ans ait produit l'effet contraire au Canada, en y conservant dans leur intégrité le langage et les expressions en usage dans la première moitié du dix-huitième siècle.

Toutefois ce serait une erreur et une injustice de dire, comme l'ont fait certains voyageurs, qu'au Canada règne le *patois* normand. Tous les mots, ou peu s'en faut, dont se sert « l'habitant » canadien, se trouvent dans nos dictionnaires. Son langage est certainement plus correct que celui qu'on parle encore aujourd'hui dans les classes rurales des provinces d'où sont venus ses ancêtres. Les expressions vraiment caractéristiques sont peu nombreuses, et j'aurai assez souvent l'occasion de les citer dans le cours de ce récit pour qu'il soit inutile d'insister davantage.

Il y a quelques années, une forte garnison anglaise occupait Québec; l'imposante citadelle, aujourd'hui ouverte à tous les curieux et gardée seulement par quelques volontaires du pays, se dressait inaccessible aux profanes, hérissée de sentinelles et fière de son surnom de Gibraltar de l'Amérique du Nord; les officiers de l'armée royale faisaient alors l'ornement de toutes les réunions, et l'anglais tendait chaque jour davantage à devenir l'idiome de la bonne compagnie. Aujourd'hui, une réaction en sens inverse a commencé à se produire : les Canadiens anglais de Québec ne dédaignent plus, comme autrefois, d'apprendre notre langue; et si S. A. R. le duc d'Édimbourg revient dans quelques années à Québec, il n'y trouvera probablement plus l'occasion de placer le piquant reproche qui faillit, dit-on, compromettre sa popularité près de la portion féminine de la colonie britannique. Un soir, au bal du gouverneur, le prince, s'approchant d'une jeune miss, lui avait adressé la parole en français. Celle-ci de s'excuser en alléguant son ignorance de cette langue. Surprise de son auguste interlocuteur, qui s'écria aussitôt : « Je ne comprends pas qu'une dame canadienne ne sache point parler français! » La coterie francophobe eut quelque peine à digérer cette exclamation, et l'on assure même que certains de ses membres ne l'ont point encore pardonnée au fils de la reine Victoria.

En thèse générale, on peut dire que tout Canadien français instruit connaît l'anglais, tandis que la réciproque est loin d'être vraie. J'ai entendu un jour attribuer à cette particularité quelques-uns des avantages remportés par les premiers sur le terrain de la politique. Lord Dufferin a pu dire, dans un discours prononcé en Angleterre, qu'une fois mis en jouissance des libres institutions britanniques, les Français du Canada en avaient su tirer un parti plus avantageux encore que leurs compatriotes d'origine anglaise. Cette supériorité ainsi constatée par un témoin impartial tient sans doute à ce fait que les chefs du parti français pouvaient se tenir directement au courant des moindres fluctuations de l'opinion dans la population de langue anglaise, telles qu'elles se manifestaient par la voie de la presse, des meetings, des conversations même ; tandis que les hommes politiques anglo-canadiens n'avaient guère pour se renseigner sur les aspirations, les besoins, les préjugés des Canadiens français, que des on-dit, et des traductions rares et mal faites d'extraits de journaux ou de discours. En dehors du monde politique, d'ailleurs, les relations sociales entre les deux races sont singulièrement restreintes ; il en est de même, à plus forte raison, des alliances de familles. Un homme d'État du Bas-Canada [1] a pu, « au risque d'être accusé de bizarrerie », se permettre de comparer l'état social de son pays à ce fameux escalier de Chambord « qui, par une fantaisie de l'architecte, a été construit de manière que deux personnes puissent monter en même temps sans se rencontrer, et en ne s'apercevant que par intervalles. Anglais et Français, dit-il, nous montons comme par une double rampe vers les

1. M. Chauveau, L'*Instruction publique au Canada*, p. 335.

destinées qui nous sont réservées sur ce continent, sans nous connaître, nous rencontrer, ni même nous voir ailleurs que sur le palier de la politique. Socialement et littérairement parlant, nous sommes plus étrangers les uns aux autres de beaucoup que ne le sont les Anglais et les Français d'Europe. »

S'il y avait une exception à faire à cette règle un peu absolue, c'est encore à Québec qu'il faudrait aller la chercher : les Québecois anglais jouissent, eux aussi, dans toute l'Amérique britannique du Nord, d'une réputation méritée de courtoisie ; et, suivant leur propre aveu, c'est en partie à leurs rapports de bon voisinage avec leurs compatriotes d'origine française qu'ils doivent ces qualités aimables que l'on retrouve beaucoup moins fréquemment parmi les rudes pionniers anglo-saxons de la province supérieure. A mon humble avis, l'une et l'autre des deux grandes races qui se partagent aujourd'hui le Canada ne peuvent que gagner à se connaître et à se rapprocher davantage par un contact journalier. Déjà l'esprit d'initiative industrielle et commerciale fait des progrès sensibles parmi les Canadiens français ; que l'impulsion leur vienne, non-seulement de leurs compatriotes d'origine britannique, mais aussi de la France, leur ancienne mère patrie, par l'intermédiaire des industriels, des petits capitalistes, des ouvriers habiles qui commencent à retrouver le chemin du Saint-Laurent, et la Nouvelle-France, utilisant les forces motrices de ses innombrables courants, chutes et rapides, — ses « pouvoirs d'eau », pour employer une très juste expression locale, — mettant en œuvre ses richesses minérales et forestières, perfectionnant son agriculture, deviendra bientôt l'égale des États de la Nouvelle-Angleterre, ses voisins du Sud, tout en conservant ce cachet national qui fait en même temps son originalité et sa force.

Ce serait ici le lieu de parler de la jeune littérature canadienne française, dont les deux centres sont encore Québec et Montréal, avec un avantage marqué en faveur de Québec; mais le cadre d'un voyage d'excursion ne comporte pas les développements qu'il faudrait donner à un examen même sommaire des productions, chaque jour plus nombreuses et plus soignées, qui assurent déjà une place fort honorable à la Nouvelle-France dans le mouvement intellectuel de notre race. Si la nécessité et l'habitude de parler et d'écrire tantôt dans une langue, tantôt dans l'autre, exercent parfois une influence fâcheuse sur la netteté des expressions et du style des prosateurs, on trouve, en revanche, dans les productions en vers de MM. Fréchette, Crémazie, Lemay, Sulte et autres, une réelle pureté de diction et de rythme, un sentiment très vrai de la poétique française. Parmi les romans, dont l'intrigue roule presque toujours sur des sujets du pays, citons ceux de MM. Chauveau, Doutre, Gerin-Lajoie, de Gaspé et de Boucherville ; enfin l'histoire nationale a été remarquablement traitée par plusieurs auteurs, surtout par MM. Ferland et Garneau.

Mais, comme on doit s'y attendre dans un pays neuf, la plus grande partie des écrivains canadiens français se sont adonnés au journalisme, qui a pris, eu égard au chiffre de la population, des proportions tout américaines. Dans toute la confédération, pour douze cent mille habitants de langue française, nous ne trouvons pas moins de quarante publications périodiques, dont sept ou huit journaux quotidiens. C'est à Québec que se publie le plus ancien journal exclusivement français de l'Amérique du Nord : le *Canadien*, fondé en 1806 et plusieurs fois supprimé au temps de l'omnipotence des gouverneurs anglais. Nous trouvons dans la même ville, sans compter l'*Écho de Lévis* qui se publie sur l'autre rive du Saint-

Laurent, trois autres journaux politiques, l'*Événement*,
le *Journal de Québec* et le *Courrier du Canada*.

L'*Événement* a pour rédacteur M. Hector Fabre, aujourd'hui sénateur fédéral, et certainement l'un des plus
charmants esprits du Canada. La verve toute gauloise,
mêlée d'une pointe de scepticisme railleur, avec laquelle
il sait fustiger ses adversaires politiques, sans jamais descendre jusqu'à l'injure brutale et violente, si familière,
hélas ! à la plupart des journalistes de son pays, lui
assure une place à part dans la presse périodique bas-
canadienne et dans le parti libéral auquel il appartient.

Le *Journal de Québec* était rédigé en 1873 par
M. Cauchon, écrivain quelquefois dur et incorrect, mais
d'une grande énergie. M. Cauchon, vrai fils de ses œuvres, jadis l'un des chefs du parti conservateur, et
depuis rallié aux libéraux, a joué et joue encore un
grand rôle dans l'histoire parlementaire de son pays [1].

Le *Courrier du Canada* représente les idées ultra-
catholiques. Il a eu autrefois pour rédacteurs des écrivains
de beaucoup de talent ; mais, au moment où je me trou-
vais au Canada, en 1873, il était écrit en un français des
plus fantaisistes ; sous ce rapport, il n'avait rien à envier
à quelques-unes des feuilles hebdomadaires qui se pu-
blient dans les petites villes de l'intérieur.

Le grand écueil du journalisme canadien, c'est la traduction des documents anglais, confiée la plupart du
temps à des jeunes gens à peine sortis du collège qui con-
tractent dans cette ingrate besogne des habitudes d'incor-
rection dont ils ne peuvent plus se défaire. De là ces solé-
cismes bizarres qui, à force d'émailler les colonnes des

---

1. M. Cauchon a été nommé, en 1878, lieutenant gouverneur de
Manitoba. Il est le premier Canadien français qui ait été appelé à
ces hautes fonctions dans une province autre que celle de Québec.

journaux, finissent par acquérir une sorte de droit de cité dans le langage courant. « Supporter une candidature », « objecter un discours », « faire *application* (demande) pour obtenir un emploi », « démettre (révoquer) un fonctionnaire », voilà quelques-uns des spécimens les plus communs d'anglicismes politiques. Je me souviens, entre autres curiosités, du titre d'un premier-Québec. On y lisait en grosses capitales « De la votation *compulsoire !!!* » J'en passe, et des meilleures. Heureusemeut le remède se trouve à côté du mal. Une excellente publication pédagogique mensuelle, le *Journal de l'instruction publique* dirigé aujourd'hui par mon ami O. Dunn, écrivain très français et très patriote, malgré l'apparence saxonne de son nom, fait une guerre incessante aux locutions hasardées. Tout dernièrement on a pu affirmer avec preuves à l'appui que, loin de se corrompre, le français parlé au Canada tendait chaque jour davantage, grâce à la diffusion de l'instruction primaire, à s'épurer et à se dégager de tout alliage illicite.

Presque toutes les imprimeries des journaux québecois sont rassemblées dans un même quartier, au sommet de la côte, fort raide, appelée par les Français « Côte de la Montagne », et par les Anglais, « Mountain Hill », qui conduit de la ville basse à la ville haute. Là, parmi les vieilles maisons du siècle dernier, — représentées encore aujourd'hui par quelques bâtisses branlantes, étançonnées à grand renfort de madriers, — on remarquait il y a quelques années la maison du « Chien d'or », sur l'emplacement de laquelle on a bâti le bel édifice de la poste.

Cette maison, célèbre dans les traditions municipales, tirait son nom du bas-relief assez grossièrement sculpté au-dessus de la porte, où l'on voyait en effet un chien rongeant un ossement et encadré dans l'inscription sui-

vante, la première ligne au-dessus du bas-relief, les trois
autres au-dessous :

> Je Svis Vn Chien Qvi Ronge L'o,
> En le rongeant je prends mon Repos.
> Vn tems viendra qvi n'est pas venv .
> Qve je morderay qvi m'aura mordv.
>
> 1736

Quoique vieux d'un siècle seulement, ce bas-relief a
donné lieu à plusieurs légendes où tantôt le nom de Bigot,
l'intendant prévaricateur du Canada, tantôt celui du sieur
de Repentigny, officier de l'armée royale, se trouvent
mêlés à une histoire de meurtre commis sur la personne
du premier propriétaire de la maison du *Chien d'or*, le
marchand Nicolas Jaquin, dit Philibert. On rapporte,
d'après des traditions assez vagues, que c'est la veuve du
marchand qui fit placer ce bas-relief avec l'inscription
sur la façade de sa maison, afin de graver profondément
dans l'âme de ses enfants une haine vengeresse. On a
même ajouté qu'après la chute de la domination française, un fils de Philibert aurait passé en Europe, d'autres disent jusque dans l'Inde, pour se battre avec l'assas-
sin de son père, et que le combat se serait terminé par la
mort de l'un des deux combattants. Lequel? Les traditions ne s'accordent pas plus sur ce point que sur les
autres. Bref, il y a dans le passé de cette habitation bour-
geoise tout un mélodrame encore inédit.

Quelques années plus tard, la maison du *Chien d'or*
acquérait une célébrité d'un ordre plus historique. C'est
là qu'habitait vers 1782 la belle miss Prentice, dont Nelson, alors commandant d'un brick de guerre, tomba
éperdument amoureux. Ses amis s'alarmèrent et parvinrent à le soustraire aux entraînements d'une passion qui
menaçait de rompre sa carrière. A quoi tiennent les des-

tinées des empires ! Les beaux yeux de miss Prentice ont failli épargner à la France Aboukir et Trafalgar.

Le *Chien d'or* et son inscription, conservés religieusement lors de la démolition de la maison de Philibert, ont été replacés au-dessus de la porte principale du bâtiment de la poste.

Une autre inscription placée sur le flanc du cap Diamant désigne l'endroit où tomba le général américain Montgomery lors de l'assaut infructueux qu'il tenta contre Québec le 31 décembre 1775. Plus loin, sur les plaines deux fois historiques d'Abraham, nous trouvons deux colonnes commémoratives. La première, surmontée d'un casque et d'une épée antiques, a été érigée, en 1849, par les soins de la garnison anglaise, sur l'emplacement même où, suivant la tradition, le général anglais Wolfe succomba à sa blessure le 13 septembre 1759. En mourant, il léguait à l'Angleterre une victoire décisive et la métropole du Canada. La seconde, inaugurée en 1862 par lord Monk, gouverneur général, a été dédiée, par la Société nationale des Canadiens français de Québec, à la mémoire du chevalier de Lévis, du général Murray et des braves qui combattirent sous leurs ordres dans la journée du 28 avril 1760 (seconde bataille d'Abraham ou bataille de Sainte-Foye), dernière et stérile victoire de nos armes au Canada. Cette colonne est couronnée d'une statue, présent du prince Jérôme Napoléon. J'ai déjà dit qu'un obélisque élevé dans le jardin du gouverneur consacrait la mémoire du héros français Montcalm, en l'associant à celle de son heureux rival. Le corps du marquis de Montcalm repose dans la chapelle du couvent des Ursulines.

Les cathédrales anglicane et catholique, la chapelle du séminaire où se trouvent quelques tableaux attribués à Philippe de Champaigne, l'édifice de la douane, l'hôpital de la marine, un palais de justice, en grande partie incendié en 1872, tels sont les autres édifices remarquables de la vieille cité de Champlain.

Pour le commerce et l'industrie, Québec a depuis longtemps cédé la première place à Montréal. Une grève colossale des ouvriers constructeurs de navires, survenue en 1867, a donné le coup de grâce à une industrie qui avait été longtemps la principale ressource de ses habitants. Cent trois navires avaient été construits en 1866 sur les mêmes chantiers qui en ont lancé seulement une vingtaine en 1872. On parlait beaucoup, en 1873, de créer des manufactures capables d'assurer à la capitale du Bas-Canada une prospérité matérielle digne de son importance politique, et de retenir dans ses murs les nombreux ouvriers qui émigrent aux États-Unis. Il est à désirer que les capitalistes qui se sont imposé cette tâche vraiment patriotique puissent réussir dans leur entreprise. Quant au commerce, si Montréal attire la plus grande partie des navires d'outre-mer qui passent aujourd'hui sans s'arrêter devant le cap Diamant, Québec a du moins conservé le monopole de l'exportation des bois ; presque tout ce que la Confédération canadienne tire de ses vastes forêts pour l'envoyer en Europe vient se rassembler en radeaux immenses le long des rives du Saint-Laurent, en amont et en aval de la ville, notamment au pied de la cascade de la rivière de Montmorency. L'exportation totale des bois du Canada pour les États-Unis et l'Angleterre s'est élevée, en 1872, à près de cent vingt millions de francs, et la part du port de Québec dans ce mouvement a dû atteindre cinquante millions.

En résumé, pour un touriste, pour un touriste français surtout, Québec est encore celle des villes de l'Amérique du Nord qui inspire le plus d'intérêt et dont la vue laisse les meilleurs souvenirs. L'esprit un peu stationnaire qui y

règne, et dont se plaignent parfois ses habitants, lui a valu
du moins de conserver un air d'antiquité qui contraste
singulièrement avec le manque absolu d'originalité de la
plupart de ses rivales. Ses environs sont charmants en été,
et l'hiver y est la saison des plaisirs et des réunions animées. Les *sporting clubs* de toute espèce, ces associations
que les Canadiens ont eu le bon esprit d'emprunter aux
Anglais, fournissent aux jeunes gens des divertissements
sains et fortifiants pour chaque période de l'année. Courses de chevaux et d'équipages, courses à pied, canotage,
gymnastique, *match* de patineurs, parties de *cricket* anglais et du jeu indien de *la crosse*, concours de coureurs
en raquettes, excursions lointaines pour chasser l'orignal
et le caribou (élan et renne du Canada)[1], se succèdent suivant les saisons. De juillet à septembre les rives du bas
Saint-Laurent sont littéralement envahies par la foule des
valétudinaires américains qui fuient les ardentes chaleurs
dont les accable le climat excessif des États de la Nouvelle-Angleterre. La température estivale baisse en effet
très rapidement à mesure qu'on se rapproche du golfe.
De 18 degrés centigrades à Québec, la moyenne des deux
mois de juillet et d'août tombe à 14 degrés environ
(57 Fahrenheit) au cap Rozier, à l'extrémité de la presqu'île de Gaspé. Mais la médaille a son revers. Les baigneurs, les touristes de la Malbaie, de Gaspé, de Cacouna,
ont un ennemi terrible qui change parfois en une désolante claustration les plaisirs qu'ils s'étaient promis. Cet
ennemi c'est le vent du nord-est. Aux yeux des Canadiens
et surtout des Québecois, dit un écrivain du pays, le nord-
est a acquis une renommée presque aussi redoutable que

---

1. Caribou, *Tarandus arcticus* ; orignal, en anglais Moose Deer,
Alces americana. Une grande espèce de cerf, le wapiti, *Elaphus Ca-
nadensis*, a été presque détruite.

le mistral pour la Provence, le sirocco pour Naples, le simoun pour les Arabes.

C'est à une plume canadienne, celle de M. Chauveau, à la fois poète, romancier, homme d'État et l'un des premiers présidents du Sénat fédéral, que nous empruntons la description saisissante de ce désagréable météore :

« C'est pour le district de Québec un véritable fléau que le vent du nord-est. C'est lui qui, pendant des semaines entières, promène d'un bout à l'autre du pays les brumes du golfe. C'est lui qui, au milieu des journées les plus chaudes et les plus sèches de l'été, vous enveloppe d'un linceul humide et froid, et dépose dans chaque poitrine le germe des catarrhes et de la pulmonie. C'est lui qui interrompt, par des pluies de neuf ou dix jours, tous les travaux de l'agriculture, toutes les promenades des touristes, toutes les jouissances de la vie champêtre. C'est lui qui, durant l'hiver, soulève ces formidables tempêtes de neige qui interrompent toutes les communications et bloquent chaque habitant dans sa demeure. C'est lui enfin qui chaque automne préside à ces fatales bourrasques, causes de tant de naufrages et de désolations, à ces ouragans répétés et prolongés qui à cette saison rendent si dangereuse la navigation du golfe et du fleuve Saint-Laurent.

» Dès qu'il commence à souffler, tout ce qui dans le paysage était gai, brillant, animé, velouté, gazouillant, devient terne, froid, morne, silencieux, renfrogné. Un ennui, un malaise décourageants pénètrent tout ce qu vous touche et vous environne. Bientôt des brumes légères, aux formes fantastiques, rasent, en bondissant, la surface du fleuve. Ce n'est que l'avant-garde de bataillons beaucoup plus formidables qui ne tardent pas à paraître. Alors vous chercheriez en vain un rayon de soleil, un petit coin de ce beau ciel bleu, si limpide, qui vous plaisait tant. Sur un fond de nuages d'un gris sale passent rapide-

ment comme des flèches ces mêmes brumes, qui se succèdent avec une émulation, une opiniâtreté désolantes. On
dirait tantôt la blanche fumée du canon, tantôt la fumée
noire d'un bateau à vapeur. Tantôt elles dansent comme
des fées capricieuses, aux vêtements d'écume, sur la crête
des vagues; tantôt elles passent dans l'air d'un vol assuré,
comme d'immenses oiseaux de proie. Quelquefois leur
vitesse semble se ralentir, elles paraissent moins nombreuses; déjà vous croyez entrevoir en quelques endroits
une lumière vive, comme celle du soleil, vous apercevez
même à la dérobée quelque chose de bleuâtre qui ressemble
au firmament, vous vous dites que les brumes s'épuisent,
que vous allez bientôt en voir la fin: vous vous trompez,
elles passeront toujours. Le golfe en contient un inépuisable réservoir.

» Une journée maussade, quelquefois deux, s'écoulent
ainsi. Puis vient une pluie froide et fine, qui va toujours
en augmentant, jusqu'à ce qu'elle se transforme en véritable torrent, poussée qu'elle est par un vent impétueux.
Tout le jour et toute la nuit, et souvent plusieurs jours et
plusieurs nuits, ce n'est qu'un même orage, uniforme,
continu, persévérant. Pendant tout le temps que la pluie
tombe comme dans les plus grandes averses, la fureur du
vent se maintient à l'égal des ouragans les plus terribles.
Il semble que le désordre est devenu permanent, que le
calme ne pourra jamais se rétablir. Cependant cela cesse;
mais alors recommence l'ennuyeuse petite pluie froide,
plus désagréable et plus malsaine que tout le reste. Enfin,
un beau jour, sur le soir, éclate une épouvantable tempête: ce n'est plus le vent du nord-est seul, tous les
enfants d'Éole sont conviés à cette fête assourdissante.
C'est ce qu'on nomme le *coup du revers.* Cela termine
et complète la *neuvaine du mauvais temps.* »

III

Il y a une foule d'excursions intéressantes à faire aux environs de Québec. Sillery et la charmante résidence des lieutenants gouverneurs à Spencer Wood, les cascades de la Chaudière, de Sainte-Anne et de Montmorency, le village de Lorette, où vivent les derniers représentants de la nation huronne, les jolis lacs de Saint-Charles et de Beauport, offrent des buts de promenade aussi variés que pittoresques. La brièveté de mon séjour ne m'a permis de voir que le village de Lorette et la cascade de Montmorency.

La cascade de Montmorency, une admirable chute d'eau dans un site grandiose, qu'encadre une végétation de sapins aux teintes sombres et vigoureuses, est située tout près du confluent de la rivière Montmorency avec le Saint-Laurent, à douze kilomètres environ de la ville. J'ai parlé plus haut de la vue splendide qu'on y découvre. Ce qui gâte un peu, hélas! la poésie du spectacle, c'est l'esprit de spéculation lequel, comme en maint endroit de la Suisse, de l'Allemagne et des États-Unis, s'ingénie à mettre à contribution la curiosité du touriste. Les propriétaires des environs ont élevé des barrières sur tous les sentiers conduisant aux emplacements les mieux situés pour contempler la cascade, et à chacune de ces barrières on rançonne impitoyablement le voyageur. J'avoue que cette exploitation éhontée des merveilles essentiellement gratuites de la nature m'ā toujours paru souverainement abusive, et bien souvent je n'ai pu m'empêcher d'exprimer tout haut mon sentiment. Mais à quoi bon? il vaut mieux payer et se taire.

Ajoutons que l'impôt ne se prélève que sur les touristes étrangers, les habitants de Québec en sont affranchis. C'est du moins ce que je pus inférer d'une violente discussion qui eut lieu devant moi entre le maître de la petite auberge voisine de la chute et un Québecois, qui se plaignait en termes énergiques qu'on l'eût pris pour un de ces pauvres voyageurs exploitables à merci.

Jusqu'alors je n'avais vu la campagne canadienne que de la dunette du *Moravian* et à l'aide d'une longue-vue; cette excursion m'offrait pour la première fois l'occasion de la contempler de près. A l'inverse de ce qui m'est arrivé bien souvent dans d'autres contrées, je n'eus point le désenchantement de voir ces habitations, si riantes de loin, se résoudre en un amas de masures repoussantes. Le cultivateur canadien, qui se nomme lui-même « habitant », ignore l'appellation de paysan, et, de fait, il ne ressemble guère au paysan d'Europe. Son élégante demeure en bois peint, tenant à la fois du cottage et du chalet, est meublée intérieurement avec un confort tout britannique. Le dimanche, toute la famille s'habille avec élégance et recherche, suivant la mode de Québec et de Montréal, laquelle n'est guère en retard sur celles de

Londres et de Paris. Le piano lui-même a fait invasion dans quelques habitations des vieilles paroisses ; et telle jeune fille, qui dans la journée a aidé ses parents aux travaux des champs, égayera la « veillée » en jouant les motifs d'une de nos opérettes françaises. La lourde charrette des ancêtres normands a partout cédé la place au « buggy » suspendu, traîné par des « trotteurs » de sang. Tout enfin, dans le charmant spectacle qu'offrent en été les environs de la métropole bas-canadienne, justifie et explique l'expression de M. Andrew Stuart, un Anglais pourtant, qui, frappé de la courtoisie, de la politesse native des Français-Canadiens, leur a décerné le beau titre de « peuple gentilhomme ».

Sur les portes de chaque habitation s'ébattent une foule d'enfants rayonnants de fraicheur et de santé. Et Dieu sait s'ils sont nombreux, les enfants, dans les familles du Bas-Canada! Les plus jeunes courent pieds nus pour la plupart, mais la propreté et la qualité de leurs vêtements, aussi bien qu'un coup d'œil jeté dans l'intérieur des maisons autour desquelles ils se livrent à leurs jeux, montrent bien que ce n'est point par misère. Obligés pendant l'hiver de se couvrir d'habillements épais et de lourdes chaussures fourrées, ils aiment, comme nos enfants d'Alsace, à se dédommager de cette contrainte aussitôt que reparait le soleil du printemps. Beaucoup de jeunes filles, au moins dans les environs des villes, gardent leurs cheveux bouclés et flottants à la mode anglaise; elles portent habituellement pendant l'été des corsages blancs et des jupes de couleur toujours d'une extrême propreté. Les jeunes gens et les hommes endossent, les jours de travail, le gros « capot » en étoffe grise dite « du pays », serré par une ceinture en laine rouge ou quadrillée, costume que complétait autrefois la « tuque » ou bonnet normand, presque disparue aujourd'hui; mais tous se transforment le dimanche en *gentlemen* accomplis. Il n'y manquera ni l'habit noir de rigueur ni le chapeau à haute forme, ce disgracieux symbole de la civilisation contemporaine.

Et pourtant le cultivateur de ce pays a trois ennemis qui, s'il n'y prend garde, menacent de détruire son bien-être et son apparente prospérité. La routine, le luxe et l'engouement irréfléchi pour les professions libérales sont les fléaux des paroisses canadiennes. J'ai déjà parlé du luxe des attelages, des belles fourrures et des toilettes de jeunes filles. Ce luxe, importé des États-Unis, charge bien lourdement le budget de familles toujours si nombreuses ; mais, après tout, il n'excéderait pas les ressources de la plupart d'entre elles, si l'habitant savait tirer du sol, par une culture intelligente, tout le parti possible. Malheureusement il est loin d'en être ainsi. Les magnifiques terres de la vallée du Saint-Laurent ont été ruinées à la longue par la culture continuelle des céréales, interrompue à peine une fois en plusieurs années par de simples jachères. Les nouveaux défrichements de l'intérieur, après quelques récoltes exceptionnelles, ne tardent pas à s'appauvrir par le même mode vicieux d'assolement. L'élevage des bestiaux, entrepris sans principes arrêtés, sans soins minutieux, donne un rendement bien inférieur à celui qu'en retirent les Anglais et les Américains. La culture des arbres fruitiers semble être dans l'enfance, ils ne sont ni émondés ni délivrés des plantes parasites. Les forêts, cette richesse capitale du pays, sont livrées avec un inexplicable aveuglement par le gouvernement local à la rapacité destructive de grands spéculateurs, pour la plupart étrangers à la province de Québec. Enfin, la répulsion déraisonnable des habitants pour toute espèce de contribution foncière, répulsion soigneusement entretenue par les deux partis politiques qui se disputent le pouvoir, s'oppose au développement d'une bonne viabilité. Aujourd'hui encore bon nombre des chemins carrossables du Bas-Canada ne sont entretenus que moyennant des péages aux barrières ; et ce pays si avancé sous tant d'autres rapports nous offre ainsi l'exemple d'une pratique abandonnée depuis longtemps par l'Europe continentale, excepté dans les contrées les plus arriérées.

Jusqu'à présent l'exemple des cultivateurs anglais et écossais établis dans la province de Québec semble avoir influé fort peu sur la réforme de ces méthodes surannées de culture, que M. Arch, le célèbre président de l'Union des ouvriers de ferme anglais, a qualifiées d'un mot bien énergique. Dans le compte rendu du voyage qu'il entreprit, en 1873, aux États-Unis et au Canada pour préparer l'exode des membres de son association, il dit, en parlant des fermiers bas-canadiens : *they have murdered the soil*, littéralement : « ils ont *assassiné* le sol ». L'habitant canadien est décidément rebelle aux innovations de source étrangère, et ce n'est que l'initiative de ses propres compatriotes qui parvient à grand'peine à les lui faire accepter. Ce n'est aussi que dans les dernières années que quelques-uns des hommes les plus considérables du pays, grands propriétaires et membres du clergé, ont commencé à s'émouvoir d'un état de choses si préjudiciable au développement et à l'avenir du Canada français. Des écoles pratiques d'agriculture, des fermes-modèles ont été créées; sous l'impulsion énergique de nombreux initiateurs intelligents autant que dévoués, certaines paroisses, notamment dans le district de Montréal, se sont littéralement transformées. Malheureusement ici encore, le mouvement réformateur se heurte à un sérieux obstacle, la tendance toujours croissante des enfants des familles aisées à abandonner les professions productrices, seules vraiment utiles dans les pays neufs, pour se jeter sur celles qu'on est convenu d'appeler « professions libérales ».

Cette tendance fâcheuse, qui place les Bas-Canadiens dans un état d'infériorité réelle vis-à-vis de leurs voisins Anglais ou Yankees, tient essentiellement à l'organisation de l'instruction publique depuis la conquête jusqu'à nos jours. Les collèges et les établissements littéraires ont de longtemps précédé l'école primaire et l'enseignement technique ; et lord Durham, envoyé par le gouvernement britannique pour procéder à une enquête approfondie sur les troubles de 1837 et 1838, définissait très exactement, dans un rapport resté célèbre, l'état intellectuel du Bas-Canada à cette époque :

« La négligence soutenue du gouvernement anglais, écrivait-il (en 1839), laisse la masse des Canadiens français sans aucune des institutions qui les pourraient élever dans l'ordre de la liberté et de la civilisation. Ce gouvernement les a laissés sans aide et sans leur conférer les institutions du *self-government*..... Quoi qu'il en soit, l'assertion généralement répandue que toutes les classes de la société canadienne-française sont également ignorantes est tout à fait erronée, car je ne connais point de peuple chez qui il existe une plus large somme d'éducation du degré moyen, ou chez qui une telle éducation soit réellement répartie sur une plus grande portion de la population. La piété et la bienveillance des premiers possesseurs du pays ont fondé, dans les séminaires qui existent sur différents points de la province, des institutions dont les ressources pécuniaires et l'activité ont longtemps été dirigées vers l'éducation. L'instruction que l'on donne dans ces séminaires et ces collèges ressemble beaucoup à celle des écoles publiques d'Angleterre ; pourtant elle est plus variée. Il en sort annuellement de deux à trois cents jeunes gens instruits... J'incline à croire que la plus

grande somme de raffinement intellectuel, de travail de la
pensée dans l'ordre spéculatif, et de connaissances que
puisse procurer la lecture, se trouve, sauf quelques brillantes exceptions, du côté des Canadiens français. »

L'enseignement primaire était loin d'être aussi avancé.
Le recensement de 1871 montre qu'au-dessus de vingt ans
plus d'un tiers des Canadiens français sont encore illettrés. Il n'en sera certainement pas ainsi pour la génération actuelle. Depuis que l'application sincère du régime
parlementaire a rendu les colonies britanniques de l'Amérique septentrionale maîtresses presque absolues de leurs
propres destinées, de grands progrès ont été réalisés, et le
même recensement constate que, sur une population totale
de 1 190 000 habitants, dont 930 000 d'origine française,
la province de Québec comptait, en 1871, 185 000 enfants
des deux sexes fréquentant les écoles. D'après un document plus récent, le rapport du ministre de l'instruction
publique de Québec pour 1877, le nombre des élèves
des établissements d'éducation de tout genre serait
de 232 765, soit une proportion de 1 élève sur 5 habitants, ce qui met actuellement le Bas-Canada au niveau
des pays d'Europe et d'Amérique où l'instruction populaire est le plus en honneur. Il n'est pas inutile de faire
remarquer que, dans les districts de langue française,
l'anglais ne fait nullement partie des matières obliga-
toires de l'enseignement; et qu'en fait, dans presque
toutes les écoles élémentaires de ces districts, l'enseignement est donné exclusivement en français

Malheureusement l'établissement des écoles primaires
n'ayant pas été complété par celui d'institutions techniques
d'un ordre supérieur, l'enseignement secondaire était resté
exclusivement voué à la littérature; et ce n'est que depuis
1874 que les Canadiens français possèdent à Montréal une
école de sciences appliquées, où ils puissent apprendre

dans leur langue maternelle l'art de l'ingénieur, du constructeur maritime, du mineur et de l'architecte, toutes professions qui ouvriraient à la jeunesse du pays un débouché presque illimité dans toute l'Amérique du Nord.

D'autre part, le simple cultivateur canadien, dès qu'il est parvenu à l'aisance, éprouve la légitime ambition d'assurer au moins à l'un de ses nombreux enfants le bénéfice d'une éducation supérieure et d'une position sociale correspondante. Il prend naturellement ce qu'il trouve à sa portée. Jusque dans ces derniers temps, les collèges ecclésiastiques regorgeaient de jeunes gens qui se jetaient ensuite sur les deux seules carrières que leur ouvraient les universités de langue française : le droit et la médecine; voilà pourquoi la province de Québec compte plus d'avocats qu'il n'en faudrait pour plaider les procès de tous ses habitants, ceux-ci fussent-ils vingt fois plus portés à la chicane que les Normands, leurs ancêtres, et certainement plus de médecins que n'en peut faire vivre un pays où les gens ont conservé la déplorable habitude de ne mourir qu'à quatre-vingt-dix ou cent ans, sans infirmités préalables. Le diplôme, dans ce cas, devient un simple titre à la considération du vulgaire, et la plupart de ces disciples de Thémis ou d'Esculape se rejettent, faute de mieux, sur les agitations de la politique intérieure qui est loin de gagner à l'intervention d'une foule de jeunes gens, fort intelligents sans doute, mais trop souvent dénués de sens pratique.

Je sais qu'un écrivain de talent[1], très sympathique aux Canadiens français, leur conseillait, il y a seize ou dix-sept ans déjà, d'éviter avec soin toute imitation anglaise ou américaine, « d'accorder un souci moindre à l'industrie

---

1. Rameau, *Acadiens et Canadiens*, 1858

et au commerce, de s'adonner davantage à l'agriculture, moins répulsive au développement intellectuel...., de s'attacher non-seulement à répandre l'instruction, mais à en rehausser le niveau » ; en un mot, de préférer la qualité à la quantité, et de rechercher à devenir de primesaut les Athéniens de l'Amérique du Nord.

Je ne saurais partager son avis. Il me paraît évident que les Canadiens français sont engagés avec leurs voisins anglo-saxons dans une lutte qui, pour être pacifique, n'en est pas moins le « combat pour l'existence » de la théorie darwinienne. Ils doivent donc avant tout, pour ne point disparaître socialement et politiquement, emprunter les armes de leurs rivaux, devenir, par l'étude des sciences et l'exercice des professions spéciales, les propriétaires des exploitations industrielles, des établissements financiers, des chemins de fer, des mines de leur pays, comme ils le sont de la plus grande partie du sol : la culture littéraire viendra en son temps. Ne la rencontre-t-on pas déjà dans les plus vieilles cités des États de la Nouvelle-Angleterre, Boston par exemple, où la société est assez assise, la nationalité assez définitivement fixée, pour que des hommes de loisir puissent se désintéresser de la lutte du progrès matériel et se livrer à des études artistiques ou de pure érudition. En commençant par ce qui doit être la fin, les Canadiens français feraient fausse route, et l'exode de leur population ouvrière vers les États-Unis démontre mieux qu'une longue dissertation combien le manque d'industrie et le dédain des grandes entreprises mettent en danger jusqu'à leur existence nationale.

En dehors des deux populations, française et anglaise (ou plutôt anglo-celtique[1]), il y a encore dans le Bas-Canada

---

1. La population de langue anglaise de la province de Québec compte, d'après le recensement de 1871, 69 822 individus de descendance anglaise, contre 123 000 Irlandais et 49 000 Écossais d'origine ;

de six à dix mille descendants des anciens habitants du pays : Hurons, Iroquois, Montagnais, Abénakis, Micmacs, etc. Les deux tiers de ces Indiens sont aujourd'hui civilisés ; et la politique suivie par le gouvernement canadien à leur égard mérite l'attention de quiconque s'intéresse aux grandes et difficiles questions soulevées en Algérie, aux Indes, aux États-Unis, et en général dans toutes les colonies peuplées de races diverses, par la juxtaposition des envahisseurs européens aux premiers possesseurs du sol.

Aussi loin qu'on peut remonter, à l'aide des traditions indigènes, dans l'histoire de ces régions, c'est-à-dire un siècle environ avant leur découverte par les Européens, on trouve les vallées du Saint-Laurent et ·de l'Outaouais habitées par les deux grandes races dont les représentants s'y rencontrent encore aujourd'hui : la race iroquoise et la race algonquine. Au xve siècle, les Iroquois possédaient les emplacements ·de ¸Trois-Rivières et de Montréal. A cette époque ils étaient d'humeur pacifique ·et vivaient surtout de leurs cultures de blé d'Inde, la céréale indigène. Les Algonquins au contraire étaient guerriers et chasseurs. Ce serait précisément vers l'époque de la découverte de l'Amérique qu'une querelle assez futile — toujours d'après la tradition — aurait fait naître entre les deux races cette haine implacable qui les a poussées à s'entre-détruire par une guerre de deux cents

on est donc fondé à lui appliquer la qualification d'anglo-celtique, les éléments écossais et irlandais réunis dépassant de beaucoup en importance l'élément anglo-saxon proprement dit. Il en est de même d'ailleurs pour la Confédération canadienne tout entière (voyez les statistiques à la fin du volume). Quant aux Indiens, le même recensement porte leur nombre à 6988. Un document plus récent, le rapport du bureau des affaires indiennes pour 1873, donne le chiffre de 10000, en tenant compte de quelques tribus du bas Saint-Laurent (les Naskapis) omises dans le recensement général.

ans. Les Algonquins furent d'abord vainqueurs et s'emparèrent du pays de leurs ennemis, qui se retirèrent vers les grands lacs. Plus tard, vers 1530, une tribu iroquoise, celle des Hurons, reprit l'île de Montréal. Ce sont eux qui accueillirent amicalement Jacques Cartier, en 1535. Soixante-douze ans après, quand Champlain vint fonder Québec et remonta jusqu'à Montréal, il ne les retrouva plus. Pressés par les nations algonquines, ils s'étaient retirés dans la péninsule qui forme aujourd'hui le Haut-Canada, vers le lac Simcoe. Une fois établis dans ce nouveau cantonnement, ils s'étaient réconciliés avec les Algonquins dont ils devinrent dès lors les fidèles alliés, tout en conservant leur idiome iroquois. Les autres tribus iroquoises, constamment harcelées par leurs adversaires, étaient réduites, au commencement du XVIIe siècle, à un état de faiblesse voisin de la destruction. Elles se relevèrent néanmoins, formèrent une confédération de cinq, puis de six tribus, — les « cinq nations », suivant l'expression un peu ambitieuse dont se servaient nos premiers explorateurs à l'égard des plus minuscules peuplades, — et commencèrent contre les tribus algonquines et les Hurons transfuges de leur race une guerre d'extermination à laquelle nous voyons les Français se mêler pour la première fois en 1609, sous la conduite de Champlain qui avait fait alliance avec les Algonquins et les Hurons.

D'après la relation de Champlain, les Hurons, dont le véritable nom indigène est *Houendats* (*Wyandotts* des Anglais) — le nom de « Hurons » n'étant qu'un sobriquet dû à l'humeur facétieuse des premiers colons français — comptaient alors environ deux mille guerriers, correspondant à une population de dix ou douze mille individus, chiffre que corroborent les résultats du recensement régulier fait, en 1639, par les missionnaires à l'époque de la plus grande concentration des Hurons, immédiatement

après leur couversion au christianisme. Les tribus algonquines, en rapport avec nos établissements, ne devaient
pas dépasser de beaucoup le chiffre de quinze à vingt
mille. Quant aux Iroquois, il ne paraît pas qu'ils aient
jamais mis en campagne plus de trois mille guerriers, ce
qui suppose une population d'environ quinze mille âmes
au maximum. On le voit : c'étaient tout au plus cinquante
mille aborigènes, disséminés du Labrador aux Alleghanies
(monts Apalaches des Français) et aux grands lacs, sur une
étendue trois fois plus considérable que celle de la
France [1].

A partir de 1630, la supériorité des Iroquois devient de
jour en jour plus marquée. Leur esprit de ruse finissait
toujours par avoir raison du courage chevaleresque mais
aveugle de leurs adversaires. Ils étaient d'ailleurs pourvus
d'armes à feu par leurs voisins du Sud, les Hollandais
établis à la Nouvelle-Amsterdam (aujourd'hui New-York)

1. Sans vouloir entrer dans une discussion approfondie que ne comporte pas le cadre de ce récit, nous signalerons comme un exemple
de saine critique et en même temps comme le résumé le plus complet des documents relatifs aux variations de la population indienne
au Canada et dans les régions avoisinantes des Etats-Unis depuis
deux siècles, la remarquable introduction du quatrième volume du
recensement canadien de 1871. Il en résulte jusqu'à l'évidence que
les théories basées sur la prétendue diminution graduelle et fatale des
aborigènes américains sont en complète contradiction avec les faits,
et ne reposent que sur les évaluations exagérées et sans contrôle des
premiers explorateurs. Malgré les guerres meurtrières de la fin du
siècle dernier et du commencement de celui-ci, et malgré les déper-
ditions par métissage, la race indienne pure compte plus de représentants au Canada et dans le norddes Etats-Unis en 1871 qu'à la
date des deux évaluations officielles faites au XVIII° siècle, la première
en 1736 par ordre du gouvernement français, la seconde en 1763 par
ordre du gouvernement britannique. Ces évaluations ne devaient pas
s'écarter beaucoup de la réalité, car elles se basaient sur le nombre,
assez facile à connaître, des guerriers que chaque tribu pouvait
mettre en ligne. Ce nombre comprenant tous les mâles adultes sauf
quelques vieillards, il suffisait de le multiplier par un coefficient
variant entre 4 et 5, pour obtenir une approximation satisfaisante du

et à Albany. Les Français, au contraire, avaient longtemps
hésité à confier des mousquets à leurs alliés sauvages.
D'ailleurs, population et garnison françaises restèrent
absolument insignifiantes jusqu'en 1665. Le recensement
de cette année n'accusait, après quarante et quelques
années d'occupation, que 3215 habitants européens dans
toute la colonie, non compris 24 compagnies de troupes
royales formant un effectif de mille à douze cents hommes.
En 1647, la mort violente du chef algonquin Piscaret
précipite la catastrophe finale des nations huronne et
algonquine. Ce qui échappe à la mort dans les combats
ou au terrible poteau de torture des Iroquois est contraint
de se réfugier sous la protection des établissements français, que les Iroquois, soutenus par les Anglais qui avaient
supplanté les Hollandais, inquiétèrent presque sans relâche
pendant près de cinquante ans. Les Français leur opposent
les Abénakis, belliqueuse tribu acadienne qu'ils avaient

chiffre total de la population. Celle-ci s'élevait, pour les tribus énu-
mérées dans les deux documents, à un peu moins de quatre-vingt
mille individus. Or, il est aisé de constater, par un simple relevé des
statistiques publiées annuellement au Canada et aux États-Unis par
les administrations des affaires indiennes dans les deux pays, que
l'effectif de ces *mêmes* tribus, cantonnées en divers points des deux
territoires, dépasse aujourd'hui cent vingt mille.

La théorie de la diminution graduelle et fatale, à laquelle les récits
des voyageurs et l'impression même des habitants du pays semblaient
donner un caractère absolu de certitude, n'est à vrai dire que le résultat d'une illusion dont l'explication est d'ailleurs fort simple. La
population indigène, nomade et réduite pour subsister aux ressources
précaires et limitées de la chasse et de la pêche, ne pouvait augmenter, même en pleine paix, que dans une mesure très restreinte,
tandis que la population blanche, sédentaire et agricole, s'accroissait
en progression géométrique, grâce à l'immigration et à des conditions
plus avantageuses d'existence. Il suit de là, que telle région où en 1700
on eût trouvé cinq peaux rouges pour un visage pâle, contenait déjà
en 1763 vingt visages pâles et toujours cinq Indiens. Aujourd'hui, lors
même qu'ils n'ont pas été déplacés et cantonnés dans quelque « réserve »,
les six ou sept descendants de ces cinq Indiens disparaissent inaperçus
au milieu de quatre ou cinq cents visages pâles.

installée près de Trois-Rivières, et leur infligent à plusieurs reprises de sanglantes défaites. On parvient enfin à conclure une trêve ; mais ce n'est que le 4 août 1701 que la hache de guerre est solennellement enfouie dans un grand conseil de toutes les tribus en présence du comte de Frontenac, gouverneur de la Nouvelle-France. Elle ne fut jamais plus déterrée entre Indiens et Français.

Depuis ce moment, les Indiens de toutes races comptent parmi les plus fermes soutiens de notre domination dans l'Amérique du Nord. Un chef huron, « le Rat » ou Kondariouk, celui-là même qui avait préparé par son influence la paix définitive de 1701, acquiert à notre service une renommée qui franchit l'Atlantique. A sa mort, le gouverneur de la Nouvelle-France lui fait faire des obsèques d'officier général. Le Canadien français, enjoué, aventureux, exempt de préjugés envers des hommes dont il avait si souvent l'occasion d'apprécier le courage, était bien fait pour plaire aux Peaux-Rouges, qu'éloignaient au contraire la morgue et les dédains méprisants des Anglo-Saxons.

Il n'est pas inutile de rappeler ici qu'en 1628, — c'est-à-dire à une époque où, dans les colonies espagnoles et portugaises, l'Indien, même christianisé, était traité en esclave, auquel on allait jusqu'à refuser l'intelligence et la raison, — Richelieu, dans les patentes qu'il donnait à la Compagnie des cent associés pour la colonisation du Canada, déclarait que non-seulement les Français établis dans la Nouvelle-France et leurs descendants, mais encore les sauvages qui se convertiraient, seraient réputés régnicoles et jouiraient des mêmes droits.

« La première fois que les Anglais s'emparèrent de » Québec, en 1630 (sous l'amiral David Kirk), les Indiens » qui tentèrent d'apporter, dans leurs relations avec eux, » la familiarité dont ils avaient coutume d'user à l'égard » des Français, furent jetés à la porte des habitations à

» grand renfort de coups, accident qui leur fit clairement
» comprendre la différence des deux races et les attacha
» de plus en plus aux Français. »

C'est à un auteur américain assez connu (Thoreau, *A
Yankee in Canada*) que j'emprunte cette anecdote parfaitement vraisemblable. De fait, à peine les Français
eurent-ils perdu définitivement la colonie par le traité
de 1763, que le grand chef Pontiac, l'un des héros de la
race indienne, entreprit contre les nouveaux maîtres du
pays une guerre de délivrance, appelant toutes les tribus
aux armes « au nom du roi de France ». Pontiac échoua,
mais dès ce moment les gouverneurs anglais, frappés des
symptômes avant-coureurs de la révolution coloniale,
songèrent à se concilier les sauvages et reprirent à leur
égard les procédés de la politique française dont ils ne se
sont plus départis. C'était peut-être la seule bonne tradition qu'ils pouvaient trouver à nous emprunter en fait de
politique coloniale. Ils s'en trouvèrent bien. A l'exemple
des Canadiens français nous voyons les Peaux-Rouges
prendre parti, en 1775 comme en 1812, pour le gouvernement royal contre les Américains révoltés. Les « longs
couteaux », comme ils appellent les Yankees, leur inspi-
rent une répulsion qu'ils ne ressentent pas au même degré
pour les Anglais d'Europe. Le grand chef Tecumseh tombe
en combattant avec le grade de brigadier général dans
l'armée britannique, et, après la paix, bon nombre de
tribus « loyalistes » se retirent sur le territoire resté soumis
à la Grande-Bretagne, où ils ont trouvé un traitement
vraiment paternel, bien différent de celui qu'ont subi et
subissent encore quelquefois les tribus vivant sous la
juridiction de la République américaine.

Au Canada, de vastes *réserves* de terres inaliénables
ont été constituées dans divers districts en faveur des
fractions de tribus qui ont tenu à conserver leur mode

traditionnel d'existence sous un régime de communauté qui n'est pas sans anologie avec l'institution du *Mir* russe. Ces tribus, administrées par des chefs élus suivant les coutumes de chacune, ont des écoles très convenablement entretenues soit aux frais du budget canadien, soit sur les revenus des fonds de réserve, souvent très considérables, provenant de la capitalisation des indemnités stipulées en leur faveur lors des diverses cessions de territoires consenties par eux ou par leurs ancêtres. Les enfants indiens y apprennent, concurremment avec leur propre idiome, les éléments du français ou de l'anglais, suivant la langue qui domine dans le voisinage de la réserve. Les annuités individuelles en argent ou en nature, lorsqu'il en a été alloué par les traités de cession aux membres d'une tribu, leur sont payées scrupuleusement et par tête, sur état nominatif, mode de payement plus compliqué sans doute que celui des allocations en bloc en usage aux États-Unis, mais qui a l'immense avantage de prévenir la plupart des fraudes qui ont valu une si déplorable réputation aux « Indian agents » des Américains. Enfin, tenant compte de la nature à la fois violente et enfantine du sauvage, on n'a pas hésité à prendre une mesure radicale pour combattre la plus funeste de ses passions — l'ivrognerie —. Une loi prohibe d'une façon absolue le commerce des liqueurs spiritueuses dans les réserves, et punit de fortes amendes tout débitant coupable d'avoir vendu des boissons enivrantes à des individus de race indienne non émancipés.

Lorsqu'un Indien ayant acquis une instruction suffisante, et croyant trouver son avantage à vivre de la vie sociale des blancs, veut se séparer de sa tribu, il peut obtenir un acte d'« émancipation » qui le met sur le même pied que tous les autres citoyens. Il se fait une sorte de règlement de comptes entre lui et la tribu, ses immeu-

bles cessent de participer à l'inaliénabilité des réserves,
il peut désormais acquérir, vendre, voter, remplir toutes
sortes d'emplois, et d'ordinaire il finit par se confondre
promptement dans la masse de la population blanche.

Grâce à ces mesures dictées par un esprit de philan-
thropie vraiment éclairée, la race indienne pure s'augmente, d'un recensement à l'autre, par l'excédant des
naissances sur les décès, dans les deux provinces d'Ontario
et de Québec. Dans l'ensemble de la Confédération, la
population aborigène, estimée à 102 000 âmes en 1871,
paraît être à peu près stationnaire, ou, pour parler plus
exactement, elle subit des alternatives de progression et
de recul qu'explique facilement son genre de vie. Vouée
à la pêche et à la chasse, à la chasse surtout, elle est
exposée à des vicissitudes de disette et d'abondance dont
les peuples agriculteurs ou même pasteurs ont peine à se
faire une idée. Au Canada du moins, une cause de destruction a cessé de sévir sur leurs familles. La Confédération ne connaît point le fléau des guerres indiennes si
fréquentes dans la République voisine.

Quant aux croisements, ils ont été nombreux; moins
pourtant qu'on ne l'a quelquefois supposé. En dehors des
métis du Nord-Ouest, race formée dans des conditions
toutes particulières, les registres des paroisses canadiennes, compulsés depuis l'origine de la colonie par l'infatigable abbé Tanguay qui s'est imposé la tâche de reconstituer la généalogie de ses 15 ou 1 600 000 compatriotes,
offrent peu d'exemples de mariages contractés directement dans les paroisses entre Français et Indiennes. Mais
c'est là un trompe-l'œil. On trouve dès le XVIIe siècle une
race vigoureuse de « coureurs des bois » qui, au grand
désespoir des administrateurs de l'époque, quittent les
établissements civilisés pour aller vivre parmi les sauvages. Après un temps plus ou moins long passé dans les

forêts, il ont souvent ramené dans leurs villages les enfants nés de leurs unions avec des « squaws », et leurs descendants au deuxième ou troisième degré ont pu perdre d'autant plus facilement le souvenir de leur origine indienne, qu'il est fort difficile de démêler les caractères physiques du mélange des deux races dès que le sang indien n'y entre plus que pour un quart. Peut-être ne serait-ce pas exagérer l'importance de ces croisements en évaluant à 4 ou 5 pour 100 la proportion des Canadiens français qui peuvent avoir dans leurs veines quelques gouttes du sang des aborigènes. Cette proportion nous donnerait un chiffre de 50 à 60 000, bien supérieur à celui de la population totale de la région du Saint-Laurent au moment de sa découverte. On sait que le préjugé de couleur, si vivace dans toute l'Amérique à l'encontre des descendants plus ou moins foncés de la race noire, ne s'étend nullement aux métis qui partout s'unissent aux blancs dans des conditions de parfaite égalité sociale.

Je demande pardon au lecteur de m'être si longuement étendu sur cette question indienne. Elle est en général si superficiellement traitée dans presque toutes nos publications, même les plus sérieuses, les erreurs accréditées à son sujet servent d'arguments par voie de déduction à tant de faux systèmes en matière coloniale, que j'ai cru devoir profiter de l'occasion pour rétablir la vérité. En résumé, sous l'action simultanée du métissage et de l'émancipation graduelle des individus, il est difficile, sinon impossible, aux petits groupes indiens actuellement existant au Canada de continuer à s'isoler au milieu d'une population blanche quarante et cinquante fois supérieure en nombre. Leur disparition comme langage et nationalité exclusive, voire même comme type de race pure, n'est donc qu'une question de temps. Mais lorsqu'il ne restera plus au Canada un seul Indien recensé comme tel, ce sera

simplement parce qu'il y aura eu absorption et nullement
élimination de la race inférieure et moins nombreuse par
la race supérieure. C'est ce que je tenais à établir. Je
reviens maintenant aux Indiens des environs de Québec,
les premiers qu'il m'ait été donné de voir sur le continent d'Amérique.

Nouveau débarqué, je ne pouvais laisser échapper la
première occasion qui m'était offerte de rencontrer des
rejetons de la race indigène. Je savais qu'à Lorette, à dix
milles (seize kilomètres) environ de Québec, vivait une
petite colonie de Hurons, descendants des quelques
familles échappées à la destruction de toute leur nation par
les Iroquois. M. R...., l'un des passagers français du
Moravian, offrit de m'accompagner dans cette excursion,
et, après avoir parlementé avec un « charretier », — c'est
le nom que l'on donne, en pays canadien, à l'honorable
corporation des cochers de place, — nous partîmes à la
recherche de ces hommes rouges, débris presque ignorés
d'une catastrophe qui date pourtant de deux siècles à
peine. Races ou individus, les morts vont vite en tous pays,
et surtout sur ce continent américain où le flot montant
de la civilisation recouvre si vite les vestiges du passé.

Le village de « la Jeune-Lorette » vaut d'ailleurs par
lui-même les frais d'une promenade. C'est une grosse
paroisse canadienne française de trois mille habitants,
agréablement située au milieu d'un pays accidenté. Une
jolie rivière aux eaux brunes, comme toutes celles qui
prennent leur source dans les sapinières du Nord, traverse son territoire et se précipite dans la plaine par une
pittoresque cascade. Cette rivière franchie, nous nous
trouvons tout à coup transportés sans transition en pays
indien. Devant nous s'offre un hameau dont les habitations présentent un contraste frappant avec les maisons
canadiennes que nous venons de laisser sur l'autre rive.

La chute de Lorette. (Page 60.)

Une sorte de hangar fait de poutres mal équarries, à la toiture basse, aux larges ouvertures; pour tout meuble un lit de camp dressé le long des parois, et sur lequel sont étendues des couvertures de laine bizarrement ornementées; au centre, la place du foyer, dont la fumée s'échappe par une ouverture pratiquée dans le toit, non sans avoir rempli tout le local de ses âcres senteurs; telle est dans ses traits principaux la demeure du Huron de nos jours. Ce n'est après tout qu'une reproduction agrandie et quelque peu perfectionnée du wigwam traditionnel des tribus indiennes. De nomade, le Huron christianisé est devenu sédentaire. Il a dû accommoder son habitation aux exigences de sa vie nouvelle; mais, en dépit des liens de sang et d'intérêt qui l'unissent chaque jour plus étroitement aux Canadiens français qui l'entourent, il reste encore fidèle, dans les dispositions et l'aménagement de sa cabane de sapin, à quelques-unes des traditions qu'observaient ses ancêtres.

Il y a à Lorette soixante ou soixante-dix familles de Hurons ou d'individus réputés tels dans les évaluations officielles. Sont-ce bien les descendants authentiques et sans mélange des terribles guerriers du xviie siècle? Il faut pour l'admettre à première vue une certaine dose de bonne volonté. M. Chauveau, que j'ai déjà eu souvent l'occasion de citer, écrivait en 1850 dans une épître adressée à un touriste français:

> A vos amis, surtout, de grâce, dites-bien
> Qu'on n'est point tatoué pour être Canadien,
> Que le dernier Huron est vivant à Lorette,
> Qu'il a peint son portrait et que chacun l'achète....

Et pourtant, la Huronne ne doit pas être un mythe,

s'il faut en juger par la description flatteuse et plus récente encore d'un autre poète québecois :

> Brune et gentille est la Huronne,
> Quand au village on peut la voir,
> Perles au col, mante mignonne,
> Et le cœur dans un grand œil noir.
> Sa veine a du sang de ses pères,
> Les maîtres des bois autrefois :
> Vivent les Huronnes si fières
> De leurs guerriers, de leurs grands bois !

Les deux auteurs ont raison : en fait, il ne paraît pas qu'il existe à Lorette un seul individu de race indigène pure. Depuis deux cents ans, les alliances contractées avec les Canadiens ont tellement modifié le type originel de ces Indiens, qu'on ne retrouve plus parmi eux les caractères physiques si tranchés de la race rouge. L'Indien pur est toujours ou presque toujours imberbe ; la barbe suffisamment fournie de la plupart des habitants du hameau huron de Lorette accuse la présence du sang européen. Les quelques types bien accentués que l'on y rencontre encore peuvent être attribués à des cas de « retour par atavisme » plutôt qu'à la pureté d'une généalogie vierge de « mésalliances ». En revanche, tous, riches ou pauvres, conservent avec un soin jaloux les traditions de la tribu et le costume de guerre des ancêtres, qu'ils revêtent encore dans les occasions solennelles. La vie en commun, la participation à certains avantages pécuniaires, à certains privilèges, garantis autrefois à la nation huronne et respectés par les divers gouvernements du Canada, ont formé entre tous les membres de cette petite société un lien plus fort que celui des unions de familles contractées de loin en loin avec les visages pâles. Chacun conserve précieusement les preuves de son origine et de sa filiation qui déterminent son rang dans l'une des quatre familles ou tribus dont la réunion constitue la « nation des Houendats ». On est « chevreuil », « tortue », « ours » ou « loup »; les enfants appartiennent à la famille de leur mère. Chaque tribu nomme à l'élection son chef ou « capitaine de guerre »; les quatre chefs de guerre désignent deux « chefs de conseil », et les six réunis élèvent à la dignité de « grand chef » soit l'un d'entre eux, soit un étranger déjà chef honoraire. C'est ainsi, m'a-t-on assuré, qu'un beau jour les descendants des farouches alliés de Champlain se sont trouvés avoir pour chef légitime, par décision du conseil des chefs et en vertu des coutumes antiques, un honorable citoyen de Québec qui cumulait sa haute dignité « sauvage » avec le paisible gouvernement d'une étude de notaire. Un chef de Hurons dans la cravate d'un notaire! O prosaïque civilisation, voilà bien de tes coups! Le grand chef actuel, ancien commerçant et excellent agriculteur, s'appelle, de son nom français, François Xavier Picard et, de son nom houendat, Taourenché (Le Point du Jour), il appartient à la famille des chevreuils. Son fils, Paul Taourenché ou Picard, *dessinateur* au ministère des terres de la Couronne à Québec, est né « tortue » du chef de madame sa mère et en vertu de la règle de filiation indiquée plus haut.

Tous nos Hurons cependant n'en sont pas encore au notariat et à la cravate blanche. Si les jours ordinaires, l'habillement des hommes et des jeunes garçons du village indien diffère peu ou point de celui de leurs voisins de la paroisse canadienne, leurs femmes se coiffent encore pour la plupart du mouchoir d'étoffe noire enroulé autour de la tête, au-dessus de laquelle elles rabattent en guise de mantille une épaisse couverture de laine. Leur vêtement se compose d'un corsage à manches courtes et d'une jupe de couleur sombre. Elles portent des « mitasses », sorte de jambières en peau d'orignal ou de caribou montant jusqu'aux genoux, garnies de piquants de porc-épic, et rattachées à la ceinture par des lanières de cuir. Des mocassins, souple chaussure en peau d'orignal, ornés de dessins en grains de porcelaine et de verroterie, complètent cet accoutrement bizarre, auquel, à défaut d'élégance, on ne saurait refuser le mérite d'une singulière originalité.

Hommes et femmes paraissent vivre assez à l'aise du produit des bois de leur « réserve » et de leur petite industrie locale. Ils fabriquent à demeure les larges « raquettes » que l'*habitant*, le coureur des bois et quelques sportsmen canadiens adaptent l'hiver à leurs mocassins pour faire de longues marches sur une neige épaisse et insuffisamment durcie. Ils font aussi des paniers en bois de bouleau, des mocassins, des ouvrages en plume, des costumes indiens, des calumets en bois, des tomahawks et toutes sortes d'autres armes indigènes qu'ils disposent en trophées dans leurs habitations et qu'ils vendent aux étrangers ou aux marchands de curiosités. En outre, les hommes vont à la chasse, parcourant le pays qui s'étend entre Québec et le lac Saint-Jean ; ils s'emploient comme conducteurs sur les « cages » ou trains de bois flotté qui descendent les rivières du Nord, et comme « voyageurs » au service de la compagnie de la Baie-d'Hudson. Toutefois, si l'aisance entre dans les familles, la couleur locale disparaît chaque jour davantage : les jeunes filles commencent déjà à s'habiller comme les Canadiennes et se marient souvent avec les Canadiens ; la plupart des jeunes gens, m'assure-t-on, ne parlent même plus leur langue nationale, que les amateurs de philologie américaine ne pourront bientôt plus étudier que dans les travaux des premiers missionnaires. Avant de partir pour Lorette, j'avais meublé ma mémoire d'un assortiment d'anecdoctes anciennes, toutes à la gloire de la nation huronne, notre

fidèle alliée durant nos longues guerres contre les Anglais
et les Iroquois. Je ne tardai pas à en trouver le placement
dans la personne d'un brave homme de la localité, au type
plus franchement peau-rouge que la plupart de ses compatriotes, et qui me parut joindre à un grand amour pour
les « Français de France » une inclination non moins
prononcée pour le whisky. Nous causâmes un bon moment
ensemble, « une bonne *escousse* » comme on dit là-bas,
du passé et du présent de sa nation sur laquelle il me
communiqua ou me confirma la plupart des détails que je
viens de donner ; puis, quand vint le moment de nous séparer, il me serra vigoureusement la main, s'écriant avec le
plus pur accent normand : « Ah m'sieu, j'vois ben q'pour
» un França d'France vous connaissez ben not'nation tout
» de même ! J'en jaserais ben volontiers une veillée avec
» vous ! » Une veillée et une jaserie ! décidément je n'étais
plus chez les Hurons, j'étais en pleine Neustrie. Je quittai
avec regret ce pauvre « sauvage » ; moi aussi, si le temps
me l'avait permis, j'aurais « jasé » bien volontiers et bien
plus longuement avec lui.

A propos de ce mot « sauvage », il n'est peut-être pas
inutile de faire remarquer une fois pour toutes que si en
France, grâce aux traductions des œuvres de Fenimore
Cooper et aux nombreux écrits de ses imitateurs, le
mot « Indien » est aujourd'hui généralement employé
pour désigner les indigènes américains, il n'en est pas de
même au Canada. Les premiers colons français de l'Amérique du Nord disaient « les sauvages », et aujourd'hui encore, dans tous les documents officiels canadiens écrits en
langue française, c'est le mot « sauvage » qui est exclusivement employé comme équivalent de l'anglais *indian*.
Au reste, cette appellation n'est aucunement prise en
mauvaise part non plus que le féminin « sauvagesse », et
le voyageur ne doit nullement s'étonner d'entendre dire

par un jeune homme de Lorette, du saut Saint-Louis ou de Bécancour: « Oh moi! je suis à moitié *sauvage;* mon père est un Canadien, mais il s'est marié avec une *sauvagesse* et je parle aussi bien en *sauvage* qu'en *canadien.* »

IV

En été, pour se rendre de Québec à Montréal, on n'a
que l'embarras de choisir entre deux routes et deux
modes de locomotion. Par terre, le chemin de fer du
Grand-Tronc vous fait traverser les vieux « bois francs »
des cantons de l'Est, antique forêt dont la colonisation
amoindrit chaque jour le domaine. Par cette voie vous
arriverez peut-être plus vite, mais le voyage en wagon,
— « dans les chars », — pour employer l'expression locale, est toujours un peu prosaïque. A tous égards la voie
du fleuve mérite la préférence du touriste. Le souci du
pittoresque s'accorde ici avec celui du confort, pour
dicter le choix du voyageur.

Je ne referai pas ici la description bien connue des bateaux à vapeur qui sillonnent les fleuves et les grands
lacs de l'Amérique du Nord. Ce que je puis affirmer toutefois, c'est que parmi tous ces magnifiques steamers, que
leurs étages superposés de cabines et leurs splendides
aménagements intérieurs ont fait si justement appeler

des palais flottants, il en est peu de comparables aux deux bateaux de la « compagnie du Richelieu » le *Québec* et le *Montréal,* qui desservent tour à tour la ligne quotidienne établie durant la belle saison entre les deux cités dont ils portent le nom. C'est sur le *Montréal* que je pris passage, par un beau jour du mois d'août 1873.

Il y avait à bord joyeuse compagnie et foule bariolée. Le Yankee sec et remuant y coudoyait l'Anglais obèse et flegmatique; deux religieux oblats, vêtus comme nos prêtres français, conversaient avec un jeune homme à longue redingote, que je pris d'abord pour un *clergyman* presbytérien; c'était en réalité un membre de leur ordre revenant des États-Unis où les ministres de toutes croyances portent généralement le même costume semi-sacerdotal et semi-laïque. Dans le salon, quelques jeunes Canadiennes françaises, vives et libres d'allures, tout comme leurs sœurs des États-Unis, s'étaient emparées d'un piano : musique et paroles, la plupart des morceaux de leur répertoire étaient pour moi de vieilles connaissances; décidément, nous étions bien dans la Nouvelle-France! Deux pas plus loin, la scène changeait avec le langage : des « politiciens » en vacances discutaient à grand renfort d'exclamations et de jurons anglo-saxons les dernières nouvelles d'Ottawa ou de Washington. En dehors du salon, sur les promenoirs découverts, ménagés à l'avant et à l'arrière, refuge favori des fumeurs et des amants du grand air, l'élément bas-canadien était représenté par une vingtaine de jeunes gens portant à la boutonnière de gros nœuds de rubans blancs et jaunes et formant çà et là de petits groupes d'où s'élevaient de joyeux éclats de voix. C'étaient des anciens zouaves pontificaux, membres d'une association commémorative qui réunit les trois ou quatre cents volontaires canadiens partis de 1867 à 1870 pour défendre le pouvoir temporel de la papauté. Les zouaves de Québec ont invité leurs camarades de Montréal à venir leur faire une visite. Il y a eu réception dans toutes les règles, défilé avec accompagnement de fanfare, cérémonie religieuse et repas copieux. Ce dernier acte de la fête surtout devait avoir été particulièrement soigné, à en juger par la bruyante expansion des jeunes voyageurs.

Du reste, jeunes gens ou graves personnages semblaient n'avoir qu'un seul thème de conversation. De quelque groupe qu'on s'approchât, il était impossible de ne pas entendre trois fois par minute le mot de « Pacifique ». *Pacific scandal*, *Pacific slander*, affaire du Pacifique, scandale du Pacifique, calomnies du Pacifique; Français ou Anglais ne parlaient plus, ne juraient plus, ne vivaient plus que par le Pacifique. On eût dit que ce mot avait acquis, par je ne sais quel maléfice, le don d'exaspérer les tempéraments en apparence les plus dignes de se l'appliquer comme qualificatif.

Qu'était-ce donc que cette grosse affaire qui défrayait d'une façon si exclusive les conversations des hôtes du *Montréal?* Je n'étais pas resté une semaine à Québec sans en avoir appris quelque chose. Chacun des notables personnages à qui j'avais été présenté m'avait bien et dûment catéchisé sur la question « topique » du moment; et, comme dans le nombre de mes nouvelles connaissances il s'en trouvait de toutes les opinions ayant cours au Canada, j'avais entendu à satiété le son des différentes cloches, condition indispensable, suivant la sagesse des nations, pour pouvoir formuler un jugement impartial. Dans le cas du Pacifique, il n'en fut pas ainsi pour moi: à force d'avoir à subir le choc des allégations les plus contradictoires, j'en vins, au bout de quelques jours, à n'avoir plus d'opinion du tout. J'y trouvai, du reste, un certain avantage, car il me devint beaucoup plus facile de garder sur ce sujet délicat la réserve discrète que me commandait ma qualité d'étranger.

Il était écrit toutefois — on le verra plus tard — qu'à chaque étape de mon voyage j'assisterais au développement de la crise occasionnée par cette malheureuse affaire, et que j'aurais même indirectement à en subir les conséquences. Je ne puis donc me dispenser d'en dire au moins quelques mots.

Lors de l'entrée de la Colombie anglaise dans la Confédération canadienne, il avait été stipulé que la nouvelle province serait reliée, dans un délai de dix ans, à ses confédérés de l'Est par un chemin de fer transcontinental. Il s'agissait de former une compagnie assez puissante pour se charger de cette gigantesque entreprise. Les négociations furent longues et laborieuses; cependant elles avaient abouti ou semblaient sur le point d'aboutir précisément au moment où les élections générales de 1872 allaient renouveler le Parlement de la Confédération canadienne. Un capitaliste montréalais, sir Hugh Allan, le président de la compagnie des transatlantiques canadiens, s'était mis à la tête de l'affaire. Il avait d'abord voulu faire appel aux capitaux américains, qui s'empressèrent d'y répondre. Sur ces entrefaites, les élections eurent lieu. Des sommes fabuleuses furent dépensées de part et d'autre par les partis en présence. Les élections coûtent cher dans les pays où s'est conservé l'usage du « poll » ou scrutin public, et le Canada en 1872 était encore dans ce cas[1]. La lutte fut très vive; néanmoins le ministère conservateur obtint dans toutes les provinces une assez forte majorité. La question du chemin de fer transcontinental avait été fréquemment agitée pendant la période électorale, et l'on avait pu noter une certaine répugnance

1. Depuis, une loi a établi le scrutin secret pour les élections fédérales et provinciales.

de l'opinion à accepter l'immixtion des capitalistes américains dans une œuvre aussi essentiellement nationale. On semblait craindre que des directeurs yankees n'eussent des visées préjudiciables aux intérêts purement canadiens. La première combinaison de sir Hugh Allan étant décidément devenue impopulaire, le ministère n'osa pas lutter contre le préjugé général ; sur sa demande formelle, sir Hugh dut s'engager à s'adresser uniquement aux capitaux canadiens ou anglais, et renoncer au concours de ses associés de New-York. Ceux-ci, fort mécontents d'être évincés, s'en vengèrent en publiant certaines correspondances de leur ancien partenaire, d'où il résultait que le grand capitaliste canadien avait donné des sommes importantes (trois cent mille dollars, disait-on) pour assurer le succès du ministère. De là à dire que la concession du Pacifique avait été le prix de ce service, il n'y avait qu'un pas ; ce pas fut vite fait. Tous les journaux de l'opposition dans les six provinces de la Confédération rivalisèrent d'articles flamboyants, où la corruption du cabinet fédéral était dénoncée *urbi et orbi*, en français et en anglais, dans un style qui n'avait rien de commun avec la mansuétude évangélique ni même avec les périphrases et autres précautions oratoires chères aux académiciens. Depuis vingt ans, le même parti politique s'était maintenu au pouvoir presque sans interruption ; une occasion se présentait de l'en déloger. Je laisse à penser avec quelle ardeur le parti adverse se précipita sur l'arme nouvelle qui lui permettait de monter enfin à l'assaut des portefeuilles avec quelque chance de succès.

Comme de juste, les journaux du gouvernement ne se faisaient point faute de riposter à l'attaque : les aménités qui s'échangèrent à cette occasion eussent paru en France dépasser les bornes de la licence la plus échevelée ; mais au Canada comme aux États-Unis on n'y regarde point de si près. La grosse question du jour était de savoir si le Parlement, dont la prorogation expirait le 13 août, se réunirait à cette date pour examiner l'affaire ; ou si le gouverneur général prorogerait de nouveau la session à trois mois. Les ennemis du ministère opinaient pour le premier parti ; ses partisans pour le second, et quelques jours seulement nous séparaient du moment décisif. Les discussions si animées des passagers du *Montréal* n'étaient que l'écho de l'agitation de tout le pays.

Mais laissons le chemin de fer du Pacifique et ses scandales — nous ne les retrouverons que trop tôt sur notre chemin — et revenons à notre itinéraire.

Les steamers de la compagnie du Richelieu ne partent pour Montréal qu'à une heure assez avancée de la soirée, ce qui prive le voyageur du panorama des rives du Saint-Laurent, moins pittoresques mais plus riantes ici qu'en aval de Québec. Il est minuit quand nous passons devant Trois-Rivières, l'un des plus anciens établissements fondés par les Français du dix-septième siècle, aujourd'hui ville de 7 à 8 000 habitants, et débouché naturel des vallées du Saint-Maurice et de ses affluents. La colonisation, une colonisation exclusivement canadienne française, remonte d'un pas lent mais sûr les vallées de ces puissants cours d'eau. Il y a quelques années, de grandes étendues de terres cultivables ont été reconnues sur les bords de la rivière Matawin, dont la vallée coule parallèlement au Saint-Laurent et débouche dans le Saint-Maurice, à vingt lieues environ au nord du grand fleuve. Toutefois la richesse de la région consiste surtout pour le moment dans l'exploitation des forêts, exploitation poussée malheureusement à outrance par des spéculateurs avides et peu surveillés.

On trouve aussi près de Trois-Rivières des gisements importants d'oxyde de fer hydraté ou limonite, qui ali-

mentent les célèbres forges du Saint-Maurice, établies
dès 1737, au temps de la domination française, et susceptibles de prendre, avec le temps et les progrès de l'esprit
industriel dans le Bas-Canada, un développement bien
plus considérable.

A l'aube, une brume légère couvrait la surface du
fleuve, formant un rideau assez transparent pour laisser
entrevoir les ravissantes prairies clair-semées de grands
arbres qui bordent au loin les rives. Nous passons entre
Bertier et Richelieu, Verchères et l'Assomption, comtés
aussi français par leurs populations que par leurs noms.
Bientôt scintille à travers la rosée le reflet argenté des
toits recouverts en lame de tôle étamée. Au pied d'un
monticule verdoyant, élevé de deux cent cinquante mètres
seulement au-dessus de la plaine, mais rehaussé par son
isolement, nous distinguons les hautes tours d'une cathédrale dominant une longue rangée d'édifices; la couleur
verte du Saint-Laurent fait subitement place à la teinte
brune des eaux de l'Outaouais, qui persiste pendant
plusieurs lieues à ne point confondre ses eaux avec
celles du fleuve dont il est l'un des plus puissants tributaires. Nous voyons apparaître successivement les hautes
constructions des manufactures d'Hochélaga, puis le pont
Victoria, long de près de trois kilomètres (10284 pieds
anglais d'un bord à l'autre), avec sa galerie tubulaire,
véritable tunnel formé de vingt-cinq tubes en fer d'une
longueur totale de 6138 pieds, soutenus à soixante pieds
au-dessus du niveau du fleuve par deux culées et vingt-
quatre piles d'un calcaire noir compact. Ces piles s'allon-
gent dans le sens du courant et lui présentent une arête
effilée en tranchant, semblable à l'éperon d'un navire
cuirassé, contre laquelle d'énormes glaçons viennent se
briser au moment de la débâcle. Commencé en 1856, et
inauguré en 1860 en présence du prince de Galles, le

pont Victoria n'a pas coûté moins de 1 400 000 livres ster-
lings, soit trente millions de francs. Disons-le tout de
suite, cette merveille de l'art des ingénieurs impressionne
plus vivement l'esprit que lavue, car la distance en réduit
étrangement les gigantesques proportions. La longue
ligne rigide de la galerie, les formes grêles et également
rectilignes des arches vues de face, lui donnent de loin
l'humble apparence d'un pont de chevalets. Combien sont
préférables, au point de vue du pittoresque, les courbes
harmonieuses de nos vieux ponts de pierre! Enfin nous
atteignons les quais en passant au milieu d'une forêt de
blancs steamers aux cabines étagées. Nous sommes à
Montréal.

Devant nous s'élève l'imposante façade du marché Bon-
secours, et tout près, sur la place Jacques-Cartier, nous
apercevons la colonne érigée en l'honneur du vainqueur
de Trafalgar. Quelle singulière association de noms et
d'idées a fait placer la statue du destructeur de la marine
française sur un emplacement consacré au marin français
qui découvrit la Nouvelle-France? je l'ignore. Nous débar-
quons, et dix minutes après nous nous reposons en lisant
les nouvelles du jour dans le salon de l'hôtel Donégana,
ainsi appelé du nom du chef indigène qui reçut Jacques
Cartier lors de son voyage.

En 1640, une religieuse, la sœur Bourgeois, et quelques
ecclésiastiques membres d'une congrégation qui se fondit
peu après dans celle de Saint-Sulpice, obtinrent du roi
de France la concession de l'île de Montréal, où Cartier
avait découvert jadis le village indien d'Hochelaga. Cinquante-cinq personnes environ furent amenées, en 1642,
pour peupler le nouvel établissement, qu'on appela d'a-
bord « Ville Marie ». En 1653, deux cents émigrants,
presque tous Angevins, vinrent renforcer ce premier
noyau de courageux colons. Plus tard, les soldats d'un ré-

giment licencié au Canada, le régiment de Carignan, fameux dans les annales de la colonie, s'établirent en grande partie autour de la nouvelle ville, dont la prospérité naissante eut longtemps à souffrir du voisinage des Iroquois. Cette colonisation militaire a laissé des traces faciles à reconnaître dans plusieurs des noms de famille les plus répandus de la ville et de la banlieue. On retrouve en effet, sur les enseignes des boutiques et dans tous les rangs de la société, bon nombre de ces sobriquets ou « noms de guerre » qui étaient d'un usage général dans les armées des dix-septième et dix-huitième siècles. Les noms de Ladéroute, Lafrance, Laliberté, Lafricain, Lavaleur, Laframboise, Vadeboncœur, Sansfaçon, que l'on rencontre un peu partout où l'esprit aventureux des Canadiens a fondé des établissements de traite et de culture, mais surtout à Montréal et dans ses environs, trahissent la descendance de ces soldats qui, devenus colons, avaient conservé leur sobriquet militaire de préférence à leur véritable nom patronymique. En 1760, Montréal ne comptait encore que six mille habitants, tout au plus. Un plan où sont marquées les anciennes limites de la ville française montre que l'enceinte fortifiée d'alors embrassait seulement l'espace occupé aujourd'hui par le quartier commercial, entre le fleuve Saint-Laurent et les rues Saint-Jacques, Mac-Gill et Lacroix. Ce fut pendant la guerre de Sept-Ans le dernier boulevard des défenseurs du Canada. Un an après la bataille d'Abraham et la chute de Québec, les milices canadiennes commandées par le chevalier de Lévis avaient repris l'offensive et remporté la victoire de Sainte-Foye. Peu s'en fallut que Québec même ne retombât au pouvoir de ces braves. L'arrivée d'une flotte anglaise mit fin à leurs succès, et le 8 septembre 1760, sous les murs de Montréal, fut signé, en cinquante-cinq articles, l'acte de décès de notre domination dans le grand pays qui, pendant un siècle et demi, s'était appelé la *Nouvelle-France.*

La Louisiane nous restait encore, il est vrai; mais Louis XV, ses ministres et sa cour, avaient hâte de se débarrasser d'une colonie qu'ils ne se sentaient plus capables de défendre. En novembre 1762, deux mois avant la signature du fatal traité de Paris, le roi de France la cédait à son cousin d'Espagne, « purement, simplement et sans aucune exception..... et par le pur effet de la générosité de son cœur »[1]. D'un coup de plume notre patrie se dépouillait d'un domaine s'étendant du golfe du Mexique aux grands lacs du Saint-Laurent, des bords du Mississipi aux Montagnes Rocheuses et aux rives de l'océan Pacifique!!! Pendant six ans, les créoles louisianais s'opposèrent à l'exécution d'un traité qui les séparait de la France; mais que pouvait le patriotisme de ces pauvres gens contre la royale parole de leur maître? Un jour, l'Espagne envoya des soldats et un gouverneur *à poigne;* on pendit quelques notables qui avaient le mauvais goût d'être plus attachés à leur nationalité que le roi de France à ses possessions américaines, et le transfert *amical* de la Louisiane à l'Espagne fut un fait accompli!!!

On sait qu'un sourire de la fortune nous rendit, quarante ans après, cet incomparable empire; mais ce ne fut que pour un instant. Cédée au premier consul par l'Espagne, au traité de Saint-Ildefonse, la Louisiane devait être presque aussitôt vendue aux États-Unis pour soixante-quinze millions de francs; — juste ce que l'Angleterre vient de payer pour indemniser le commerce américain des déprédations de l'*Alabama.*

Plus de quinze millions d'habitants, dont deux millions

---

1. Acte d'acceptation du traité secret de Fontainebleau du 3 novembre 1762. Voy. Gayarré, *Histoire de la Louisiane,* t II, p. 98.

à peine d'origine française, occupent aujourd'hui les deux territoires que nous avons abandonnés à ces dates fatales : 1763 et 1803. Tels ont été les fruits d'une politique coloniale insensée. Comment s'étonner, après de telles aberrations, si nous voyons la France d'aujourd'hui déchue du rang et de la puissance que sa grandeur passée semblait lui assurer à jamais parmi les nations ?

Qu'on me pardonne ces réminiscences historiques. Leur douloureux souvenir vient trop souvent assaillir l'esprit du Français voyageant dans cette partie du Nouveau-Monde pour ne point les rappeler ici. Combien de fois n'ai-je pas jeté des yeux d'envie sur le splendide héritage que perdirent nos ancêtres pour avoir méconnu la mission colonisatrice de leur race. Mes regrets m'ont mené bien loin, sans doute, de l'île de Montréal ; pas aussi loin cependant que s'étendait notre domination au moment où le chevalier de Lévis et sa poignée d'héroïques soldats durent céder aux armes victorieuses de la Grande-Bretagne. Depuis lors cent dix ans se sont écoulés. De bourgade, Montréal est devenue grande ville. En 1871, cent sept mille habitants, dont cinquante-six mille Franco-Canadiens, habitaient son enceinte ; et ce n'est là, disent-ils orgueilleusement, que le prélude d'une ère de progrès plus merveilleux encore. Tête de ligne de la navigation transatlantique sur le Saint-Laurent, l'ambitieuse cité aspire à supplanter New-York et à devenir l'entrepôt de tous les produits du *Far-West*. Déjà des canaux accessibles aux navires de quatre à cinq cents tonnes contournent les nombreux rapides qui entravent la navigation du fleuve Saint-Laurent depuis le village de Lachine jusqu'au lac Ontario. Un autre canal de quarante-deux kilomètres, le canal Welland, établit pour la même classe de bâtiments une communication assurée sur le territoire canadien, entre les lacs Érié et Ontario, rachetant par vingt-

sept écluses la différence de niveau de trois cent trente
pieds que la rivière Niagara franchit par un bond de son
incomparable cataracte (160 pieds) et par de nombreux
rapides. Aujourd'hui, le gouvernement canadien a entrepris d'élargir tous ces canaux de manière à en permettre
le passage à des navires de mille tonnes. Ce grand travail une fois terminé, l'immense bassin des grands lacs
et les centres populeux qui naissent et grandissent sur
leurs rives, Duluth, Milwaukee, Chicago, Détroit, seront
les tributaires de Montréal, devenu leur entrepôt et leur
port d'embarquement naturel, au moins pendant la belle
saison, car, malheureusement pour les hautes visées de
la ville canadienne, le Saint-Laurent reste fermé à toute
navigation pendant cinq à six longs mois d'hiver. Quoi
qu'il en soit, les Montréalais ont trop confiance dans
l'avenir pour ne point l'escompter un peu. Aussi leur
ville, comme une coquette ambitieuse, se compose-t-elle
dès maintenant une parure assortie à ses futures grandeurs. Les rues y sont larges et bien mieux entretenues
qu'à Québec; les magasins vastes et superbement ornés,
les institutions de crédit abondent, et quelques-unes des
banques principales — situées pour la plupart dans
la rue Saint-Jacques — sont installées dans de véritables
palais. Les journaux anglais et français écrasent par
l'ampleur de leur format et l'abondance des renseignements leurs plus modestes confrères de Québec[1] ; les
maisons particulières elles-mêmes affectent les prétentions architecturales des plus grandes cités du continent
américain. Vingt sectes diverses ont édifié des églises,
dont un bon nombre, avouons-le, sont bâties dans ce style

---

1. Trois journaux français quotidiens s'imprimaient en 1873 à
Montréal : la *Minerve*, le *National* et le *Nouveau-Monde*. Il s'y publie
en outre plusieurs revues et le seul recueil illustré français de
l'Amérique : l'*Opinion publique*.

Montréal, vu du Mont-Royal. (Page 79.)

hybride et désagréable, semi-gothique et semi-rocaille, qui fait la joie des *cockneys* anglo-saxons et le désespoir des véritables artistes. Dans cette débauche de bâtisses religieuses, le clergé catholique tenait à ne pas se laisser distancer. Non content de posséder une cathédrale qui passe cependant pour l'une des plus belles de l'Amérique du Nord, l'évêque de Montréal a entrepris, à grand renfort de souscriptions, d'ériger une basilique nouvelle qui sera la réduction, mais une réduction grandiose encore, du premier des temples chrétiens : Saint-Pierre de Rome aura sa copie sur les bords du Saint-Laurent. Enfin les plaisirs ont aussi leurs palais; on compte à Montréal plusieurs théâtres où, pour les mêmes raisons qu'à Québec, on ne joue d'ordinaire que des pièces anglaises, et une foule de cercles, entre autres celui des patineurs, le *Victoria Skating Rink*, renommé par les fêtes magnifiques qui y ont été données en diverses occasions, et sur de la glace naturelle, notamment lors de la visite du prince Alfred d'Angleterre.

A une ville si confiante en ses destinées, il fallait une promenade publique digne de son ambition. L'emplacement a été trouvé sans peine et peut hardiment soutenir la comparaison avec ce que les grandes métropoles d'Europe et d'Amérique possèdent de mieux en ce genre. Nous avons déjà parlé de la montagne — le mont Royal — qui domine la ville et lui a donné son nom. La magnifique avenue qui en fait le tour est devenue le rendez-vous favori des équipages et des cavaliers. La montagne elle-même est aujourd'hui presque entièrement transformée en un vaste parc anglais, semé çà et là de villas somptueuses, élevées par les nababs de la finance et du commerce montréalais. Du sommet on jouit d'une vue admirable sur la ville « aux toits d'argent », sur le fleuve Saint-Laurent, ses jolies îles et les campagnes qui s'étendent au loin sur ses bords. Un autre site, cher aux promeneurs et aux amateurs de « pique-nique » (les Anglais écrivent « pic-nic »), est l'île Sainte-Hélène, située vis-à-vis l'extrémité orientale de la ville et dont la plus grande partie est également disposée en parc. La pointe nord-est de ce joli îlot est fortifiée ; elle renferme les casernes occupées autrefois par la garnison anglaise et gardées aujourd'hui par un petit détachement de volontaires canadiens. Enfin, les amateurs d'excursions champêtres peuvent recourir pendant la belle saison aux nombreux « ferry boats » ou « bateaux traversiers », qui entretiennent un mouvement de va-et-vient continuel entre Montréal et les jolis villages de Saint-Laurent, Longueuil, Laprairie, etc., situés de l'autre côté du fleuve.

Étant donnés les éléments très hétérogènes dont se compose la population montréalaise, il ne faut pas s'étonner de trouver aux divers quartiers des physionomies très différentes. A l'est, habitent principalement les classes peu aisées de la population canadienne française. C'est dans les quartiers du nord, les plus rapprochés de la montagne, que les riches commerçants des deux nationalités ont leurs « homes », leurs maisons de ville, entourées de verdure où ils viennent se reposer le soir, au sortir de la poudreuse atmosphère du bureau. A Montréal comme aux États-Unis, on a le bon goût d'éloigner autant que possible l'habitation de famille du quartier des affaires. L'ouest est plus spécialement anglais, même dans le quartier Saint-Antoine où habitent cependant bon nombre d'ouvriers et d'industriels franco-canadiens. A l'extrémité de ce côté de la ville, près du Saint-Laurent, à l'endroit où le canal de Lachine débouche dans le fleuve, le quartier Sainte-Anne, bas, mal entretenu, inondé parfois au moment de la débâcle, héberge près de 10 000 Irlandais sur les 19 000 que contient Montréal. Là comme toujours, au pauvre Paddy [1] est échu le plus mauvais lot.

Il semble que la communauté de religion, que certaines affinités de race et de souvenirs historiques devraient rapprocher l'Irlandais du Canadien français; il n'en est rien cependant. Hâtons-nous de le dire, la faute n'en est point aux Canadiens. En tous pays, Paddy, s'il faut en croire ses détracteurs, est un voisin désagréable, ce qu'on appellerait chez nous « un mauvais coucheur ». Il est honni des Yankees dans la Nouvelle-Angleterre, des Allemands dans le *Far West*, du nègre dans les États du Sud, des Français au Canada, des Anglais et des Écossais partout. Et comment pourrait-il se faire aimer des étrangers, lui qui ne sait pas même vivre en bonne intelligence avec ses propres compatriotes? Partout où des Irlandais ont planté leurs tentes, on est sûr de voir surgir incontinent des Montaguts et des Capulets au petit pied. « Orange » et « Vert », ces deux partis dont les discordes ont si souvent ensanglanté la verte Érin, se poursuivent aux deux extrémités du monde d'une haine aussi vivace qu'au lendemain de la bataille de la Boyne. D'ailleurs, Paddy est léger, inconstant, beau diseur, mais aussi grand hâbleur, peu sûr dans ses amitiés, violent et brutal dans ses intolérantes antipathies; toujours extrême en politique comme en religion, qu'il soit loyaliste outré ou fénian incorrigible, catholique ultramontain ou orangiste fanatique. Il a abandonné, bon gré, mal gré, son idiome national pour

---

1. *Paddy* diminutif de Patrick, surnom générique des Irlandais, comme *John Bull* est celui des Anglais, et *frère Jonathan* celui des Américains. Les Canadiens français sont souvent désignés par leurs compatriotes de langue anglaise, sous le sobriquet de « Jean-Baptiste ». Quant aux Français d'Europe, on sait que dans la littérature charivarique des pays anglo-saxons ils sont personnifiés sous le nom peu flatteur de *Johnny Crapaud*; allusion directe au goût immodéré pour la chair de grenouilles que nous attribuent bien gratuitement nos voisins d'outre-Manche.

celui de ces Anglais qu'il affecte de détester, et personne aujourd'hui ne professe à un plus haut degré le culte exclusif de la langue anglo-normande. Aux récalcitrants qui hésitent à jeter leur individualité nationale dans le creuset où fusionnent les éléments disparates du nouveau peuple américain, il dirait volontiers comme le renard de la fable, lui qu'on a depuis longtemps débarrassé de « ce meuble inutile », le vieux langage celtique si cher aux bardes guerriers de l'antique Hibernie :

« A quoi sert cette queue ? il faut qu'on se la coupe ! »

Lorsqu'une protestation s'élève au Canada, en Louisiane, au Manitoba, contre l'usage du français dans les parlements et les tribunaux, soyez certain qu'elle émane neuf fois sur dix d'un Irlandais catholique ou protestant, à moins pourtant que ce ne soit d'un Allemand, plus ou moins américanisé, mais toujours gallophobe.

Mais il y a une autre raison, plus décisive encore, qui seule suffirait à expliquer l'antipathie jalouse des autres nationalités à l'égard des enfants d'Érin : c'est la soif désordonnée de domination et d'emplois dont semblent possédés ces opprimés de la veille, aussitôt qu'ils ont mis le pied sur le sol du Nouveau-Monde. L'art du « politician », cette industrie éminemment américaine, à la fois si lucrative et si décriée, n'a point de secrets pour leurs esprits déliés, souples et remuants. C'est grâce aux politiciens irlandais et à leur action sur les masses ignorantes et crédules de leurs compatriotes, que Tweed, le « boss » de Tammany Hall, a pu pendant des années diriger à son gré l'administration de la grande ville de New-York, et alléger d'une centaine de millions la caisse municipale[1]. Partout,

1. Un journal humoristique des États-Unis prétendait, il y a quelques années, que la formule qui jadis excluait l'Irlandais dans son

au Canada comme aux États-Unis, vous rencontrez le politicien irlandais, trafiquant des suffrages dont il dispose, et se faisant adjuger par les vainqueurs, en récompense de ses services, les fonctions publiques les plus grassement payées. Nous avons en France un proverbe bien connu; les Anglais, le modifiant légèrement, en ont fait un hexamètre destiné à peindre le caractère de leurs bons frères d'Irlande :

« Ungentem pungit, pungentem Hibernicus ungit. »

Et voilà pourquoi, sur le continent d'Amérique, Paddy, tant qu'il reste lui-même, est également mal vu de tous ses voisins, sentiment qu'il leur rend d'ailleurs avec usure.

Aux États-Unis, l'uniformité de l'éducation nationale sous le régime des « common schools » émousse, au bout d'une génération ou deux, les angles trop saillants de ce caractère celtique; mais au Canada où le système des écoles séparées tend à perpétuer le particularisme de chaque catégorie d'immigrants, l'Irlandais a importé et maintient, au grand détriment de tous, cet esprit turbulent et brouillon qui a toujours fait le malheur de son île natale. Aussi l'Écossais, avec son caractère parfois rude et cassant, mais toujours droit et loyal, est-il, quoique protestant, infiniment plus sympathique au Canadien français que l'Irlandais catholique. On me l'avait dit souvent au Canada; mais c'était dans les prairies du Nord-Ouest que je devais en trouver les preuves les plus péremptoires.

propre pays de la plupart des emplois publics : « no Irish need apply »,
— c'est-à-dire : inutile de se présenter si l'on est Irlandais — avait
été retournée à New-York par l'addition d'un seul mot : « no *but* Irish
need apply » : — inutile de se présenter si l'on *n'est* Irlandais.

N'oublions pas cependant de faire remarquer, à la décharge de Paddy, que son éducation a été faite par « Britannia », une belle-mère des plus acariâtres. Cela suffit pour expliquer bien des défauts. Puis, à nous Français, il serait malséant d'oublier que des milliers de fils d'Érin sont morts en combattant sous nos drapeaux, pendant les dix-septième et dix-huitième siècles. Plus récemment, pendant nos désastres, lorsque, aux États-Unis, l'un des deux grands partis politiques s'assurait le concours des Allemands naturalisés en inscrivant sur ses bannières : « Dans la présente guerre, nous sommes avec l'Allemagne ! » (in the present war we are with Germany), ce furent les Irlandais qui, s'unissant aux Canadiens et aux résidants français, provoquèrent d'imposantes contre-démonstrations. C'est à eux presque exclusivement que nous devons les seuls témoignages publics de sympathie qui aient été exprimés dans la patrie de Washington pour la patrie de Lafayette.

V

Le dimanche à Montréal est un moyen terme, une sorte de compromis entre le « sabbath » puritain de la Nouvelle-Angleterre et le jour de gai délassement que fêtent avec tant d'entrain l'ouvrier et le paysan français. Comme dans la Nouvelle-Angleterre, les trains de chemins de fer s'arrêtent, le télégraphe ferme ses bureaux ; les quartiers protestants prennent littéralement un air de nécropole ; les « bar rooms » mêmes — tavernes ou buvettes — barricadent hypocritement leur devanture, tandis qu'une porte dérobée s'entre-bâille discrètement à la barbe du policeman, pour introduire un client dans le cénacle des buveurs à huis clos. Par bonheur la population canadienne-française — bien que les usages de ses voisins aient quelque peu déteint sur les siens — ne se croit pas encore obligée de s'enfermer entre quatre murs pour simuler un tête-à-tête avec Ézéchiel ou Jérémie. Grâce à son influence modératrice, on n'en est pas absolument réduit à l'alternative de rester chez soi ou de vaguer pédestrement par les rues. Les voitures de place, ainsi que les « chars urbains » ou « petits chars » (tramways ou chemins de fer américains) qui desservent les voies principales, continuent leur service, et

Tout être créé possédant équipage

peut aller faire le tour de la montagne sans crainte de scandaliser la communauté, ni surtout de payer l'amende à laquelle on n'échapperait point trente lieues plus au sud, dans les États du Maine et du Vermont. Bref, le dimanche à Montréal ne saurait passer pour un jour absolument folâtre, mais du moins il ne distille point l'ennui obligatoire et ne terrorise point l'étranger, comme dans ces États puritains.

Le lendemain ou le surlendemain — je ne sais plus au juste lequel — de mon arrivée à Montréal se trouvait être un dimanche. Après avoir flâné çà et là pendant toute la matinée, j'entrai dans la cathédrale de Notre-Dame, cet édifice dont les deux tours nous avaient signalé de loin l'approche de la grande ville, mais dont les voûtes beaucoup trop basses donnent à la nef un aspect mesquin qui contraste désagréablement avec les promesses de la façade. Un prêtre sulpicien y préchait en français devant l'élite de la société montréalaise ; il aborda successivement les sujets les plus divers, traitant de l'émigration des *habitants* vers les manufactures américaines, de la loi des écoles votée par la législature du Nouveau-Brunswick dont il critiquait vivement les dispositions, fort contraires, paraît-il, aux intérêts des populations françaises et catholiques de cette province. Enfin il entama le

chapitre de corruption électorale dans ses rapports
avec le salut des âmes. A cet endroit je crus saisir des
allusions transparentes à la grosse question du moment.
L'affaire du Pacifique avait envahi l'église elle-même, et
j'appris bientôt que les temples presbytériens, méthodistes, épiscopaliens et autres n'étaient pas plus exempts
de cette invasion que la cathédrale catholique. Pour un
profane étranger, les paroles qui tombaient en ce temps-là
du haut de la chaire pouvaient jusqu'à un certain point
faire l'office d'un cours complet et surtout contradictoire de
politique canadienne. Le sujet même du sermon trahissait
d'ailleurs dès les premières phrases l'opinion du prédica-
teur. Les « clergymen » ministériels prémunissaient leurs
ouailles contre les dangers des jugements téméraires,
tandis que leurs confrères de l'opposition fulminaient
contre la perversité d'une société livrée aux « publicains »
et à l'adoration du veau d'or.

Deux ou trois jours après, on vint me chercher un beau
matin pour me conduire à une séance de la cour de police. L'auditoire peu choisi qui fréquente d'ordinaire l'enceinte consacrée à la répression des ivrognes incorri-
gibles, des demoiselles trop émancipées, et des vagabonds
vulgaires, avait fait place pour cette fois à une foule des
mieux composées ; c'était encore le Pacifique qui en était
cause. Le plaignant, un jeune écrivain ministériel de
beaucoup de talent mais d'un zèle parfois trop bouillant,
à qui j'avais été présenté la veille, traînait à la barre de
la justice un député de l'opposition au Parlement fédéral.
Le susdit député avait pénétré dans le sanctuaire même
de la rédaction pour demander des explications à propos
d'un article un peu vif, où sa conduite, ses votes et ses
discours au sujet de la grande affaire étaient censurés en
termes peu parlementaires. Les explications apparemment
ne lui avaient point semblé satisfaisantes, car séance

tenante il s'était adjugé une réparation par les armes peu courtoises que la nature a mises au bout des bras de chacun de nous. A Paris, on eût pris le train de Bruxelles et mis flamberge au vent; au Canada, comme en Angleterre, le duel est passé de mode, et notre journaliste se contentait de poursuivre son agresseur sous l'imputation juridique d' « assaut et batterie » : c'est ainsi que cela s'appelle dans le code bas-canadien.

On m'avait promis que le procès offrirait de curieux échantillons des mœurs politiques, judiciaires et littéraires du pays ; et vraiment il m'intéressa beaucoup, tant par les incidents pleins de couleur locale que révélaient les dépositions, que par les singularités de la procédure tout anglaise d'une cause plaidée entièrement en français. Quand je dis entièrement, je vais un peu loin. MM. les avocats passaient à tout instant d'un idiome à l'autre avec une volubilité et une désinvolture parfaites. Les témoins, y compris le plaignant, entraient tour à tour dans une sorte de chaire fermée, le « witness box » des Anglais, que les Canadiens ont traduit littéralement par « boîte à témoins », où ils subissaient de la part des avocats des deux parties un feu roulant de questions parfois insidieuses et souvent fort indiscrètes. Un des plus acharnés questionneurs était un jeune homme, possesseur d'une physionomie maigre et intelligente, d'un teint bilieux et d'une chevelure à rendre jaloux Absalon lui-même. Ce n'était rien de moins qu'un des membres du cabinet provincial, renommé pour son éloquence et venu tout exprès pour assister son ami le journaliste, une des bonnes plumes de Tolède du parti. A tout propos, dans le cours de leurs interrogatoires et de leurs plaidoiries, les honorables membres du barreau se traitaient réciproquement de « savant avocat », ce qui ne les empêchait pas de se dire des choses aussi désagréables que s'ils se fussent

simplement appelés « maître un tel ». Quant à « Son
Honneur » le juge, il parlait français avec un violent accent d'outre-Manche et semblait fort ennuyé, fort gêné
surtout, d'avoir à se prononcer entre des gentlemen
aussi haut placés. Mon nouvel ami D..., interrogé sous
serment, avait décliné la paternité des articles les plus
violents, dont il n'avait accepté la responsabilité qu'en
l'absence des auteurs véritables. Toutefois il m'avait
confié la veille qu'à ses yeux, et à ceux de beaucoup de
ses confrères en journalisme canadien, le premier des
écrivains français de l'époque était le fougueux auteur
des *Odeurs de Paris*. Je m'aperçus au ton des articles
lus à l'audience que l'étude, étude trop consciencieuse,
hélas! des œuvres et des procédés du maître, avait com-
muniqué à la polémique de ses disciples une verdeur
bien faite pour expliquer dans une certaine mesure la
colère du député et ses fâcheuses conséquences. Pas plus
que celle de Québec, la presse de Montréal ne se pique
d'un atticisme outré, et si les coups de poings répondent
parfois aux coups de plume, c'est que ceux-ci sont trop
souvent assénés à la façon des coups de poing.

Après que les avocats, plaidant avec un acharnement
digne de leurs confrères et cousins de Normandie, eurent
suffisamment embrouillé la question, l'accusé, dont la
carrure puissante contrastait avec l'apparence infiniment
moins redoutable de son adversaire, débita d'une voix de
Stentor un discours apologétique dans lequel il fulmina contre la corruption du parti ministériel. L'avocat-ministre, aux
longs cheveux, traita dédaigneusement cette improvisation chaleureuse de discours de « hustings », bon tout au
plus pour les électeurs du comté des Deux-Montagnes,
mais tout à fait déplacé dans l'enceinte de la justice. Les
débats étant clos, « Son Honneur » prononça en bredouil-
lant la sentence qui condamnait M. W. P..., membre du

Parlement, à vingt dollars d'amende et aux frais. Les
amis de la partie civile déclaraient que c'était pour rien;
ceux de l'accusé bondissaient d'indignation, mais pour
un motif tout opposé. Bref, les deux clans, également
vexés, se retirèrent du prétoire en maugréant de concert
contre le jugement et le juge. Infortuné magistrat! J'en
entendis de belles sur son compte, et j'imagine que les
oreilles durent joliment lui tinter tout le long des prover-
biales vingt-quatre heures.

Ainsi, partout depuis mon arrivée je rencontrais ce
malencontreux Pacifique : sur le bateau, à l'église, au
tribunal! De grandes affiches m'apprirent bientôt qu'il
allait descendre sur la place publique. Un grand meeting
d' « indignation » devait avoir lieu au Champ de Mars, et
tous les citoyens de Montréal étaient invités à y assister.
La curiosité, à défaut d'autre intérêt, m'eût certainement
attiré à ce spectacle, en dépit des horions qu'on est parfois exposé à y recevoir, si V..., le jeune Canadien qui
avait fait avec nous la traversée du *Moravian*, n'était
venu m'engager à passer quelques jours à la Pointe-
Claire, jolie localité située sur les bords du lac Saint-
Louis, à l'extrémité occidentale de l'île de Montréal. C'est
pendant mon absence que se tint le fameux meeting. Le
ministère et ses partisans y furent habillés de fort vilain
drap par des orateurs polyglottes. Le jeune homme d'État
chevelu, dont nous avons fait connaissance à la cour de
police, essaya bien de défendre la cause de ses amis;
mais ce fut en vain. Il dépensa en pure perte des flots
d'éloquence qui vinrent se briser contre le parti pris
tapageur d'une foule évidemment mal disposée. Tout se
passa, du reste, de la façon la plus *pacifique* : peu ou pas
de coups de poing, et absence complète de ces projectiles
électoraux — pommes cuites et œufs pourris — que les auditeurs passionnés prodiguent parfois trop libéralement

aux orateurs qui leur déplaisent. Quand le cas se présente, on s'en console par une réflexion fort philosophique : « Après tout, se disent les Canadiens, plus sages en cela que certains peuples de notre connaissance, la liberté est une assez belle chose pour qu'on puisse se rire des légers désagréments qui en déparent quelquefois les manifestations. »

Nous passâmes R... et moi à la Pointe-Claire deux charmantes journées. La famille de V... nous y offrait une hospitalité tout à fait canadienne. Nous parcourûmes en voiture les campagnes environnantes, non sans remarquer la notable différence de climat entre Montréal et Québec, différence dont témoignait l'état des récoltes. En effet, dans cette partie du Bas-Canada, la moisson se fait environ trois semaines plus tôt qu'aux environs de la capitale. Les cultures y paraissent également plus soignées et les vergers y produisent la célèbre pomme de Montréal, connue dans toute l'Amérique du Nord sous le nom spécifique de « fameuse ». Là, d'ailleurs, comme à Québec, comme dans la Nouvelle-Angleterre et presque tout le nord des États-Unis, le trait distinctif du paysage consiste, à mon sens, dans le genre de clôture des propriétés. Leurs haies à claire-voie (en anglais *fences*) se composent le plus souvent de quatre ou cinq madriers plus ou moins équarris, maintenus par de gros pieux plantés verticalement et espacés d'une dizaine de mètres, tantôt en ligne droite, tantôt alternés sur deux lignes parallèles. Dans ce dernier cas, les pièces de bois horizontales sont disposées en zigzag, de sorte que l'extrémité de chacune d'elles vienne se placer contre le pieux vertical formant le sommet de l'angle et s'encastrer dans l'intervalle de deux pièces de la rangée suivante, toutes se prêtant ainsi un mutuel appui. La multiplicité de ces haies donne aux campagnes l'aspect d'un vaste damier, uniformément

découpé en rectangles de diverses grandeurs, aux arêtes
rectilignes ou dentelées, selon que leurs clôtures appartiennent à l'un ou l'autre système. La consommation de
bois d'œuvre qu'entraîne ce mode de clôture adopté de
Québec au Minnesota est véritablement prodigieuse, et l'on
comprend facilement qu'en présence de la rapide destruction des forêts, il devienne nécessaire d'y substituer
l'emploi des haies vives de cyprès, de cèdres - nains
du pays ou d'autres essences propres au même usage.
Cette transformation, motivée par les prosaïques raisons
de la plus stricte économie, sera en même temps des plus
favorables à la physionomie des paysages américains.
Pour une fois — et ce n'est pas coutume — utilitarisme
et pittoresque auront marché d'accord.

L'île de Montréal, on l'a dit plus haut, avait été concédée par le roi de France à la congrégation de Saint-
Sulpice. Tout le monde connaît le séminaire de ce nom;
mais ce que l'on sait moins, c'est qu'aujourd'hui encore
cette institution célèbre tire le plus clair de ses revenus
de son ancienne seigneurie américaine. Jusqu'en 1854,
toutes les propriétés immobilières de l'île étaient grevées de
diverses servitudes au profit des sulpiciens, ceux-ci ayant
conservé intacts, en dépit de la conquête anglaise et des
révolutions d'Europe, les droits seigneuriaux que le car-
dinal de Richelieu leur avait octroyés dès 1640 sur cette
partie de la Nouvelle-France. Ces droits consistaient en
une redevance annuelle appelée « cens et rentes », et en
outre chaque mutation emportait le payement d'une taxe
connue sous le nom de « lods et ventes ». Le rachat
facultatif de toutes ces charges d'origine féodale n'a été
voté par le Parlement du Canada-Uni qu'en 1854, en
même temps que l'abolition du régime de tenure seigneuriale organisé par les ordonnances de Louis XIII et
Louis XIV. Toutefois, beaucoup de propriétaires — surtout

dans les campagnes—ont trouvé plus commode de rester fidèles à l'ancienne coutume; et, tout compris, leur contingent annuel, joint à l'intérêt des sommes provenant des rachats déjà effectués, constitue un splendide revenu qui fait des prêtres de Saint-Sulpice les plus riches propriétaires du pays. Tout le personnel ecclésiastique de la cathédrale se recrute dans leur ordre, et, pendant mon séjour, leur prétention de s'opposer à l'érection de nouvelles paroisses urbaines, non soumises à leur juridiction, avait soulevé entre eux et l'évêque un conflit retentissant. Quoique au Canada l'Église soit en principe séparée de l'État, la question présentait un certain intérêt, même au point de vue séculier. En effet, la tenue des actes de l'état civil est abandonnée exclusivement par le code bas-canadien aux ministres des différents cultes, et, pour les catholiques en particulier, ces actes ne peuvent être dressés valablement que dans une paroisse canoniquement reconnue.

Quant aux prêtres des paroisses rurales, j'ai dit ailleurs qu'ils vivaient de la dîme payée par les seuls catholiques. La dîme ici est le vingt-sixième de toute espèce de récolte; elle frappe donc exclusivement les cultivateurs, et comme rien n'est plus tenace que les vieux usages, les tentatives faites dans quelques diocèses, d'imposer des redevances équivalentes aux autres classes de la population, ne paraissent pas avoir été couronnées d'un grand succès. Il en résulte que les curés des vieilles paroisses situées le long du Saint-Laurent, — la Pointe-Claire par exemple, — paroisses dont presque tous les habitants sont propriétaires ou fermiers, jouissent d'un revenu quelquefois fort considérable; tandis que dans les stations éloignées, situées au milieu des bois et peuplées presque uniquement de bûcherons au service des grands concessionnaires de forêts, les desservants, avec une tâche infiniment plus rude, sont réduits à la portion congrue, dans le sens le plus rigoureux du mot. De très fervents catholiques, frappés de ces inconvénients, ont souvent proposé d'établir des taxes volontaires d'une perception plus équitable et d'un rendement plus égal. Mais tous leurs efforts sont venus se briser jusqu'à présent contre l'inflexibilité de la tradition.

On ne saurait parler de la dîme sans noter en passant le curieux usage auquel elle a donné naissance. Dans ces campagnes patriarcales du Bas-Canada, où l'on trouve dans chaque localité des familles de vingt enfants, on arrive quelquefois au vingt-sixième et plus loin encore. De par la dîme, ce vingt-sixième revient de droit au curé. Le nouveau-né est porté triomphalement au presbytère, et la coutume, toujours religieusement suivie, exige que l'offrande de cette redevance d'un nouveau genre soit acceptée avec toutes ses conséquences : l'enfant, devenu le pupille du pasteur, est élevé à ses frais. Tel est, m'a-t-on assuré, le cas de M. Ouimet, chef du ministère provincial de Québec en 1873; il était le vingt-sixième enfant d'un cultivateur de Sainte-Rose, et, grâce à l'adoption de son curé, il a pu faire son chemin dans le monde. On voit que son numéro d'ordre — un double treize cependant — ne lui a pas porté malheur.

Venus à la Pointe-Claire par le chemin de fer du Grand-Tronc, nous prenons, pour retourner en voiture à Montréal, la route qui côtoie le lac Saint-Louis. Au delà du lac, la vue s'étend sur un pays parfaitement uni. Les Laurentides, qui en bas de Québec projettent leurs promontoires escarpés sur le fleuve, s'en sont éloignées ici de plus de douze lieues vers le nord. Les quelques sommets bleuâtres qui çà et là font saillie sur la courbe régulière de l'horizon appartiennent aux montagnes de Rigaud, de Belœil et à quatre ou cinq autres massifs isolés, de formation trappéenne comme la montagne de Montréal elle-même. Telle est la parfaite horizontalité de la vallée inférieure de Saint-Laurent, que le lac Saint-Louis n'est élevé que de cinquante-sept pieds au-dessus du niveau de la mer ; entre ce lac et Montréal les rapides de Lachine franchissent une pente de quarante-cinq pieds ; il ne reste donc que douze pieds ou quatre mètres de descente pour la distance de soixante-dix lieues, qui sépare Montréal de Québec.

Les rapides de Lachine, appelés aussi le saut de Saint-Louis, — on écrit ordinairement le « sault », — offrent un spectacle vraiment imposant. Le lac se rétrécit tout à coup ; semblables aux vagues d'une mer houleuse, les eaux mélangées du Saint-Laurent et de l'un des bras de l'Outaouais roulent tumultueusement sur un lit dont le brusque affaissement précipite leur course impétueuse. Le courant, presque insensible au milieu du lac, s'accélère progressivement en aval, jusqu'à ce que, resserré dans sa partie la plus étroite et la plus rapide, il écume, mugit et se creuse en profonds tourbillons. C'est un plaisir dangereux, mais c'est aussi une source d'émotion chère à bien des touristes, que de « sauter » les nombreux rapides du Saint-Laurent dans les légers steamers qui font le service d'été entre Montréal et le lac Ontario. Après avoir remonté le fleuve pendant soixante lieues, en évitant plus de deux cents pieds de chutes au moyen de cinq canaux pourvus de vingt-huit écluses et d'une longueur totale de près de soixante-dix kilomètres, on s'en remet pour le retour à la force du courant et à l'expérience d'un pilote éprouvé. Plusieurs fois pendant mon séjour à la côte occidentale de l'Afrique, j'avais eu à franchir la célèbre barre du Sénégal, et je me souviendrai longtemps des vives impressions de ce moment solennel où, pénétrant résolument dans les brisants, on se sent soulever par l'énorme lame qui doit porter le navire dans les eaux paisibles du fleuve ou le jeter désemparé sur un banc de sable mouvant. Certes, l'émotion n'est pas moindre en traversant ces rapides, ceux de Lachine surtout, où un coup de gouvernail, donné plus ou moins à propos, peut décider du salut du navire et de la vie de ses passagers. Grâce à l'habileté des pilotes, les accidents sont extrêmement rares ; et pourtant, au moment de mon passage, on voyait encore, vers le milieu du saut, non loin de l' « île aux Hérons », la carcasse d'un vapeur, le *Louis-Renaud*, échoué quelques mois auparavant sur des roches à fleur d'eau. Les passagers, au nombre de cent cinquante, avaient été heureusement sauvés, mais la dangereuse épave était restée là, engagée parmi les rochers qui avaient causé sa perte, comme le menaçant témoignage d'un péril qu'on affronte cependant tous les jours.

Quatre mois plus tard, je redescendais la vallée du Saint-Laurent, mais déjà les glaçons amoncelés avaient suspendu la navigation ; je ne pus donc, cette fois, prendre la route du fleuve. D'ailleurs les rivières de la route du lac Supérieur au lac des Bois m'avaient blasé sur la descente des sauts et rapides de tout genre, et je me consolai facilement du contre-temps qui m'interdisait d'en « sauter » davantage.

Outre les steamers dont nous venons de parler, bon nombre de hardis conducteurs de canots ou de trains de bois flotté (appelés au Canada *Guides de Cages*) franchissent journellement le saut Saint-Louis. Ce sont, pour la plupart, des Canadiens français et quelques Anglais qui exercent ces périlleuses professions, en concurrence avec les Indiens qui en avaient autrefois le monopole, ainsi que celui du pilotage des vapeurs. Ces Indiens sont presque tous des habitants du village iroquois de Caughnawaga, situé sur la rive sud du fleuve, juste vis-à-vis le gros bourg de Lachine, où leurs ancêtres firent, dans la nuit du 3 août 1689 sous le gouvernement de M. de Denonville, un si terrible massacre des premiers colons. 1350 Indiens environ (plus de 1500 en comptant les métis) habitent ce village, entouré de 14 000 hectares de bois qui constituent la réserve inaliénable établie en leur faveur. Ils ont une jolie église et des écoles où ils apprennent à lire et à écrire leur langue en même temps que le français et l'anglais. Dans la gare de Montréal, où l'on rencontre chaque jour un certain nombre de ces Indiens qui retournent à Lachine par les « chars », après en être descendus la veille ou le matin en radeau, on peut voir différents avis imprimés en iroquois. Les traitants du Nord-Ouest et les grands marchands de bois des rivières canadiennes recrutent encore souvent à Caughnawaga des équipes d'intrépides « voyageurs ».

Dans cette petite communauté iroquoise, entièrement christianisée aujourd'hui et plus qu'à demi francisée, il existe, m'a-t-on assuré, une coutume dont j'ignore l'origine précise, mais qui n'en mérite pas moins une mention toute particulière. A chaque avènement d'un souverain français, les Indiens de Caughnawaga lui envoient un présent de fourrures et reçoivent en retour quelque objet de prix pour leur église paroissiale. C'est à Napoléon III, si je ne me trompe, que fut présenté le dernier hommage de ce genre. La chronique ne dit pas s'il sera continué aux présidents de notre nouvelle république. N'y a-t-il là simplement que la continuation d'un usage antérieur à la conquête anglaise? Ne faudrait-il pas y voir plutôt un touchant témoignage de reconnaissance envers le pays de qui les farouches guerriers des Six Na-tions reçurent les premiers rudiments du christianisme et de la civilisation? De plus érudits que moi se chargeront sans doute de le dire.

Nous avons vu ailleurs à quel degré de faiblesse était descendue la nation huronne; mais ceux qui veulent absolument, en vertu d'une interprétation exagérée de la loi de Darwin, que le simple contact avec les races européennes amène fatalement la disparition des races indigènes, doivent renoncer à en venir chercher la preuve chez nos Iroquois. Après tant de guerres sanglantes aux dix-septième et dix-huitième siècles, guerres successivement entreprises contre les Hurons, les Français, les Anglais et les Américains, il semblerait que leur nation dût être presque entièrement détruite. Il n'en est rien cependant. Aux jours de leur plus grande puissance, les Six Nations n'ont jamais compté plus de quinze mille individus [1], dispersés sur l'immense espace qui s'étend des Alléghanys aux rives de l'Érié, de l'Ontario et du Saint-Laurent. En 1779, quarante de leurs villages, situés dans l'État actuel de New-York, sont détruits par les Américains, en punition de leur fidélité à la cause du roi d'Angleterre ; les confédérés iroquois se trouvent alors réduits à moins de huit mille individus. En 1812, ils combattent encore avec leur vigueur habituelle dans les rangs britanniques, et, à la paix, la moitié d'entre eux se réfugient sur le territoire canadien, où ils reçoivent

---

1. Evaluation des missionnaires jésuites en 1665 pour les cinq nations primitives : 2340 guerriers ou environ 11700 individus. En 1677 l'Anglais Wentworth Greenhalgh trouve 2150 guerriers. L'officier français chargé de l'évaluation de 1736 n'en relève plus que 1480 correspondant à une population de 7400 âmes. En 1763, d'après un rapport officiel anglais, leur nombre s'élève, grâce à diverses incorporations de tribus (celle des Tuscuroras entre autres), à 2600 guerriers ou environ 13000 individus. Les cinq nations primitives étaient les Mohawks appelés Agniers par les Français, les Onéidas, les Onondagas, les Cayugas et les Senecas ou Tsonnontouans.

les réserves qu'ils occupent encore aujourd'hui. Toutefois ils ne tardèrent pas à reprendre courage : ils conser-
vèrent dans leurs nouveaux cantonnements les institutions
fédératives qui avaient tant contribué à leur puissance,
alors qu'ils s'incorporaient, avec des droits égaux, les
nations vaincues par eux sur les champs de bataille, institutions fort curieuses à étudier, où quelques auteurs —
l'indianologue Schoolcraft entre autres — ont voulu voir
l'idée mère de la constitution des États-Unis. Depuis la
paix de 1814, leur nombre n'a cessé de s'accroître; il
s'élève maintenant à près de quinze mille, sans compter
les nombreux métis de leur race qui, vivant parmi les
blancs, sont aujourd'hui recensés comme tels. Ils ont
donc presque doublé depuis le commencement du siècle.
Dans la province de Québec, le rapport du bureau des
affaires indiennes pour 1875 portait leur nombre à
2848, tous civilisés, dont 1511 à Caughnawaga, 415 au
lac des Deux-Montagnes,— où se trouvent aussi quelques
Algonquins, — et 922 à Saint-Régis, à l'endroit où le
45ᵉ parallèle, qui forme la frontière entre les États-Unis
et le Bas-Canada, rejoint le Saint-Laurent. Un peu moins
de 5000 vivent dans la province d'Ontario, sur les réserves de la Grande-Rivière, de la rivière Thames et de la
baie de Quinté. 7000 habitent les États-Unis, principalement dans l'Etat de New-York, où il a été plusieurs
fois question durant ces dernières années de les reconnaître comme « citoyens ». Enfin, nous en retrouverons
encore quelques centaines dans les provinces britanniques du Nord-Ouest, parmi nos métis français, avec
lesquels ils ne forment, à vrai dire, qu'un même peuple,
uni par les liens d'une croyance et d'une langue communes.

Quant au bourg de Lachine, devenu aujourd'hui le lieu
de villégiature favori des riches Montréalais, je n'en par-

lerai que pour mentionner l'étymologie que les vieilles chroniques donnent à son nom. Il paraîtrait que les premiers colons français du dix-septième siècle, ayant appris par les sauvages l'existence des grands lacs, s'imaginèrent n'avoir plus que quelques étapes à franchir pour arriver à l'océan Pacifique, et, dans leur enthousiasme un peu prématuré, ils donnèrent à la station, qui devait être leur point de départ, le nom du pays où ils comptaient parvenir.

Au saut Saint-Louis correspond, de l'autre côté de l'île de Montréal, sur la rivière des Prairies, branche de l'Outaouais, une chute de même hauteur appelée le « saut au Récollet ». Le peu de largeur de la rivière à cet endroit est mis à profit pour la pêche de l'alose. Comme le saumon et le gaspereau, ce poisson de mer remonte au printemps les cours d'eau de l'intérieur pour déposer son frai. On le prend alors, au bas des rapides où il se rassemble en grand nombre, au moyen de barrages en fascines ou de grands filets. Il est peu de pays d'ailleurs où la pêche, tant fluviale que maritime, soit en plus grand honneur et occupe proportionnellement plus de bras qu'au Canada. Le golfe Saint-Laurent, les côtes du Labrador, du Nouveau-Brunswick et de la Nouvelle-Écosse, les grands et petits lacs, les innombrables rivières qui s'en échappent, sont d'inépuisables réservoirs où, longtemps encore, les robustes habitants de cette partie de l'Amérique trouveront leur nourriture et des salaires assurés[1].

1. En 1870, d'après les tableaux officiels du recensement, la pêche occupait dans les quatre provinces de Québec, Ontario, Nouveau-Brunswick et la Nouvelle-Ecosse, 979 navires et 16 369 bateaux montés par 32 747 hommes d'équipage ; et les produits se sont élevés à 7 225 000 dollars, — plus de trente-six millions de francs.

VI

De Montréal à Ottawa. — Papineau. — Le Rideau et la Chaudière.
— Industrie et paysage. — Une contestation entre capitales. — Le
troisième larron. — La vallée supérieure de l'Outaouais. — Les
Indiens Montagnais et la Compagnie de la baie d'Hudson. — Squaws
et chiens. — Dévouement poussé jusqu'au vol. — Le commerce
des bois. — Défrichement à outrance. — Les « brûlés ». — Meurtre
de la poule aux œufs d'or.

Heureux le touriste qui peut errer çà et là, sans souci
du lendemain, sans autre préoccupation que de jouir des
surprises que lui réservent la nature et les hommes d'un
pays nouveau ! Il ne craint point de s'attarder devant un
site pittoresque, de prolonger son séjour sous un toit hospitalier, et les seules limites qui s'imposent à la durée de
ses haltes sont celles de la discrétion et de la curiosité
satisfaite. Combien de mois n'eussé-je point passés sans
ennui dans la province de Québec ; parcourant ses campagnes et ses forêts, montant et descendant ses rivières,
vivant de la vie de ses habitants, m'initiant à leurs coutumes, à leurs affections, à leurs préjugés mêmes ! Mais
mes instants étaient impitoyablement comptés. Ils n'a-
vaient été que trop bien remplis par les présentations,
réceptions et excursions de toutes sortes qui avaient
marqué chacune de mes étapes. La saison s'avançait et je

n'avais plus une semaine à perdre si je voulais utiliser un
reste de beau temps pour accomplir le voyage que je m'é-
tais proposé de faire cette année même dans les territoires
du Nord-Ouest. D'ailleurs je n'étais pas seul, mon compagnon, M. R***, semblait déterminé à m'accompagner jusqu'au bout du monde. Il rêvait d'expérimenter en grand,
dans les prairies, l'élevage des chevaux et du bétail, et de
consacrer à des entreprises de colonisation les débris
d'une fortune tout récemment engloutie dans le naufrage
de la Bourse de Vienne. Au commencement de 1873, les
Allemands d'Autriche escomptaient largement les conséquences probables de la pluie d'or qui tombait en ce
temps-là sur leurs frères de Berlin ; mais, par un juste
retour des choses d'ici-bas, la pléthore d'argent mal
acquis qui suivit le payement de nos premiers milliards
amena presque immédiatement une gigantesque débâcle financière où se noyèrent à la fois les banquiers
spéculateurs et les économies d'une foule de braves gens.
Cette catastrophe avait du même coup ravi à M. R*** le
fruit de vingt ans de travail, et ruiné les actionnaires des
haras qu'il dirigeait en Hongrie. Venus en Amérique avec
des desseins différents et réunis par le hasard de notre
rencontre à bord du *Moravian*, nous avions décidé de
suivre ensemble le conseil devenu proverbial que le
pauvre Horace Greeley, quand il dirigeait la *Tribune* de
New-York, donnait à tous les déshérités d'Europe et des
vieux États de l'Atlantique, à tous les jeunes gens avides
de fortune, de nouveauté, d'émotions ou de pittoresque :
Go West! Go West!

C'est par une splendide matinée d'août que nous reprenons notre route vers l'occident. Le chemin de fer nous
conduit à Lachine ; là, un élégant steamer nous reçoit à
son bord et bientôt, bercés dans nos *rocking chairs*, ces
chaises articulées et à bascule, si commodes en voyage,

et que l'on retrouve partout en Amérique, nous suivons le milieu du lac Saint-Louis, dont trois jours auparavant nous avions longé la rive dans la voiture de notre ami V***. Nous saluons en passant la Pointe-Claire, puis, abandonnant définitivement le Saint-Laurent et nous engageant dans le bras de l'Outaouais, qui sépare l'île Perrot de l'île de Montréal, nous franchissons l'écluse qui permet de surmonter le petit rapide de Sainte-Anne. Au-dessus de nos têtes le pont du chemin de fer de Montréal à Toronto réunit les deux îles ; devant nous s'ouvre le lac des Deux-Montagnes. Bientôt le paysage de la rive nord commence à changer d'aspect : aux champs cultivés, devenus plus rares et plus clair-semés, succèdent les « bois francs », s'étageant sur les premières ondulations des Laurentides. Des collines, tantôt couronnées d'érables, de pins, d'épinettes, de trembles et de bouleaux, tantôt dénudées par la cognée ou l'incendie, se mirent dans le sombre cristal des eaux brunes de l'Outaouais. Au sud s'étendent les belles campagnes du comté de Vaudreuil, extrémité orientale de la vaste plaine située entre l'Ottawa inférieur et le Saint-Laurent. Seul, le monticule isolé de Rigaud interrompt leur parfaite horizontalité. Nous nous arrêtons un instant, entre autres stations, à la Mission du lac, village d'Algonquins et d'Iroquois. Quelques femmes indiennes, accroupies sur les madriers du débarcadère, fixent sur nous leurs grands yeux noirs, cachant à demi dans les plis de leurs couvertures un visage qui a la couleur et les reflets du cuivre jaune. Arrivés à Carillon, village du comté d'Argenteuil, situé à l'extrémité du lac, il nous faut débarquer. Trois rapides échelonnés sur une distance de 20 kilomètres interrompent la navigation de la rivière. Les canaux qui les contournent n'ont actuellement qu'une capacité trop faible pour permettre le passage à des bâtiments de plus de cinquante

tonnes. En attendant leur élargissement, un petit chemin
de fer conduit les passagers de Carillon à Grenville, où
nous attend un magnifique steamer presque aussi splendidement aménagé que ceux du Saint-Laurent, et qui
semble tenir à justifier son nom quelque peu prétentieux
de « Peerless » (sans égal). A partir de Carillon, l'Outaouais a cessé d'être une rivière exclusivement bas-
canadienne. Sur un parcours de plus de 600 kilomètres,
jusqu'à l'extrémité nord du lac Témiscamingue, son thal-
weg sert désormais de frontière entre les provinces d'Ontario et de Québec. Les stations se succèdent rapidement sur l'une et l'autre rive. Ici, c'est l'Orignal,
ancien chef-lieu d'une seigneurie française englobée
aujourd'hui dans un comté de la province d'Ontario,
celui de Prescott, où l'élément français conquiert de
jour en jour la prééminence numérique, comme dans
toute la vallée de l'Outaouais[1]. Plus loin, sur la rive
nord, dans le comté d'Outaouais, nos compagnons nous
montrent avec respect l'habitation seigneuriale de Montebello, où s'écoula dans une noble retraite la vigoureuse
vieillesse du plus célèbre et du plus énergique des patriotes canadiens, l'illustre Papineau. A ce grand orateur,
qui fut pendant quarante ans de vie publique (de 1815
à 1855) la plus haute personnification de la nationalité
canadienne-française, il n'a peut-être manqué, pour être
populaire parmi nous, que d'appartenir à une autre race
que la nôtre.

Tout le monde en France a plus ou moins entendu parler d'O'Connell et de François Deak, mais il n'y a pas
même une mention de quelques lignes, dans la plupart de

----

1. Aux dernières élections (1878), le comté de Prescott a élu pour
la première fois un Canadien français à la Chambre des communes
de la Confédération.

nos dictionnaires biographiques, pour l'homme qui a osé
lutter contre la puissance britannique au lendemain de
Waterloo, alors que des gouverneurs militaires, investis
de pouvoirs exorbitants et dont la gallophobie s'exaltait
aux souvenirs récents de la grande guerre continentale,
s'indignaient de voir qu'une population placée depuis
soixante ans sous la domination anglaise se refusât opi-
niâtrément à adopter la langue et les lois de ses conquérants. Sur les bords du Saint-Laurent, heureusement, on
n'oubliera point de sitôt la grande figure de celui qui fut
l'O'Connell du Canada. La cause de l'indépendance, que
Papineau défendit éloquemment dans les assemblées électives et dans les réunions populaires de 1814 à 1837,
pour laquelle il a souffert l'exil et vu mettre sa tête à
prix, qu'il eut plus tard la douleur de voir déserter par
quelques-uns de ses premiers et de ses plus ardents disciples, cette cause est aujourd'hui virtuellement gagnée :
la constitution d'un État canadien indépendant n'est plus
qu'une affaire de temps ; mais, au lieu de s'accomplir par
une lutte à main armée contre la puissance anglaise, elle
sera le couronnement naturel, accepté par la métropole
elle-même, du développement politique et économique
du pays, sous ses institutions actuelles, si différentes du
système d'arbitraire et de compression hypocrite que les
énergiques revendications de Papineau ont tant contribué
à faire disparaître. L'élément français, qui eût peut-être
conservé la prépondérance si la séparation se fût effec-
tuée dès 1837, n'est plus, il est vrai, aujourd'hui qu'une
minorité dans la Confédération des provinces britanniques
de l'Amérique du Nord ; mais il lui reste encore une
grande et belle mission à remplir, d'immenses territoires
à coloniser et la perspective de devenir un peuple puissant, si les hommes du jour savent s'inspirer du patriotisme qui animait l'ancien chef des libéraux bas-cana-

diens. C'est à Montebello que Louis-Joseph Papineau est mort en 1872 à l'âge de quatre-vingt-cinq ans.

A mesure que nous avançons, les hauteurs qui longent à distance la rive nord de l'Outaouais s'élèvent et se boisent de plus en plus. Enfin, vers le soir, à l'un des derniers détours du courant, nous apercevons, au-dessus des berges de la rive sud, un amas de hautes constructions gothiques couronnant une colline dont les talus escarpés plongent presque à pic dans les eaux de la rivière. Ce sont les bâtiments du Parlement et des ministères qui dominent au loin de leur masse imposante les environs de la capitale fédérale. Nous laissons à notre gauche la puissante chute de la rivière Rideau, qui se précipite à son embouchure par deux larges nappes de cent pieds de haut. D'énormes échafaudages de madriers empilés nous en cachent malheureusement une notable partie. C'est là, en effet, que sont établies les scieries du village de New-Edimbourg. Un peu plus en aval et sur le côté bas-canadien, la belle rivière Gatineau débouche paisiblement dans l'Outaouais.

Devant nous, des colonnes de brouillard, semblables à des jets de vapeur lancés par une gigantesque machine, indiquent seules l'emplacement de la puissante « Chaudière » dont le bruit lointain frappe déjà nos oreilles. Là, l'Outaouais, réuni tout entier en amont d'un barrage de rochers, s'engouffre d'un seul bond de soixante-trois pieds dans l'intérieur d'un vaste fer-à-cheval où tourbillonnent ses eaux écumantes. M. J. Tassé, dans un travail sur la vallée de l'Outaouais, évalue à trois mille cinq cents mètres cubes par seconde aux hautes eaux (7 467 360 pieds cubes anglais par minute) le débit de la masse liquide qui se décharge dans l'entonnoir de la Chaudière. C'est presque le volume du Rhin devant Strasbourg à l'époque des crues ; et certes la rivière cana-

Chute de la rivière Rideau, près d'Ottawa. (Page 106.)

dienne, alimentée ainsi que tous ses affluents par une multitude de lacs qui lui servent de réservoirs et de régulateurs, doit présenter moins d'écart entre son étiage extrême et son débit maximun que notre grand fleuve alsacien. Ce devait être jadis un admirable spectacle pour le voyageur venant du Saint-Laurent que l'apparition soudaine, à moins d'un mille de distance, de cette merveilleuse cataracte, vierge alors des souillures de l'industrie humaine. Mais aujourd'hui un long chapelet d'usines vulgaires s'est égrené sur ses bords ; et les montagnes de bois scié qui s'empilent à ses pieds sur les deux rives la dérobent entièrement à nos yeux. Ce n'est que du haut de la colline du Parlement, ou sur le pont en bois qui réunit Ottawa à Hull, son faubourg bas-canadien, que le regard peut désormais embrasser sans obstacle tous les détails de ce tableau grandiose. Sans doute, dans un avenir plus ou moins éloigné, les édiles de la capitale songeront à rendre à la merveille de leur ville toute sa beauté primitive, et débarrasseront ses abords de toutes les « nuisances » accumulées par la spéculation. Mais alors le commerce des bois aura reculé bien loin, vers les sources de l'Outaouais. Pour le moment on ne doit pas trop s'étonner que, l'intérêt aidant, « ceci ait tué cela ».

Nous voici enfin arrivés au débarcadère d'où l'omnibus du Russell House nous conduit corps et biens dans la haute ville, à travers des rues toutes nouvelles et déjà bordées d'énormes maisons à l'américaine aux rez-de-chaussée garnis de somptueux magasins. A quelques centaines de pas de l'hôtel, nous traversons sur un pont provisoire le canal Rideau, œuvre des ingénieurs militaires anglais, qui débouche dans le lac Ontario, près de Kingston, après un parcours de deux cents kilomètres, ouvrant ainsi, au cœur du territoire canadien une voie navigable par laquelle des navires de deux cent cinquante tonneaux peuvent se rendre de la vallée de l'Outaouais aux grands lacs sans toucher la frontière américaine. En cet endroit, le canal descend brusquement de quatre-vingt-deux pieds vers l'Outaouais par une multiple succession d'écluses, qui figurent assez bien les marches d'un gigantesque escalier. Un instant après, nous entrons dans la salle commune, le « parlor » du Russell House, où se pressait une foule bruyante de députés, de journalistes, de politiciens et de curieux discutant avec animation sur les événements attendus pour le surlendemain, terme de la prorogation du Parlement fédéral.

Dès le lendemain, grâce à l'obligeance du chef du bureau des traducteurs français à la Chambre des Communes, M. E. Blain de Saint-Aubin, un compatriote établi depuis de longues années au Canada, qui se fit notre très obligeant cicerone, nous visitions tout ce que la ville pouvait offrir à notre curiosité, en attendant que la solution de la question politique en suspens me permît d'utiliser les nombreuses lettres de recommandation que j'avais pour plusieurs membres du gouvernement.

Ottawa ou Outaouais, selon qu'on adopte l'orthographe anglaise ou française (on conserve ordinairement la première quand il s'agit de la ville, réservant la seconde pour la rivière), est une cité tout à fait nouvelle, qui doit son rang et sa fortune un peu à sa position stratégique et beaucoup aux prétentions discordantes des trois ou quatre capitales que s'est données successivement le Canada. Pendant les premiers temps qui suivirent l'union plus ou moins forcée des deux provinces Supérieure et Inférieure (1840), Kingston avait été la résidence du gouverneur et du Parlement. En 1843, l'un et l'autre se transportèrent à Montréal. En 1849, le parti conservateur anglais, qu'irritaient profondément les mesures répara-

Chute de la Chaudière, près d'Ottawa. (Page 108.)

trices votées sous le gouvernement de lord Elgin en
faveur des victimes de l'insurrection bas-canadienne de
1837, souleva la populace anglaise de la ville. Le « mob »
envahit le palais du Parlement qui fut livré aux flammes
avec sa riche bibliothèque par ces émeutiers soi-disant
loyalistes. La capitale fut alors transportée à Toronto;
mais le Bas-Canada réclamant sa part d'hégémonie, il en
résulta un gouvernement nomade qui devait résider par
périodes égales à Toronto et à Québec. Vers 1858, chacun
réclamait contre les inconvénients de cette constitution
bicéphale; mais les localités rivales maintenaient plus
que jamais leurs prétentions particulières à rester ou à
redevenir le siège du gouvernement. En désespoir de
cause on s'adressa à la métropole, et celle-ci, à la grande
surprise de tous, trancha le procès en faveur d'une petite
ville située dans une région à peine envahie par les défrichements et qu'on ne connaissait guère alors que sous le
nom de Bytown, qu'elle avait reçu du colonel By, son
fondateur. Le cabinet de Londres s'était décidé par des
raisons stratégiques. Assise sur la rivière Outaouais, à la
tête du canal Rideau, possédant par conséquent des voies
de communication indépendantes du caprice comme du
canon des Yankees, la nouvelle capitale se trouvait, en cas
de guerre, à l'abri d'un coup de main. Les Canadiens se
soumirent, non sans murmurer quelque peu, à la décision
métropolitaine; et, dix ans après, Ottawa, enrichi de monuments en rapport avec sa nouvelle situation, monta encore
en dignité en devenant, par l'union de toutes les colonies
britanniques de l'Amérique septentrionale, la capitale
d'un empire aussi vaste que l'Europe entière, quoiqu'il
ne contienne encore que quatre millions d'êtres humains,
parmi lesquels un million deux cent mille environ, Canadiens, Acadiens ou métis Français, représentent la race et
la langue des premiers colonisateurs de la Nouvelle-France.

En 1871, Ottawa comptait déjà vingt et un mille habitants, trente mille même, en y comprenant Hull qui lui
fait vis-à-vis de l'autre côté de la rivière sur le territoire
de la province de Québec. Hull et les quartiers d'Ottawa
qui avoisinent la rivière Rideau sont en grande partie ha-
bités par des Canadiens français, au nombre de douze mille
environ, qui ont leurs écoles, leurs églises particulières
et un organe quotidien, le *Courrier d'Outaouais*. Lors de
mon passage, ils étaient parvenus à faire élire un des
leurs, M. Martineau, aux fonctions de maire de la capitale.
L'évêque, Mgr Guigues, mort depuis, était un « Français
de France » appartenant à l'ordre des oblats ; aussi, bon
nombre de paroisses du diocèse sont-elles desservies par
des prêtres. qu'il a fait venir des « vieux pays ». J'eus
l'occasion pendant une excursion à Aylmer, gros village
situé à quelque distance de Hull sur la rive bas-canadienne, de faire la connaissance d'un de ces prêtres
français, homme fort instruit qui a parcouru dans tous
les sens les vallées de l'Outaouais et de ses affluents.
Selon lui, — et les rapports des explorations géologiques
entreprises ultérieurement sur l'ordre du gouvernement
canadien sont venus confirmer ses appréciations, —
il y aurait encore de fort beaux pays, parfaitement colo-
nisables, dans le haut de la rivière, sur la Mattawan, le
lac Témiscamingue et le lac des Quinze, ainsi nommé
des quinze rapides successifs, échelonnés sur une distance de moins de 25 kilomètres, qui rendent éminemment périlleuse la navigation de la rivière par où s'écoule
le trop-plein de ses eaux. A vingt lieues plus au nord, non
loin du lac Labyrinthe, se trouve « la hauteur des
terres » ou ligne de faîte qui sépare le bassin du Saint-
Laurent de celui de la baie d'Hudson et qui sert de
limite entre les deux provinces de l'ancien Canada et
les territoires autrefois concédés par le roi Charles II à

son frère le prince Rupert, fondateur de la Compagnie de la baie d'Hudson. Au delà du lac Témiscamingue on ne rencontre plus d'hommes blancs que dans les postes de traite de cette Compagnie. Des tribus nomades, connues sous le nom générique de Montagnais et appartenant à la grande famille des Algonquins, parcourent dans leurs canots d'écorce les innombrables lacs et rivières qui sont les routes naturelles de ces vastes régions. Ce sont les Abbitibbis, les Têtes de boule, les Papinachis, les Choumouchouans, les Mistassins, les Naskapis, etc., dont les territoires de chasse s'étendent à l'est jusqu'au Labrador, au nord, bien au delà de la « hauteur des terres ». Ces pauvres nomades vivent chétivement de pêche pendant l'été, de chasse pendant l'hiver, et surtout de leur petit commerce de fourrures avec les postes de la Compagnie de la baie d'Hudson.

« Un poste, écrivait en 1873 A. Buies, touriste infatigable, à qui j'ai déjà emprunté sa pittoresque description de la côte nord du bas Saint-Laurent, est une maison unique avec hangar, magasin, dépôt de provisions, le tout construit en bois, autour de laquelle se groupent un certain nombre de cabanes indiennes. Malgré la cession au gouvernement canadien de l'immense étendue de territoire qu'elle possédait, la Compagnie a néanmoins conservé tous ses établissements, parmi lesquels se trouvent en première ligne les postes nombreux qui sont disséminés dans tout le Nord-Ouest britannique. La Compagnie avait autrefois un droit de chasse exclusif, de sorte que les Indiens qui parcouraient, à la poursuite des animaux à fourrures, les vastes solitudes qui s'étendent des Montagnes Rocheuses au Labrador, ne pouvaient trafiquer qu'avec elle. A elle seule ils vendaient tous les produits de leur chasse, en échange desquels ils recevaient des vêtements, des armes, des provisions... Depuis

la cession du Nord-Ouest (1869), la Compagnie a perdu
son monopole, mais les Indiens n'en continuent pas moins
de trafiquer surtout avec elle, parce qu'elle a ses agents
sur les lieux, parce que ses postes sont autant de centres
de réunion et d'établissement depuis longtemps connus,
parce que les Indiens sont toujours sûrs d'y trouver tout
ce dont ils ont besoin en même temps qu'un marché régulier, stable, pour les fourrures qu'ils apportent ; enfin,
parce qu'ils sont à peu près tous endettés envers la
Compagnie et qu'ils ne peuvent se passer d'elle...

» Dès que les premières neiges se sont durcies sur le
sol, les Montagnais partent par groupes nombreux,
emmenant femmes, enfants, chiens, tout. Ils se munissent
au poste de provisions pour trois ou quatre mois, et
comptent sur la chasse pour vivre le reste du temps.
Alors, ils s'enfoncent jusqu'à une profondeur de cent
lieues et au delà dans le nord et ne reviennent souvent
qu'avec un maigre butin ; car les animaux à belles fourrures deviennent de plus en plus rares, et il faut aller
jusqu'à la vallée de la Saskatchewan et au territoire
d'Alaska pour retrouver les espèces de haut prix. Une
fois partis en campagne, les sauvages marchent à petites
journées et dressent leur camp chaque soir dans la neige
épaisse des bois. Ce sont invariablement leurs femmes,
les « squaws », qui vont de l'avant faire les reconnais-
sances et dépister les traces du gibier : pendant ce temps,
l'Indien, étendu sur une peau quelconque, fume son
calumet. Quand les femmes ont découvert une trace, fût-
ce à trois, à quatre lieues du camp, elles reviennent,
indiquent à leurs hommes la direction et repartent avec
eux.

» Bien des fois, il se passe de longs jours, des semaines
même, avant qu'on ait « tracé » le moindre vison ou le plus
petit castor ; les orignaux et les caribous ont fui bien au

loin vers le nord, la poudre est restée intacte, l'Indien compte encore toutes ses balles, et les provisions ont baissé, baissé de telle sorte qu'on en est déjà à la ration et que, dans quelques jours, il ne restera plus rien au fond des coffres ni des sacs. Alors c'en est fait de la petite troupe, à moins qu'elle ne soit providentiellement rencontrée dans la vaste forêt par une autre troupe, également à la recherche de fourrures, et qui puisse lui venir en aide. C'est alors qu'on voit l'instinct et le dévouement admirables des chiens indiens. Dès qu'ils s'aperçoivent que les provisions sont devenues rares, ils se privent de manger plutôt que de diminuer de la plus minime partie le peu qu'il en reste à leurs maîtres. Mais si une troupe étrangère arrive et campe dans le voisinage, ils se glisseront furtivement la nuit, enlèveront tout ce qu'ils pourront, le transporteront aux huttes de leurs maîtres et feront ripaille, afin de pouvoir jeûner ensuite deux ou trois jours, si c'est nécessaire..... »

Des documeuts officiels, probablement incomplets, évaluent à quatre mille cinq cents le nombre des sauvages qui errent dans la partie de la terre de Rupert, située au nord de la ligne frontière des anciennes provinces canadiennes. Deux ou trois mille de leurs congénères mènent à peu près la même existence, au sud de cette ligne, dans les forêts de la province de Québec. La plupart de ces derniers sont christianisés, au moins nominalement. Les autres sont restés en grande partie fidèles au culte des *manitous*. On vient de voir combien précaires sont les ressources qu'ils doivent disputer à une nature inclémente, et l'on ne s'étonnera point que leurs tribus soient souvent décimées par la famine. Lorsque tout espoir de secours est perdu, que les fidèles chiens eux-mêmes ont été sacrifiés, l'Indien s'enveloppe silencieusement dans sa couverture, et, comme nos Arabes d'Algérie pendant la terrible disette de 1867, il attend la mort avec une stoïque indifférence. L'adoption graduelle d'un genre de vie sédentaire, au moyen de ce système de « réserves » qui a permis à la race iroquoise de s'élever, sous la tutelle bienveillante du gouvernement canadien, à un degré si remarquable de civilisation et de bien-être, pourra seule préserver les pauvres sauvages de la terre de Rupert d'une destruction lente, non par le contact des blancs, mais par la misère et les maladies, fatales conséquences pour eux de la disparition du gibier.

Aujourd'hui d'ailleurs, les premiers flots de l'immigration atteignent déjà leur retraite. Un certain nombre de cultivateurs franco-canadiens se portent depuis quelque temps sur les bords du lac Témiscamingue, ainsi que quelques émigrants de divers pays d'Europe. Mais les grands défricheurs seront longtemps encore les vingt-cinq ou trente mille bûcherons — les *lumbermen* ou « forestiers » — qui se répandent chaque hiver dans la forêt pour le compte des grands commerçants de bois d'Ottawa, les Eddy, les Wright, les Mac Laren, les Gilmour, les Gouin, etc., et qui, si des lois conservatrices n'interviennent bientôt, auront irrémédiablement saccagé en quelques dizaines d'années ces immenses réserves forestières que le travail fécond de la nature avait mis des siècles à produire.

Le système forestier en vigueur dans le Bas Canada est des plus simples, ce qui ne le rend malheureusement pas meilleur. Le gouvernement provincial, à qui appartiennent les forêts, les divise en sections, appelées « limites de bois », dont l'étendue varie généralement entre quinze et vingt lieues carrées. La « license » ou droit d'exploiter chaque limite est mise aux enchères, et l'acquéreur doit payer, outre le prix d'adjudication, une redevance proportionnelle aux quantités de bois expédiées sur les marchés. Le gaspillage et la consommation sur place, qui sont énormes, ne comptent pas. De conditions d'aménagement, de repeuplement ou de protection des jeunes pousses, peu ou point : s'il en existe, elles sont illusoires. Aussi la destruction va grand train. Dans le nord de l'Outaouais seulement, six cent onze limites concédées couvraient en 1871 une surface de 15 594 milles carrés anglais, plus de quatre millions d'hectares!

Certes, le commerce des bois peut être un précieux auxiliaire de l'agriculture en déblayant, pour les colons à venir, nombre de plaines et de vallées fertiles destinées à nourrir un jour des millions d'êtres humains. Mais pourquoi dénuder en même temps les coteaux rocheux des Laurentides qui ne retiennent un peu d'humidité et de terre végétale que grâce aux racines qui pénètrent profondément dans leurs fissures? Que deviendront la limpidité des lacs, la régularité du débit des rivières, lorsque les pluies ne seront plus tamisées par le terreau des forêts? Dans une région où, sous la latitude de la France centrale, à trois ou quatre cents mètres à peine au-dessus du niveau des mers, le mercure en vient presque chaque hiver à se figer dans les thermomètres[1], combien ne faudra-t-il point de siècles pour réparer ce que l'homme détruit en un jour? Et ce n'est pas seulement l'exploitation à outrance qui menace les pauvres vieilles forêts; le feu, allumé par imprudence, insouciance ou

---

1. D'après les relevés météorologiques publiés annuellement par le département de la marine et des pêcheries de la Confédération canadienne, des minima de — 44 et de — 38 degrés Fahrenheit (42 et 39 degrés centigrades au-dessous de zéro), ont été observés de 1870 à 1873 à l'embroke, sur le haut Outaouais. En revanche, la moyenne estivale y est notablement plus élevée qu'à Québec et paraît correspondre à celle de Montréal. On sait que le mercure se solidifie à — 39 degrés centigrades.

désœuvrement, est pour elles un ennemi plus redoutable encore que la cognée. Le seul incendie de 1870 a dévoré plus de bois dans la vallée de l'Outaouais que la hache du bûcheron n'en a fait disparaître en bien des années. Rien de plus hideux que ces squelettes décharnés et demi-carbonisés de grands arbres, qui recouvrent à perte de vue les plaines et les versants jadis dévastés par la flamme. Les printemps se succèdent sans presque rien changer à la sinistre physionomie de ces immenses es-paces que le bûcheron canadien appelle des « brûlés ». A la longue, une maigre végétation d'essences, presque toujours inférieures à celles qui ont disparu, reprend lentement possession du sol calciné; mais, longtemps encore après que celui-ci s'est tapissé d'une verdure nouvelle, le regard reste attristé par l'aspect des grands troncs morts qui se dressent, témoins muets du désastre, au-dessus de leurs chétifs remplaçants.

Comment s'étonner si, en présence de cet effrayant gaspillage, simple imitation d'ailleurs de ce qui s'est fait sur une plus grande échelle dans toute la région fores-tière des États-Unis, quelques hommes de bon sens ont commencé à jeter le cri d'alarme? « Loin de nous, s'écriait récemment l'un d'eux, l'idée de nous opposer au déve-loppement régulier de nos exploitations forestières, mais il serait à désirer qu'elles fussent dirigées avec plus de prudence et qu'on ne sacrifiât pas l'avenir pour quelques avantages temporaires. Nous possédons de magnifiques forêts, extrêmement bien fournies des essences les plus variées, mais quelques optimistes ont tort de vouloir accréditer l'opinion, trop généralement reçue, qu'elles sont inépuisables. Et c'est justement parce qu'elles peu-vent être pour nous une source de richesse et de prospé-rité, que nous désirons, par un aménagement intelligent, en faire bénéficier non-seulement la génération présente, mais celles qui la remplaceront. N'agissons pas comme si le déluge devait survenir après nous.

» Au train dont nous allons, nos superbes forêts auront été avant longtemps dépouillées de leurs meilleures espèces de conifères. Déjà, pour obtenir des bois de mâture, on est obligé d'aller en abattre à trois cents milles d'Ottawa, et il faut franchir une bonne distance pour couper les bois de construction. Que sera-ce dans dix ans? dans vingt ou trente?...

» La science de la sylviculture est parfaitement ignorée en Canada, et cependant il n'y a pas de pays où l'on soit plus intéressé à en savoir quelque chose... »

Je n'ajouterai rien à ces observations si judicieuses. Puissent les compatriotes de l'auteur les prendre sérieusement en considération et en faire leur profit; sinon ils ne tarderont pas à donner une édition canadienne du meurtre de la poule aux œufs d'or.

VII

Dans l'œuvre de destruction dont nous venons de constater les affligeants progrès, les deux nationalités rivales qui se disputent l'hégémonie du Canada se sont distribué d'une façon fort inégale leurs parts respectives d'action, de responsabilité et de profit. Si nos compatriotes fournissent la masse des robustes travailleurs qu'on peut regarder à bon droit comme les exécuteurs de la sentence prononcée par la civilisation moderne contre les antiques forêts du Nouveau-Monde, ce n'est pas, hélas! dans leurs rangs qu'il faut aller chercher les principaux bénéficiaires du jugement. Capitalistes, commerçants, spéculateurs engagés dans le commerce des bois, tous ceux, en un mot, qu'un Yankee appellerait irrévérencieusement, en son argot, les « big bugs » — littéralement : « les gros... insectes » — sont en grande majorité Anglais ou Américains. *Sic vos non vobis*, c'est l'éternelle histoire de l'humanité. Ces puissants personnages sont à peu près ici ce qu'ils sont partout; leur unique originalité tient à l'indomptable énergie, à la hardiesse et à l'esprit d'entreprise qui caractérisent à un si haut degré les deux branches de la race britannique. L'humble *lumberman*, au contraire, « homme de chantiers » ou bûcheron, « homme de cage » ou « voyageur », constitue certainement l'élément le plus pittoresque, le plus vigoureux de la nationalité canadienne. Quelles que soient les différences de bien-être, d'instruction, d'habitudes, qui séparent l' « habitant » canadien du paysan d'Europe, la communauté d'occupations comporte toujours certaines analogies qui limitent étroitement le champ d'observations de l'amateur de contrastes. Le squatter, ce pionnier nomade, est déjà un type plus foncièrement américain que l'habitant, mais le « voyageur » est un produit bien authentique de la race canadienne-française. Tout homme d'une autre origine, que l'esprit d'aventure a jeté parmi ces braves gens, est bientôt obligé d'apprendre leur langage, d'adopter leurs coutumes, et c'est ainsi que dans toute l'Amérique anglaise, du Labrador à Vancouver, le français, tantôt à peu près pur, comme à la Rivière Rouge, tantôt, comme dans les Montagnes Rocheuses et la Colombie, rabaissé jusqu'au jargon *chinouk* par un mélange de mots empruntés à l'anglais et à toutes les langues indiennes, est devenu la véritable « langue franque » des forêts et des prairies, la base des relations sociales entre sauvages, trappeurs et coureurs des bois.

Le « voyageur » par excellence, nous le retrouverons sur la route de Manitoba, chasseur, canotier, manœuvre au service du gouvernement ou de la Compagnie de la baie d'Hudson; mais, par extension, on donne aussi ce nom au travailleur des forêts de l'Outaouais qui le plus souvent a été ou deviendra un voyageur du Nord-Ouest. C'est d'ailleurs dans la vallée de cette grande rivière que nous pourrons rencontrer les plus complets spécimens de squatters et surtout de bûcherons. Arrêtons-nous-y donc un instant, et ne craignons pas de demander à ceux qui dans leur littérature naissante ont donné avec raison une place d'honneur à ces pionniers de la civilisation, de nous initier à leurs mœurs si profondément empreintes de la plus franche couleur locale, et de nous raconter les péripéties de leur rude existence.

Je l'ai déjà dit : c'est pendant l'hiver, alors que la neige durcie offre aux transports des facilités qu'on demanderait vainement à des routes plus ou moins macadamisées, que se fait en grand l'exploitation des forêts canadiennes. « A la fin de l'automne, dit M. J. Tassé, plus de vingt-cinq mille hommes se dirigent vers les bois, s'enfoncent dans leurs profondeurs, pour ne sortir de leur retraite qu'au printemps, alors qu'ils opèrent la descente de ces magnifiques radeaux qui couvrent les rivières comme des ponts flottants.

» Cette armée de travailleurs pénètre jusqu'aux points les plus reculés de cette vaste région. Rien ne les arrête. Ils atteignent maintenant des lieux que l'on croyait inaccessibles. Torrents, précipices, rapides dangereux, rochers abrupts, aucun obstacle ne les effraye. On les retrouve par bandes jusqu'aux confins des régions boisées, sur les bords lointains du lac Témiscamingue et tout le long des nombreux affluents de l'Outaouais, à plusieurs cent milles de leur embouchure dans la grande rivière,

» Aussitôt que les voyageurs sont rendus sur le théâtre de leurs opérations, ils se construisent une longue habitation formée de poutres grossières, pour s'abriter

Transport des billots en hiver. (Page 121.

contre la rigueur de la température. Elle doit pouvoir donner place à quarante ou soixante hommes pendant six à neuf mois. Cette demeure est nécessairement très froide et la bise y souffle librement. Pour y jeter un peu de chaleur, on établit au milieu la cambuse ou cuisine, et des pièces de bois énormes alimentent sans cesse l'âtre pétillant.

» Le travail préparatoire étant terminé, on organise les hommes en bandes distinctes : ce sont les *coupeurs,* les *scieurs,* les *équarrisseurs,* les *charretiers,* et enfin le cuisinier, dont le choix doit être fait avec grand soin, car il faut qu'il soit habile, prévenant et pourvu d'une patience à toute épreuve. Lorsque la neige tombe en abondance et que le terrain est ainsi nivelé, on réunit tout le bois abattu sur l'emplacement le plus favorable à l'embarquement. Le transport s'effectue au moyen de solides traîneaux à quatre patins, traînés par des chevaux ou des bœufs.

» Tout travailleur doit quitter le chantier[1] avant le jour, et n'y rentrer qu'à la nuit tombante. Il est rare que la rigueur du froid ou le mauvais temps retienne au logis, même pour un seul jour, ces hommes courageux et durcis à la fatigue ; mais il est juste aussi de convenir que, si l'on exige d'eux un labeur très pénible, on pourvoit sans parcimonie à tous leurs besoins. La viande salée, qui leur sert de nourriture habituelle, leur est livrée à discrétion ; le pain, cuit dans le chantier même, est excellent ; la soupe de pois, que l'on mange à la fin de chaque journée, est apprêtée avec goût ; le thé dont on arrose les repas est de fort bonne qualité. Ce sont ces

---

1. Le chantier ici, c'est le lieu de réunion, le logis même des hommes, et non l'emplacement où l'on travaille, comme on l'entend en France. Au Canada, les exploitations de bois prises en général sont de même appelées « les chantiers ».

mets et ces breuvages qui font les délices gastronomiques
des ouvriers et la gloire du cuisinier, lequel, malgré ses
efforts et ses talents, n'évite pas les quolibets et les
plaintes des voraces convives qui, à chaque heure du jour,
et de la nuit, ont droit de se mettre à table. L'heure qui
suit le souper est l'heure du plaisir, de la gaieté, des
histoires, des bons mots, que les Canadiens trouvent sans efforts d'esprit au milieu des plus rudes la-
beurs.

» C'est un pénible travail, sans doute, que celui
d'abattre incessamment les géants de la forêt; mais il
n'offre guère de périls. C'est au printemps, lorsque tous
les énormes billots éparpillés sur la plage doivent être
jetés à l'eau pour le flottage, que commencent les dangers réels de l' « homme des bois ». Il lui faut alors
passer de longues heures à l'eau, franchir des précipices
sur d'étroits radeaux, descendre des rapides semés d'é-
cueils, n'échapper à un danger que pour en affronter un
plus terrible, éviter la mort cent fois pour la trouver
trop souvent dans un abîme.

» Aussi quelle forte et vigoureuse population que celle
qui va, pendant l'hiver, peupler les chantiers! Tels sont
les intrépides voyageurs dans la forêt, tels on les retrouve sur les radeaux flottants, lorsqu'il leur faut manier ces lourdes rames qui font mouvoir de véritables
masses de bois, courageux en face du danger, joyeux et
insouciants après les fatigues de la journée.

» C'est généralement lors de la débâcle, au milieu du
mois de mars, que l'on descend le bois flotté sur les
affluents de l'Outaouais. Il est divisé en sections que l'on
appelle *cribs*, ayant chacune vingt-quatre pieds de longueur; soixante-dix, quatre-vingts, quatre-vingt-dix ou
cent *cribs* forment un train de bois (cage), qui se compose ordinairement de cent mille pieds cubes. Chaque

crib comprend vingt-trois à trente-six pièces de bois et de huit cents à mille pieds cubes.

» Les radeaux évitent la plupart des cascades et des rapides qui interceptent le cours des rivières, en descendant des glissoires construites à grands frais par le gouvernement ; ce sont d'étroits canaux à forte pente, dont les talus et le fond sont garnis de madriers qui amortissent les chocs et régularisent la vitesse du courant. Un *crib* seul peut trouver passage dans ces glissoires, et il faut tous les détacher afin d'en opérer la descente l'un après l'autre. Une fois que la chute a été tournée, les *cribs* sont de nouveau reliés ensemble et la descente du train de bois continue. Cette opération est très longue, fait perdre beaucoup de temps et soumet la patience des voyageurs à de rudes épreuves. Il y a treize stations de glissoires sur la seule rivière des Outaouais.

» Presque tout le bois équarri se rend à Québec, d'où on l'exporte sur les marchés européens et surtout en Angleterre. Douze cents navires montés par environ quinze ou vingt mille matelots le transportent ainsi tous les ans de l'autre côté de l'Atlantique. Les billots sont en général destinés aux moulins des Chaudières, ou à ceux qui fonctionnent le long de l'Outaouais et de ses tributaires, où ils sont sciés en planches et madriers.

» On ne saurait avoir une meilleure idée de l'importance de l'industrie forestière dans cette région, qu'en se transportant aux chutes des Chaudières, l'un des plus beaux « pouvoirs d'eau » du monde. Voyez ces immenses constructions qui bordent la grande cataracte ! Des milliers de bras y sont occupés, de puissantes machines y sont mises en mouvement, et leur cri strident va se perdre au milieu du mugissement de la chute. Le travail ne se ralentit pas un instant durant toute la saison de la navigation. On dirait une immense ruche d'abeilles d'où les frelons sont impitoyablement bannis. L'activité n'est pas moindre la nuit que le jour, l'infatigable scie mord sans relâche d'énormes troncs, les déchiquette et leur donne toutes les transformations voulues. A la tombée de la nuit, ces bruyants édifices s'illuminent de mille lumières que l'on pourrait confondre avec autant d'étoiles tremblotantes. Sur les deux rives, en bas de la cataracte, s'avancent de longs quais couverts de planches et de madriers empilés à une grande hauteur, où de nombreuses *barges*, traînées par des remorqueurs, viennent prendre leur chargement. Ces bateaux se rendent d'ordinaire aux États-Unis, franchissant plusieurs canaux et suivant le cours de l'Outaouais, du Saint-Laurent et de la rivière Richelieu, jusqu'à ce qu'ils atteignent Rouse's Point, Burlington ou Whitehall, sur le lac Champlain, leur lieu de destination[1]. »

Je n'irai pas, comme M. J. Tassé, jusqu'à poétiser les usines de la Chaudière ; j'ai exprimé ailleurs mon sentiment sur leur compte et je m'y tiens ; mais je veux raconter de quelle façon plus prosaïque je pus, dès le lendemain de mon arrivée à Ottawa, acquérir une preuve très satisfaisante de leur prodigieuse activité.

Il avait fait ce jour-là une chaleur accablante, ce qui ne m'avait point empêché de consacrer sept ou huit heures à la visite de la ville et de ses environs immédiats. Comme de raison, j'avais recueilli sur mes habits, et en dessous, une quantité d'atomes poussiéreux plus que suffisante pour nécessiter une ablution générale. L'eau de la rivière était d'une tiédeur tout à fait engageante.

1. M. J. Tassé à qui nous avons emprunté cette description, extraite de divers passages de son ouvrage sur la vallée de l'Outaouais, est l'auteur de plusieurs travaux fort intéressants sur les Canadiens de l'Ouest, le chemin du Pacifique, etc. Il représente aujourd'hui la ville d'Ottawa au Parlement fédéral.

Louer une barque, gagner en quelques coups de rames
une plage d'aspect favorable près de l'embouchure de la
Gatineau, ce fut l'affaire d'un instant. A peine entré dans
l'onde rafraîchissante, il me sembla que le fond sur lequel reposaient mes pieds était d'une nature toute spéciale, ni sable, ni vase, ni galets : je voulus prendre une
poignée de ce sédiment d'un nouveau genre, mais ma
main ne rapporta qu'un mélange de sciure de bois, de
débris d'écorce et d'aubier de toutes sortes d'essences,
mélange coloré uniformément en bistre par la décomposition. Trois ou quatre plongeons dans des endroits différents amenèrent le même résultat, d'où je fus forcé de
conclure que « l'activité dévorante » des scieries de la
Chaudière avait fini par recouvrir le lit de l'Outaouais
d'une couche plus ou moins stratifiée de sciure de bois,
formation géologique que les savants n'ont pas tous les
jours l'occasion de constater dans leurs sondages. Somme
toute, ce fond est suffisamment moelleux pour les pieds
des baigneurs, ce qui, en ce moment, était pour moi le
point important ; tout au plus pourrait-on l'accuser d'ac-
centuer la teinte brune des eaux de l'Outaouais, teinte
commune, d'ailleurs, à toutes les rivières du pays, à l'exception du majestueux Saint-Laurent, purifié de toute
coloration végétale par la traversée des grands lacs. Disons tout de suite que la nuance légèrement dorée qu'on
peut démêler dans l'épaisseur d'une carafe ordinaire
n'empêche point l'eau des rivières canadiennes d'être
fort saine et excellente au goût.

Quant à ce que dit notre auteur de la force physique
que développe la vie des chantiers, on en donne des
exemples vraiment merveilleux. Je tiens du docteur
Taché, assistant (deputy minister) du ministère de l'agriculture du Canada et ancien commissaire à l'Exposition
de 1867, une anecdote qu'il aimait à me citer comme

faisant le plus grand honneur à la vigueur de ses compatriotes.

Un jour, le hasard lui avait donné pour compagnon de voyage un de ces industriels ambulants qui parcourent les campagnes avec un dynamomètre sur lequel, pour une modique rétribution, chacun peut venir essayer la force de ses muscles. Cet industriel fort original — c'était un Yankee — avait au plus haut degré le culte de sa singulière profession. Il enregistrait consciencieusement les coups de poing remarquables assénés sur son instrument, avec de minutieuses indications sur l'âge, l'état et la nationalité des vainqueurs. Il comparait les chiffres, prenait des moyennes, en un mot il dressait la statistique des biceps de l'humanité. Il déclara au docteur que les paroisses et surtout les chantiers du Bas-Canada avaient fourni les plus nombreux et les meilleurs sujets de sa nomenclature des hommes forts. Mais, ajoutait-il, l'individu le plus extraordinaire que j'aie rencontré dans le cours de mes pérégrinations, c'est un bûcheron de vos compatriotes qui, d'un seul coup de poing, a « désentraillé » ma machine. Le choc de ce poing trop puissant avait aplati et fait éclater net le ressort du dynamomètre, aux applaudissements de toute l'assistance et du Yankee lui-même, tellement émerveillé d'un semblable exploit, qu'il se croyait obligé d'inventer une expression nouvelle pour dépeindre l'effet produit d'une façon suffisamment pittoresque. Ces hommes de fer sont, d'ailleurs, d'une douceur proverbiale, d'une politesse toute française, surtout à l'égard des étrangers, et les querelles sont très rares parmi eux. Si le « *mens sana in corpore sano* » n'est point un mensonge, les Canadiens ont certainement le droit de se croire un des peuples les mieux doués de l'univers.

Au mois de mars 1874, retournant en Europe après un

hiver passé non loin des sources du Mississipi, à Saint-Paul de Minnesota, je rencontrai à bord du *Saint-Laurent*, de la Compagnie transatlantique française, un jeune homme de Saint-Étienne qui, ayant émigré au Canada dix-huit mois auparavant, rentrait en France pour satisfaire à la loi du recrutement. N'ayant point trouvé à Montréal d'occupations à sa convenance, il s'était bravement engagé sur un chantier. Au commencement, il avait peine à soulever les lourdes haches dont le poids, disait-il, ferait reculer nos ouvriers européens ; mais l'exercice, le grand air, la vie fortifiante des forêts firent si bien merveille que bientôt il put, tout comme ses camarades, s'escrimer sur le tronc des grands arbres, conduire les *cages* de bois flotté, franchir sans sourciller les rapides et manier aisément d'énormes masses de bois. Il revenait convaincu qu'un an et demi de cette existence l'avait mis à même de défier n'importe quel hercule de sa ville natale. Une seule privation lui avait été fort sensible pendant les premiers temps de son séjour en forêt, c'était le manque de vin, ce breuvage si cher à tout véritable « Français de France ». Les Canadiens de la classe populaire, comme leurs voisins des États-Unis, ne connaissent guère que les deux extrêmes : abus du whisky ou *teetotalism*, c'est-à-dire abstention totale de boissons fermentées ; c'est le dernier cas qui est la règle rigoureuse des chantiers, où la vente et l'introduction de tout liquide alcoolique sont absolument interdites. On a dit souvent que la réduction des droits exagérés qui pèsent sur les vins légers de France serait le meilleur moyen de combattre, dans les pays du Nord, l'ivrognerie due à l'usage immodéré des eaux-de-vie de tout genre. On pourrait même, assure-t-on, cultiver la vigne ou du moins certaines espèces de vignes dans le Bas-Canada. Les chaleurs de l'été y sont assez fortes pour mûrir le raisin, tandis que quelques soins intelligents suffiraient pour préserver les ceps des rigueurs de l'hiver. L'essai en a été fait avec un certain succès à Beauport, près de Québec, et l'on s'appuie, pour l'encourager, sur le fait de l'existence dans tout le pays de vignes sauvages indigènes (*Vitis cordifolia*), dont les premiers missionnaires savaient fort bien tirer parti lorsqu'ils manquaient de vin d'Europe pour les usages de l'église. Dans le Haut-Canada, près de Toronto, il y a quelques vignobles créés sous la direction d'un Français. Reste à savoir si le thé, quelque désagréable que puisse paraître, à nous autres Français, l'usage de boire chaud en mangeant, n'est point hygiéniquement préférable au vin sous un climat d'hiver tel que celui des forêts canadiennes.

Après le bûcheron, le défricheur. Lorsque les aventureuses explorations du premier ont révélé quelque part dans la forêt l'existence de terrains propres à la culture, les concessionnaires de « limites » y établissent d'ordinaire une sorte de ferme provisoire destinée à produire quelques vivres pour la consommation des chantiers voisins. Si ces terres arables couvrent une grande étendue de pays, si un cours d'eau navigable ou seulement une route de construction plus ou moins rudimentaire peut les mettre promptement en communication avec les anciens établissements, alors, surviennent les arpenteurs du gouvernement provincial, qui divisent le sol en townships ou cantons, d'une régularité géométrique. Ce sont généralement des carrés de dix milles anglais (16 kilomètres) de côté. Ces cantons sont à leur tour subdivisés en *rangs* de vingt-quatre arpents de profondeur, et ceux-ci en *lots* numérotés, de cinq arpents de large, ce qui donne à chaque lot une superficie exacte de cent arpents du Bas-Canada (environ cinquante-huit hectares), de sorte que, si un immigrant choisit un lot vacant sur la carte et qu'il prenne, par exemple, le septième lot du quinzième rang du canton d'Aumond, dans le comté d'Ottawa, l'emplacement et les limites de son acquisition se trouvent déterminés avec une précision mathématique, excluant les erreurs et les remaniements administratifs dont notre colonisation algérienne fournit malheureusement tant d'exemples. Les terres, une fois arpentées, se vendent à bureau ouvert et à prix fixe, à raison de trente, quarante centins [1] l'arpent, suivant la nature et la situation du lot. L'acquéreur peut se libérer, à son choix, au comptant ou en cinq versements annuels. Les autres conditions requises pour obtenir le titre définitif de propriété sont : la résidence personnelle ou par représentants, durant deux ans, à compter du jour de la vente, le défrichement d'un dixième au moins de la concession, et la construction d'une maison d'habitation qui doit mesurer au moins seize pieds sur vingt.

Ces conditions sont certainement très libérales ; mais ce n'est point une petite affaire que de lutter contre les arbres géants qui couvrent un lot en « bois debout ». Les colons belges qui tentèrent, il y a quelques années, de créer de toutes pièces un village agricole dans le haut de

---

1. Le centin ou cent est la subdivision centésimale du dollar américain et vaut par conséquent un peu plus de cinq centimes de notre monnaie. Le Canada, quoique possession anglaise, a adopté le système monétaire des Etats-Unis. La pièce d'argent de vingt-cinq centins représentant à peu près trente sous de l'ancienne monnaie canadienne, sa mise en circulation a donné naissance à une locution assez singulière : dans tout le Canada français, on dit d'un objet de la valeur de 75 centins, qu'il vaut « trois *trente sous*. »

En 1873, un acte du Parlement a prescrit dans tout le Canada le système des poids et mesures en usage en Angleterre, tout en rendant facultatif l'emploi dans les contrats du système métrique. Quant aux anciennes mesures françaises, pied de Paris, arpent, etc., restées jusqu'alors en usage dans la province de Québec, l'emploi en est dorénavant restreint à l'arpentage des terres délimitées sous l'ancien régime de la tenure seigneuriale.

l'Outaouais, en ont fait l'expérience à leurs frais et dépens. Habitués aux cultures perfectionnées des Flandres, ils se rebutèrent bientôt devant la pénible besogne qu'exigeait la transformation de leur nouveau domaine. Heureusement pour les immigrants d'Europe et même pour beaucoup de cultivateurs des vieilles paroisses, qui auraient quelque peine à se tailler une propriété en pleine forêt, il existe une classe de pionniers nomades qui font métier de s'installer sur les lots nouvellement ouverts. . Ils les défrichent *grosso modo*, bénéficient des divers produits du défrichement et des deux ou trois premières récoltes, généralement fort abondantes; puis ils vendent la terre à des colons moins aventureux pour aller recommencer plus loin, avec une nouvelle mise de fonds, leur rude et fécond labeur : ce sont les squatters ou défricheurs.

C'est un spectacle curieux que celui de ces établissements tout primitifs. Le squatter se construit à la hâte une grossière cabane de « logs »; les troncs non équarris des premiers arbres abattus en forment les quatre murs; les joints sont remplis de mousse et de terre argileuse; une porte en planches, une fenêtre ou deux, quelques madriers égalisés à la scie pour le plancher et le plafond, et voilà l'habitation terminée. Dès lors la cognée fonctionne sans relâche. Branches et broussailles sont accumulées au pied des souches trop puissantes pour être extirpées du sol. On met le feu à tous ces amas de combustible, et bientôt, sur toute l'étendue du terrain défriché, il ne reste que des fûts à demi carbonisés, de deux ou trois pieds de haut, entourés de cendres qu'on répand sur la terre fraîchement remuée pour en augmenter la fertilité. La première année, la charrue et la herse passent autour de ces débris sans les entamer; mais, sous l'influence successive de la chaleur, du froid et de l'humidité, la décomposition ne tarde pas à avoir raison de la ténacité des racines. Les gros troncs, préalablement coupés, sont réunis en un énorme bûcher que dévorent également les flammes, mais leurs cendres, recueillies et lavées, donnent une solution riche en sels de potasse qu'on extrait ensuite par évaporation et dont la vente vient augmenter les faibles ressources du nouveau colon. « Souvent, dit un écrivain canadien, il existe sur le lot des bouquets d'érables à sucre (*Acer sacchariferum*), l'arbre national du Canada, qui en a placé la feuille dans son écusson en compagnie de l'industrieux castor. Le squatter les épargne, mais c'est pour en tirer, comme les barons du moyen âge faisaient de leurs prisonniers, la plus forte rançon possible. Au mois d'avril, aussitôt après les fortes gelées de la fin de l'hiver, il pratique avec sa hache, dans l'écorce et l'aubier de chaque arbre, une légère entaille à trois ou quatre pieds du sol. La sève sucrée, recueillie sur une *goudrelle* de bois, tombe goutte à goutte dans une auge placée au-dessous. Les auges pleines, on verse leur contenu dans un grand chaudron suspendu à la crémaillère au-dessus d'un feu clair, alimenté d'éclats de cèdre et de sapin. Lorsque le sol, aux alentours de la cabane, n'a pas encore dépouillé sa blanche parure d'hiver, on retire de temps en temps quelques cuillerées de sirop, qui, versées brusquement sur le lit de neige, produisent, en se figeant, une sorte de sucrerie bien connue des « habitants » et appelée *la tire*. Il faut voir alors toute la petite famille de gourmands e de gourmandes qui s'ébattaient autour du foyer, se disputer joyeusement ces rustiques friandises. Bientôt les granulations se formant dans le sirop annoncent que le liquide est suffisamment évaporé ; on le laisse un peu refroidir, puis on le verse dans des moules d'où il sort solidifié en pains d'une belle couleur jaune clair qui remplacent avantageusement, dans les campagnes du Canadà, les sucres de canne et de betterave, beaucoup plus coûteux, sans être plus agréables au goût. » Chaque érable peut produire au printemps près d'une livre de ce sucre, valant de dix à douze sous la livre.

Quelques années se passent, le lot défriché par le squatter est devenu la propriété d'un immigrant étranger ou d'un cultivateur chassé des vieilles paroisses par l'épuisement du sol et le morcellement toujours croissant des héritages. Peu à peu le travail assidu d'une terre vierge fait entrer l'aisance au foyer. La cabane de « logs » fait place à une élégante et confortable demeure; et tel qui fût resté un pauvre hère s'il n'eût pris le parti courageux de s'enfoncer dans la forêt, devient le riche propriétaire d'une ferme dont le peuplement des lots voisins augmente chaque année la valeur. C'est ainsi que se colonise peu à peu cette vallée de l'Outaouais que M. Rameau signalait avec raison, dès 1858, comme le futur boulevard de la nationalité française au Canada. En vain, de puissantes sociétés anglaises d'immigration y ont concentré leurs efforts et prodigué leurs capitaux; nos compatriotes gagnent incessamment du terrain, augmentent en proportion beaucoup plus considérable que leurs rivaux, et forcent pacifiquement ceux-ci à leur céder à la longue, avec la prééminence du nombre, l'influence sociale et politique. L'Anglo-Saxon se sent mal à l'aise dans un « home » dont le voisinage est envahi par des colons étrangers à sa langue et à ses croyances; il met sa terre en vente et va chercher au loin un asile où les « *french language and customs* » ne viennent point blesser son oreille et froisser ses sentiments. C'est ainsi que, malgré une énorme émigration vers les manufactures de la Nouvelle-Angleterre et les prairies de l'Ouest, les Français du Canada reconquièrent pied à pied les territoires dont la fortune des armes semblait avoir irrévocablement dépossédé leur race[1].

Ce sont généralement, comme on peut bien le penser, les caractères les plus vigoureusement trempés qui se portent de préférence vers les nouveaux districts de colonisation. Ils semblent avoir laissé dans les vieilles paroisses l'esprit de routine qui s'opposait invinciblement à leurs progrès; ils empruntent volontiers à leurs voisins anglais, écossais ou américains les meilleurs procédés d'élevage et de culture, et, grâce à leur énergie, le peuplement des régions incultes du Bas-Canada marcherait à pas de géant s'il ne rencontrait un obstacle que j'ai déjà eu l'occasion de signaler. Les routes de terre sont généralement détestables, ce qui rend les transports extrêmement coûteux partout où ne passe ni railway, ni

1. Le territoire, qui forme aujourd'hui deux grands comtés d'Ottawa et de Pontiac, comptait en 1851 : 6984 Canadiens-Français sur 22903 habitants : — en 1861 : 16779 sur 41882 ; — en 1871 : 24669 sur 54439.

Dans le comté voisin d'Argenteuil, autrefois presque exclusivement anglo-saxon, le phénomène de déplacement se manifeste d'une façon tout à fait remarquable. De 1861 à 1871, la population totale y est restée à peu près stationnaire, elle a même légèrement diminué (12806 en 1871 contre 12897 en 1861)'; mais les Canadiens-Français ont passé de 2781 à 3902. Il en est de même dans les cantons ou townships de l'Est : Brôme, Compton, Sherbrooke, etc., peuplés en 1782 de loyalistes américains réfugiés, qui disparaissent peu à peu devant l'envahissement de l'élément français. Dans la province de Québec prise en bloc, malgré la rapide croissance de Montréal, la population d'origine non française a diminué de 2000 individus entre 1861 et 1871, tandis que l'augmentation totale d'un recensement à l'autre s'élève à 80000.

Enfin la population canadienne-française de la province d'Ontario, principalement concentrée dans les comtés de l'Outaouais (à l'exception d'un groupe de 13000 à 14000 âmes à l'extrémité méridionale de la péninsule vis-à-vis Détroit), a passé dans les dix mêmes années de 33000 à 75000! et le courant, loin de se ralentir, est aujourd'hui accéléré par la rentrée d'un grand nombre de Canadiens des Etats-Unis que la crise financière de 1873-1874 a ramenés dans leur patrie.

cours d'eau navigable. M. Tassé a pu écrire qu'en 1872, du village de Saint-Jérôme à Montréal, pour une distance de 50 kilomètres à peine, le transport d'un boisseau de blé coûtait aussi cher par le roulage ordinaire que s'il fût venu en chemin de fer de Chicago, distant de plus de 300 lieues. Des Norvégiens établis sur la rivière du Lièvre, affluent de l'Outaouais, ont émigré aux États-Unis parce qu'on tardait à leur construire une route depuis longtemps promise. Heureusement que depuis 1874 on a entrepris et mené à bonne fin, à l'aide de subventions du gouvernement provincial de Québec, l'exécution d'une voie ferrée qui, partant de Montréal pour aboutir à Hull en face d'Ottawa, méritera le nom que lui ont donné ses fondateurs, de « Chemin de la colonisation du Nord ».

Un autre projet grandiose, qui date déjà de quelques années, consisterait à rouvrir au commerce, par des travaux de canalisation, la route autrefois suivie par les canots des voyageurs et des missionnaires qui se rendaient du Saint-Laurent à la baie Géorgienne par l'Outaouais, la Matawan, le lac Nipissing et la rivière des Français. Des devis très soigneusement étudiés par différents ingénieurs permettent d'estimer à cent millions de francs environ le coût d'établissement d'une voie navigable comprenant seulement 60 à 80 kilomètres de canaux artificiels entre Montréal, Ottawa et l'embouchure de la rivière des Français dans la baie Géorgienne. Des steamers de mille tonneaux pourraient alors éviter la navigation parfois si dangereuse des lacs Huron, Érié et Ontario, et apporter à Montréal les produits agricoles de l'Ouest, en économisant 270 milles de parcours (430 kilomètres) sur la distance actuelle de Chicago à Montréal (1271 milles ou environ 2040 kil.), par le Saint-Laurent et les lacs; 436 milles sur celle de Chicago à New-York (1416 milles), par les lacs, le canal Érié et l'Hudson,

Si cette grande entreprise est mise quelque jour à exécution, la vallée supérieure de l'Outaouais subira en peu de temps une complète transformation. Des centres populeux s'établiront partout sur les bords de ces nombreuses rivières dont le cours, tracé un peu au hasard sur les cartes, n'est guère connu aujourd'hui que de l'Indien et du « voyageur ». Montréal et Québec détourneront à leur profit une partie de ce commerce d'entrepôt qui a fait la grandeur de New-York; et les Français du Bas-Canada, tendant la main aux groupes de « leurs gens » déjà disséminés sur la route du Nord-Ouest, à la baie Géorgienne, au Sault-Sainte-Marie et dans les hameaux naissants du district d'Algoma, pourront établir solidement leur nationalité sur la rive septentrionale des lacs Huron et Supérieur, le long du futur chemin de fer du Pacifique dont la première section, partant du lac Nipissing, devait, d'après le projet primitif, passer au nord des grands lacs, assez avant dans les terres. Les arrangements pris par le ministère réformiste de 1873 retarderont sans doute de quelques années l'exécution de cette portion de la ligne transcontinentale; elle n'en devra pas moins se faire tôt ou tard, au grand bénéfice de la province de Québec. Si, comme on le prétend, la colonisation est encore possible dans quelques-uns des districts situés au delà de la hauteur des terres, elle sera surtout l'œuvre des Canadiens français déjà familiarisés avec le mode d'existence que comporte un climat plus rigoureux encore que celui de la rive nord du bas Saint-Laurent, de Québec au Labrador.

Ne quittons pas la vallée de l'Outaouais sans dire un mot de ses fameuses mines de fer magnétique, futures rivales de celles de la Suède. Ces magnifiques gisements situés près de Hull, le terminus du chemin de fer de colonisation du Nord, sont appelés à fournir à cette région un élément de prospérité plus durable encore que le commerce des bois. Découverts dès 1827, mais longtemps négligés, faute de moyens de communication et de capitaux, ils renferment, d'après sir W. Logan, le savant directeur de l'exploration géologique du Canada, jusqu'à 96 pour 100 d'oxyde de fer magnétique pur, les quatre centièmes de matière étrangère se composant d'un peu de quartz et de graphite. On en extrait actuellement 15 à 20 000 tonnes de minerai par an, rendement bien faible encore, mais susceptible de prendre un énorme accroissement, car les estimations les plus modérées évaluent à 250 millions de tonnes la puissance totale du dépôt. Tout le minerai produit est exporté aux États-Unis, où il est traité dans les forges de l'Ohio et de la Pennsylvanie; mais il y a tout lieu d'espérer que les Canadiens ne consentiront pas à rester éternellement les humbles tributaires de leurs entreprenants voisins. On ne saurait trop le leur redire, c'est seulement par l'introduction des grandes industries que leur patrie peut conquérir l'importance et la richesse que la rigueur de ses hivers et le peu d'étendue relative de ses terres fertiles ne lui permettent point de demander aux seules ressources de l'agriculture.

D'énormes dépôts de chaux phosphatée (apatite) ont été également signalés dans cette région, et l'on a commencé sur plusieurs points l'exploitation de ce minéral, dont les propriétés fertilisantes sont bien connues des agriculteurs.

VIII

Expectata dies aderat. — Depuis bien des années,
paraît-il, l'approche d'une session parlementaire n'avait
surexcité à tel point la curiosité publique. M. Gouin,
l'heureux propriétaire du Russell House, ne savait plus
où héberger la foule des hommes politiques et des simples curieux que steamboats et chemins de fer déver-
saient en flots pressés sur la bonne ville d'Ottawa. Le
« parlor », la salle à manger, le « Bar Room » de l'hôtel
étaient métamorphosés en succursales des couloirs du
Parlement, ces « lobbies » à qui les mauvaises langues
attribuent un rôle aussi important que peu avouable
dans le mécanisme des institutions américaines. Entre
deux verres on débattait la tactique des partis rivaux, et
souvent une gageure de quelques gallons de champagne
complétait avantageusement, en leur assurant une sanction

prochaine, les arguments contradictoires d'une discussion
trop animée. A chaque instant je retrouvais parmi les
arrivants de Montréal et de Québec quelqu'une de mes
récentes connaissances qui m'entraînait au Bar Room,
sous prétexte de me présenter à des amis venus des
quatre points cardinaux de la Confédération canadienne.
Le passé, l'avenir du pays, ses partis politiques, les incidents et le dénouement probable de la crise présente,
fournissaient un inépuisable aliment à des conversations
fort intéressantes et parfois passablement tapageuses.

Il est des nations dont les faits et gestes, commentés
par les mille voix de la presse, sont livrés quotidienne-
ment en pâture à la curiosité du monde entier. Si celle
qui nous occupe était de ce nombre, je ne me permet-
trais pas d'entamer ici une digression historico-politique
qui ne roulerait que sur des faits connus de chacun. Mais,
à en juger par le bruit qu'il fait hors de ses frontières,
le Canada ressemble un peu à ces sages matrones dont
on ne parle point, ou aux peuples heureux dont il est dit
qu'ils n'ont pas d'histoire. La plupart de ceux qui me
liront seraient donc fort excusables de ne comprendre
que peu ou prou aux événements de la période exception-
nellement agitée pendant laquelle j'ai traversé le pays,
si je n'éclairais mon récit de quelques rayons du flam-
beau que mes amis d'Ottawa allumaient généreusement
en ma faveur, lorsque je leur avouais ne voir goutte dans
les mystères de leurs dissensions intestines. Je serai du
reste aussi bref que possible dans ce résumé des événements de tout un siècle.

Pendant les premiers temps qui suivirent la conquête,
le Canada fut soumis à un régime purement militaire. Il
n'en avait guère connu d'autre sous la domination française ; et, pour exercer un pouvoir absolu, les gouverneurs
anglais n'eurent qu'à se conformer aux us et coutumes

des fonctionnaires du roi très chrétien. Leur but bien
arrêté était de dénationaliser de gré ou de force le peuple conquis, et la catastrophe encore récente des Acadiens
faisait pressentir que les vainqueurs ne se piqueraient
pas de scrupules exagérés dans le choix des moyens. Mais
bientôt l'attitude inquiétante de ses autres colonies américaines engagea le cabinet de Londres à entrer dans la
voie des concessions. Dès 1774 il renonça, par l'acte de
Québec, à introduire au Canada les lois civiles anglaises; en 1791, neuf ans après la reconnaissance définitive
de l'indépendance des États-Unis, le Haut-Canada, qui
commençait à se peupler de loyalistes réfugiés, fut con-
stitué en province séparée, et chacune des deux provinces
fut dotée d'une Constitution et de deux Chambres. Pendant
de longues années toutefois, ce prétendu gouvernement parlementaire ne fut qu'un leurre. Appuyés sur une Chambre
haute servile, dont les membres étaient nommés par eux, et
n'étant point obligés d'appliquer le principe de la responsabilité ministérielle, les gouverneurs annulaient, suivant
leur bon plaisir, les décisions prises par la « Chambre
d'Assemblée » issue de l'élection. Peu s'en fallut, un
moment, qu'une oligarchie anglo-saxonne de spéculateurs
et de fonctionnaires ne fît du pays une nouvelle Irlande.
Une grande partie des fertiles cantons de l'Est fut acca-
parée par quelques favoris. Dans certains endroits, comme
aux îles de la Madeleine et à l'île Saint-Jean (aujourd'hui
île du Prince-Edouard), on alla plus loin encore. Des territoires, où pourtant des colons s'étaient depuis longtemps
établis, furent d'un trait de plume donnés en cadeau à
des militaires ou à des courtisans. Au mépris de tous
droits, et sans indemnité aucune, les anciens occupants
tombèrent du rang de propriétaires à celui de tenanciers
à la mode irlandaise : criante injustice dont les conséquences pèsent encore lourdement sur quelques-uns des

districts où elle a été commise. Heureusement l'Angleterre ne dominait pas seule sur le continent : si près des
États-Unis, il eût été dangereux de pousser l'arbitraire
colonial au delà de certaines limites. Les réclamations
d'ailleurs ne tardèrent pas à se faire entendre, d'abord
contenues et timides, puis éloquentes et passionnées. Élu
à plusieurs reprises président de la Chambre élective,
Papineau la fit retentir pendant vingt ans de ses énergiques revendications. La résistance aveugle des représentants de la métropole aboutit enfin aux mouvements
insurrectionnels de 1837 à 1839. Devant les sanglantes
violences de la répression, les Canadiens français, si
fidèles en 1775 et en 1812 à la couronne d'Angleterre,
plutôt d'ailleurs par haine traditionnelle contre leurs
vieux ennemis les « Bostonnais » que par un sentiment
réel de loyalisme, semblent bien près d'abjurer leurs
anciens préjugés, et les patriotes réfugiés aux États-Unis
deviennent les fervents promoteurs de l'annexion. De son
côté, la province supérieure, quoique peuplée de loyalistes
américains ou d'émigrants anglais, n'était guère mieux
gouvernée ni moins mécontente, et commençait, elle aussi,
à tourner les yeux vers la République voisine. Menacée
de perdre ses dernières possessions d'Amérique, l'Angleterre se ravise enfin, et la mission de lord Durham a
pour conséquence, en 1840, l'établissement définitif d'un
gouvernement véritablement parlementaire et responsable. Seulement on effectuait du même coup la réunion
des deux provinces et l'on stipulait l'égalité numérique
de leur représentation dans le Parlement, bien que le
Haut-Canada n'eût alors qu'une population fort inférieure à celle de la province française (500 000 contre
700 000 en 1844). En revanche, la province anglaise
était criblée de dettes, et l'Union rejetait une partie de
ce poids, devenu trop lourd, sur les épaules des Français

du Bas-Canada. C'était de bonne guerre, paraît-il. Beaucoup d'hommes politiques du temps regardèrent même
le chef-d'œuvre constitutionnel élaboré sous les auspices
de lord Durham, comme la machine la plus ingénieuse
qui eût jamais été combinée pour étouffer discrètement
et sans esclandre une nationalité trop vivace au gré des
gouvernants britanniques. Lord Durham lui-même ne
s'en cachait pas. Il eut un jour un de ces mots typiques
qui résument la politique et les préjugés d'une race ou
d'une époque : « Le Canada, dit-il, doit être anglifié, dût-il —
pour cela cesser d'appartenir à la Grande-Bretagne. »

Les plus beaux calculs sont souvent dérangés par l'introduction de quelque facteur imprévu : ainsi advint-il de
ceux de lord Durham. Les Canadiens français, sous l'habile direction d'hommes tels que Lafontaine, Morin,
Etienne Taché, etc., s'allièrent avec les libéraux ou réformistes de la province supérieure et eurent bientôt repris
dans le gouvernement leur part légitime d'influence. A
travers les fréquents changements de ministère, ils conser-
vaient les positions acquises et en conquéraient chaque
année de nouvelles. Ils parvinrent ainsi à faire voter la
réparation morale et matérielle des barbaries de 1837,
ainsi que le rétablissement de l'usage officiel de leur
langue, aboli par l'acte d'Union. Enfin ils firent supporter
par les finances du pays tout entier le rachat des droits
seigneuriaux dans le Bas-Canada. La Chambre haute elle-
même fut réformée et devint une assemblée élective [1],

Pendant ce temps, la population du Haut-Canada, renforcée par une forte immigration de la mère patrie, attei-

---

1. Ces deux dernières mesures ne furent prises qu'après l'avènement du ministère conservateur 1854-1856, mais elles avaient été pré-
parées sous le gouvernement des libéraux. La nomination de la
Chambre haute a été plus tard rendue à la Couronne, et son mandat
est redevenu viager par l'acte de Confédération de 1867.

gnait, puis dépassait bientôt le chiffre de la province
rivale. L'égalité de représentation, cette institution tant
prônée lorsqu'elle pouvait servir de machine de guerre
contre l'élément français, devint subitement un abominable scandale. *Swamping the french Canadians* (écra-
sement des Canadiens français) avait été longtemps le
mot d'ordre de tous les fanatiques de l'anglification; le
nouveau cri de ralliement fut : *No popery ! no french
domination !* (Pas de papisme, pas de domination française!) On fit des processions, des assemblées, des
démonstrations où se déployaient des bannières ornées
de la devise : *Rep. by Pop.*, abréviation de *Représentation
by population*. Dix ans avant Sedan, on développa,
on exploita là-bas la fameuse théorie des races inférieures. Les descendants des Gaulois furent voués
au sort des Hurons et autres Peaux-Rouges, dans les
innombrables pamphlets d'une foule d'ethnologues de
contrebande dont les plus acharnés, venus des Highlands
d'Écosse et des tourbières de la verte Erin, n'avaient
guère dans les veines que du sang celtique. Il est vrai
que ces estimables patriotes, tout imbus de leurs lectu-
res bibliques, se prenaient sérieusement pour les descendants des douze tribus d'Israël appelés à exterminer des
Philistins. Tandis qu'en Angleterre même, les préjugés
gallophobes s'éteignaient peu à peu, grâce en partie à la
confraternité d'armes des champs de bataille de la Crimée,
ils redoublaient de violence au Canada [1]. On sait qu'il en

---

1. On pourrait citer plus d'un curieux échantillon de cette gallophobie enragée ; voici l'un des mieux réussis : il est tiré d'une bro-
chure publiée à Sainte-Catherine, Haut-Canada, en 1864, sous le titre
de « *The future government of Canada, arguments in favor of a
British united independant Republic* ». On va voir quelle place l'auteur, M. Philips Thompson, faisait à notre race dans son projet d'État
unitaire qu'il opposait aux plans de confédération réalisés trois ans

est à peu près de même dans toute colonie peuplée de races différentes, au point de forcer parfois les métropoles à refréner les excès du « nationalisme » à outrance qui porte les colons de la race conquérante à fouler aux pieds les droits les plus précieux des vaincus. Il ne faut pas oublier d'ailleurs que ce nationalisme n'est souvent qu'un manteau fort commode destiné à couvrir bien des convoitises aussi intéressées que peu intéressantes.

Contre ce déchaînement des passions populaires les Canadiens français luttèrent longtemps et non sans succès. Mais déjà ils étaient divisés entre eux. Depuis quel-

plus tard. Malgré sa longueur le morceau vaut la peine d'être traduit en entier :

« L'admission des provinces maritimes dans l'Union et le principe de représentation d'après la population donneront à l'élément britannique dans le Parlement de la nouvelle nation une prépondérance suffisante pour écraser et étouffer (*crush and overwhelm*) l'influence et le sentiment français. Ne craignons point d'ailleurs d'affirmer ici notre conviction que de toute façon les lois, la langue et les institutions canadiennes-françaises sont fatalement vouées à la destruction (*doomed*). Le Français doit à la longue succomber devant l'Anglo-Saxon. Il ne doit pas lui être permis plus longtemps de mettre des bâtons dans les roues de notre progrès et d'entraver l'accomplissement de notre glorieuse destinée. Libre aux politiciens de faire sonner aussi haut qu'il leur plaira leur intention de respecter les lois, la langue et les institutions des Canadiens français, même quand nous aurons obtenu la représentation proportionnelle au nombre ; mais la moindre connaissance de l'histoire et de la nature de l'homme suffit pour prédire qu'aussitôt parvenus au pouvoir, nous proscrirons leur langue, abrogerons leurs lois et modifierons leurs institutions. La question est celle-ci : peut-on souffrir qu'un quart de la population de l'Amérique britannique du Nord, d'origine étrangère, parlant un langage étranger, régi par des lois plus dignes du seizième que du dix-neuvième siècle, ferme la voie du progrès à la portion britannique de la communauté et s'oppose au développement de la grandeur nationale ? Peut-on, si cette fraction juge avantageux de vivre à part, lui permettre de fermer à ses anciens coassociés leur débouché naturel vers l'Océan, et d'interposer une barrière à leurs libres communications dans une colonie britannique conquise par des Bretons à la bouche du canon et à la pointe des baïonnettes ? Un devoir de justice envers nous-mêmes et envers notre postérité exige que nous

ques années le groupement des partis parlementaires
s'était complètement transformé. En 1851, après la
retraite des deux grands ministres Baldwin et Lafontaine
qui avaient dirigé pendant dix ans la coalition des éléments libéraux des· deux provinces, une portion des
réformistes Haut-Canadiens prit pour chef M. George
Brown, Ecossais de talent et fondateur du *Globe* de Toronto,
journal qui avait bientôt acquis une grande influence.
Malheureusement M. Brown était un fanatique au double
point de vue national et religieux ; sous sa direction les
néo-réformistes, plus connus dès lors sous le nom de

transmettions intact à celle-ci tout le territoire qu'embrasse aujour-
d'hui l'Amérique anglaise du Nord. On ne saurait permettre au Bas-
Canada de se retirer de l'Union, ni, demeurant dans cette Union, d'y
exercer une part abusive d'influence. Progressivement — lentement
peut-être au début — il doit être anglifié. Sa richesse et sa prospérité s'en accroîtront, ses ressources se développeront, son peuple
s'instruira. *Dans cinquante ans d'ici la langue française sera aussi
déplacée dans notre Parlement, que l'erse et le gaélique dans celui
de la Grande-Bretagne.* »
Beaucoup de voyageurs métropolitains, plus impartiaux et d'un sens
plus rassis, ont heureusement laissé des appréciations qui contrastent
de tout point avec cette fougueuse diatribe. Quelques-uns — entre
autres M. Hugh Seymour Tremenheere qui l'écrivait en fort bons
termes dès 1852 — voient dans l'invincible attachement des Canadiens
français à leurs traditions nationales, et dans le respect de l'Angleterre pour celles-ci, le gage le plus certain du maintien de la domination britannique. Dans cette différence de sentiments entre les
Anglais d'Europe et ceux du Canada nous trouvons la clef de la répugnance de beaucoup de Canadiens français pour toute combinaison
qui, faisant disparaître le contre-poids de l'autorité métropolitaine, les
laisserait en minorité en présence de concitoyens tels que ceux dont
on vient de lire la prose. Le fanatisme gallophobe de quelques-uns
se trouve ainsi être le plus sérieux obstacle à la réalisation des rêves
d'indépendance que caressent les plus patriotes. En général, il est
bon de le constater, les habitants d'origine britannique de la province
de Québec ne partagent point les préjugés régnant dans Ontario
contre leurs compatriotes de langue française. Plusieurs d'entre eux
ont même figuré au premier rang parmi les défenseurs des droits
nationaux du Bas-Canada. Les plus connus sont les deux frères Nelson qui figurèrent parmi les chefs du mouvement de 1837.

clear-grits, marchèrent en tête de la croisade contre l'élément français. Obligés de chercher un nouveau point d'appui, les chefs Bas-Canadiens se tournèrent vers les tories anglais, longtemps leurs adversaires les plus opiniâtres, et qui récemment encore (1849) avaient été les instigateurs des actes de vandalisme et d'incendie commis à Montréal lors du vote de la loi d'indemnité aux victimes des troubles de 1837. Le temps et l'expérience semblaient toutefois avoir réconcilié ces fougueux conservateurs avec la pratique du gouvernement constitutionnel et le respect des droits de la nationalité française; tandis que leur répugnance pour toute nouvelle altération du pacte d'Union en faisait de précieux auxiliaires dans la lutte entreprise contre les prétentions absorbantes des réformistes Haut-Canadiens.

La nouvelle alliance fut scellée en 1854 par l'avènement du ministère Mac Nab et Morin [1]. Le parti libéral-conservateur, formé de la fusion des anciens libéraux français avec les tories anglais, prit alors possession du pouvoir qu'il devait garder, sauf deux courtes interruptions, l'une de dix jours, l'autre de deux ans, jusqu'à la fin de 1873.

D'autre part, M. Papineau, revenu de l'exil en 1845 et réélu bientôt après à l'Assemblée législative, s'était dès 1848 séparé violemment de M. Lafontaine; il se prononçait pour le rappel de l'Union, l'adoption d'institutions franchement démocratiques, et faisait entrevoir comme but final à atteindre, à défaut de l'indépendance, l'annexion pure et simple aux États-Unis. Des esprits enthousiastes, des jeunes gens d'un remarquable talent, MM. Dorion, Laberge, Papin, Fournier, Letellier de Saint-Just, etc., se

---

1. Les ministères canadiens sont généralement désignés par le nom du chef de la section anglaise, suivi de celui du chef de la section française du cabinet.

groupèrent autour de lui ; et, après que leur chef se fut retiré de la vie publique (1855), ils formèrent le noyau du parti démocrate appelé aussi le parti *rouge* ou libéral, par opposition au surnom de *bleus* donné à leurs adversaires qui s'intitulaient eux-mêmes conservateurs-libéraux, ou simplement conservateurs. Depuis 1871 le parti *rouge* s'est réorganisé sous le nom de parti *national*, en atténuant quelque peu ce que son programme primitif pouvait avoir de trop absolu pour l'époque et le tempérament du pays.

Ces deux partis, *bleu* et *rouge*, — dont je n'entreprendrai point de définir minutieusement les idées et les tendances, car sur bien des points ils ne diffèrent que par des nuances fort difficilement appréciables aux yeux d'un étranger, — ne s'en font pas moins, à coups de plume et de discours, une guerre acharnée et sans merci. L'esprit de discorde ne perd jamais ses droits sur notre pauvre planète ; et, si les querelles politiques venaient à manquer de prétextes à peu près sérieux, on aurait bientôt fait d'emprunter à Lilliput ses mémorables et ingénieuses distinctions en gros-Boutiens et petits-Boutiens. L'impression qui se dégage cependant, au bout de quelques mois passés au Canada, de ce chaos d'attaques violentes et de ripostes acrimonieuses qui semblent au premier abord constituer l'alpha et l'oméga de la politique locale, c'est que les *bleus*, grands admirateurs de la Constitution britannique, craignent pour leur jeune nationalité l'épreuve d'institutions trop démocratiques qui conduiraient par une pente plus ou moins rapide à l'annexion aux États-Unis. Suivant eux, la force d'assimilation et d'absorption de la grande République réaliserait bientôt ce que l'Angleterre n'a pu accomplir en un siècle, la dénationalisation des Canadiens français. Dans le maintien de l'union actuelle avec la Grande-Bretagne ils voient au contraire la possi-

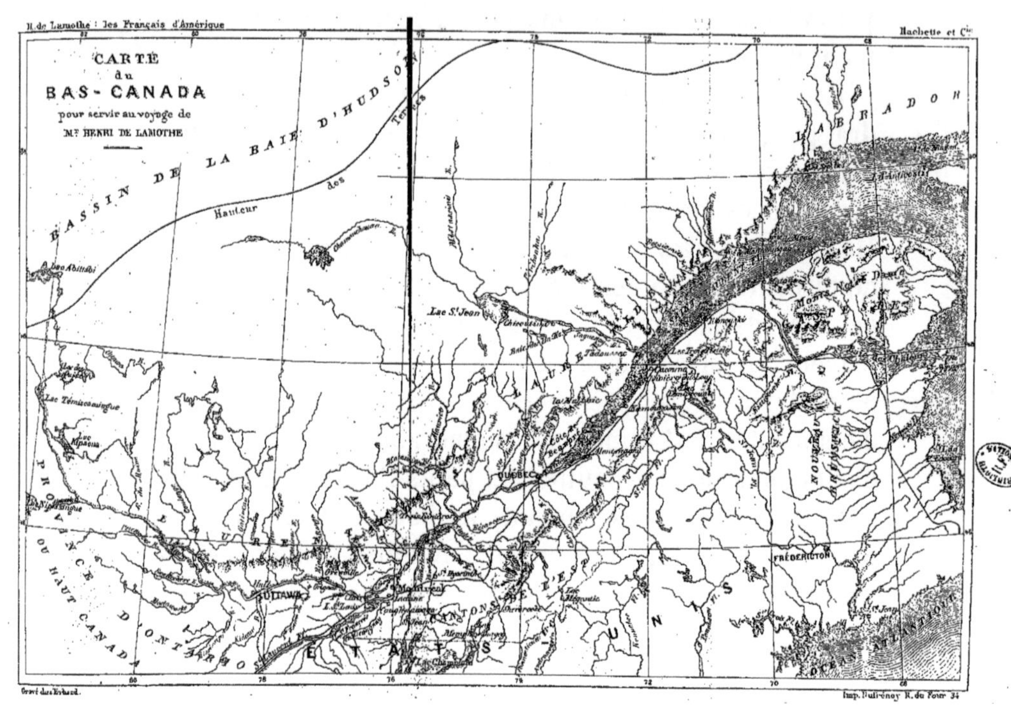
CARTE
du
BAS-CANADA
pour servir au voyage de
Mr HENRI DE LAMOTHE
BASSIN DE LA BAIE D'HUDSON
Hauteur des Terres
LABRADOR
Lac Abittibi
Lac St Jean
Chicoutimi
Lac Témiscamingue
Lac Kipaoua
PROVINCE D'ONTARIO ou HAUT CANADA
QUÉBEC
Tadoussac
OTTAWA
Montréal
CANTONS DE L'EST
ÉTATS-UNIS
FREDERICTON
OCÉAN ATLANTIQUE
Grave des Erhard

bilité d'implanter fortement leur race dans une partie considérable des immenses territoires du Nord-Ouest, et la perspective de fonder au nord du continent américain un peuple puissant, français de langue et de traditions. En un mot, ils jugent, non sans quelque apparence de raison, qu'il y a plus de chances d'avenir pour leur nationalité dans une confédération où elle forme près du tiers de la population totale, que dans une autre où, même avec le million d'habitants de langue française (Français, Canadiens, Belges wallons, Suisses romands, Louisianais et leurs descendants immédiats) actuellement disséminés sur toute l'étendue des États-Unis, elle compterait pour un vingtième à peine.

Les *rouges* ou *nationaux* semblent se soucier beaucoup moins du protectorat de la métropole ; ils n'ont jamais entièrement pardonné à celle-ci les violences et les procédés iniquement arbitraires dont usèrent et abusèrent ses agents pendant les quatre-vingts premières années qui suivirent la conquête [1]. Sans vouloir précipiter la sépara-

1. On ne saurait mieux apprécier, croyons-nous, l'attitude de l'Angleterre vis-à-vis du peuple canadien pendant la première période de sa domination, que ne l'a fait M. Hector Favre, l'élégant écrivain qui siège aujourd'hui au Sénat de la Confédération canadienne. Voici ce jugement, emprunté à une étude publiée en 1871 :

« Cette ancienne colonie française, qui n'est plus qu'une province et qui a conservé l'ambition d'être une nationalité, a passé depuis un siècle à travers toutes les luttes qui forment les peuples libres. Au lendemain de sa séparation d'avec la France, la liberté politique s'est présentée à elle sous une forme étrangère à ses habitudes, antipathique à ses sentiments ; elle lui a été accordée, non comme un don qu'un vainqueur généreux fait au vaincu pour l'aider à se relever et se le concilier, mais comme une épreuve redoutable dans laquelle il espère le voir périr. L'octroi des plus précieux droits constitutionnels, artificieusement entourés des restrictions les mieux faites pour en altérer l'exercice, loin donc d'exciter en nous un sentiment de joie et de reconnaissance, y fit naître des craintes bien naturelles. Le dessein de l'Angleterre éclatait visiblement aux yeux de tous. Ce n'était pas pour nous permettre de rester Français qu'elle nous action par des mesures violentes, ils la désirent et la croient inévitable. Peut-être dans leur for intérieur préféreraient-ils l'indépendance à l'annexion; mais, si l'impossibilité de former un Etat séparé venait à être démontrée, ils se consoleraient facilement d'une union définitive aux États-Unis. Ils pensent qu'après tout cette union n'a rien qui doive effrayer un Canadien français. Notre langue, nos institutions, disent-ils, seraient légalement garanties par la forme fédérative du gouvernement. Le chiffre déjà respectable de notre population, notre position géographique à la limite septentrionale des terres habitables du continent américain, nous mettent à l'abri de ces invasions d'immigrants d'origine étrangère qui ont si rapidement débordé les créoles de la Louisiane et annulé leur influence politique. Comment contester d'ailleurs les avantages matériels d'une annexion qui, restituant au Saint-Laurent son rôle naturel de débouché des produits du Far-West, ferait prendre aux grands ports du Bas-

cordait des institutions parlementaires, mais pour nous transformer graduellement à son image, pour fondre en une seule nationalité la majorité ancienne et la minorité nouvelle. Ce dessin, elle l'a poursuivi patiemment, ardemment, durant près d'un demi-siècle, par des moyens parfois indignes d'elle, à l'aide d'agents et de collaborateurs qui ont souvent tenté de hâter par la violence le lent accomplissement d'une politique sourde et mesurée.

» Reconnaissons cependant qu'à la place de l'Angleterre, toute autre nation en eût fait autant. Il est naturel que le vainqueur cherche à s'assimiler le vaincu; et, pour amener cette fusion, il n'y a pas de régime à la fois plus doux et plus sûr que le régime constitutionnel. Si une colonie anglaise fût tombée sous le joug de la France, elle aurait eu à subir une tentative de même genre servie par des moyens tout autres, et probablement plus arbitraires, comme les institutions de notre ancienne mère patrie elles-mêmes. Il n'y a donc pas lieu de conserver rancune à l'Angleterre; mais ce qu'il faut flétrir hautement devant l'histoire, c'est l'esprit de tyrannie et de persécution qui a animé la plupart de ceux qui, de 1791 à 1840, ont été préposés à cette tâche de dénationalisation; ce qu'il faut honorer à jamais, c'est le patriotisme et la fermeté mon-

Canada, Québec et Montréal, l'essor prodigieux dont New-York, Chicago et Saint-Louis nous ont donné l'exemple ?

En attendant la réalisation plus ou moins lointaine de leurs désirs intimes, les *nationaux* cherchent à modeler autant que possible les institutions de leur pays sur celles de leurs voisins du Sud. Les distinctions aristocratiques de chevalier et de baronnet, conférées par la reine à quelques-uns des chefs du parti conservateur, ont surtout servi de thème à d'impitoyables railleries. Descendants des Normands, les « habitants » ont hérité de leur esprit gouailleur, et prisent plus le gros sel gaulois que toutes les finesses attiques ; au besoin ils ne dédaignent point de descendre jusqu'aux plus affreux calembours. Les Canadiens français qui recevaient ainsi le droit d'accoler à leur nom le noble préfixe de « Sir », ne furent plus pour leurs adversaires que des Canadiens « sirés », ce

trés par ces fortes générations dont M. Papineau restera dans l'histoire la noble personnification.

» Ces luttes pour la conservation de nos droits sous un régime qui cachait, voilées par les apparences de la liberté, quelques-unes des pires violences de la tyrannie, forment un épisode aussi saisissant qu'instructif. On y voit une race française, un peuple d'ancien régime se former à l'art de se gouverner lui-même, se modifier graduellement dans l'exercice viril des immunités constitutionnelles qu'on lui dispute, tout en conservant la vieille physionomie qu'il a emportée d'Europe. Sans doute, il eût mieux valu pour nous rester toujours Français, indissolublement unis à la France, aussi bien par les liens politiques que par les sentiments du cœur. Nous aurions passé par des épreuves aussi cruelles que celles que nous avons traversées, mais toutes différentes. Nous aurions gagné en grandeur nationale, en force et en éclat intellectuel; nous y aurions perdu en aptitudes politiques. En somme, nous eussions été moins libres que nous l'avons été, et surtout que nous le sommes. La France n'aurait pu, malgré son amour pour nous, nous laisser une liberté d'action qu'elle n'avait pas elle-même : cette liberté que l'Angleterre, même en voulant nous faire disparaître, nous a tout naturellement communiquée. »

qui n'empêcha pas le « sirage » d'être recherché avec
une ardeur peu commune par les notabilités des deux
provinces. En 1873, le chef du nouveau ministère libéral,
l'honorable M. A. Mackenzie, a déclaré formellement à
ses électeurs qu'il n'accepterait jamais de sa souveraine
aucun titre nobiliaire.

Je me garderai bien de prendre parti pour l'une ou
l'autre de ces deux thèses soutenues de part et d'autre,
avec beaucoup de talent et une bonne foi entière. Je
dois me borner à les exposer fidèlement et brièvement,
autant qu'il est en mon pouvoir de le faire. Au lecteur
d'en tirer la conclusion qui lui paraîtra la meilleure. Je
me permettrai toutefois d'émettre une simple supposition : c'est que, grâce à la sage habitude prise depuis
quelque temps par l'Angleterre et les États-Unis, de
régler en famille ou de soumettre à l'arbitrage, des diffé-
rends qui autrefois leur eussent infailliblement mis les
armes à la main, grâce aussi à la grande autonomie dont
jouit la confédération des provinces anglaises de l'Amérique du Nord, les velléités de séparation et d'annexion
resteront longtemps encore à l'état de questions platoniques. J'imagine que le pays ne s'en portera pas plus mal.

A de rares exceptions près, *rouges* et *bleus* limitent
leurs discussions à la politique séculière et protestent à
l'envi de leur respect pour le clergé catholique. Celui-ci
recueille ainsi la récompense du concours qu'il a si longtemps prêté aux efforts des patriotes canadiens dans la
difficile entreprise du maintien de leur nationalité. En
diverses circonstances, surtout lorsqu'il s'est agi de voter
les lois d'éducation, de codifier les lois civiles, les députés d'origine française, sans distinction de nuances, ont
donné des gages non équivoques, parfois même excessifs,
de leur attachement au principe religieux. Cependant,
vers 1871 ou 1872, l'élément ultramontain a résolu de se

constituer en parti séparé. Il a lancé un programme qui a fait beaucoup de bruit et qui a valu à ses adhérents le surnom de « programmistes ». Il est permis de douter que cette addition à la nomenclature déjà fort riche des parties ancdines serve bien utilement les intérêts qu'on avait en vue de défendre. Avec une population aussi divisée de croyances, en présence d'une imposante minorité protestante dans la province de Québec, et d'une majorité de même religion dans la Confédération tout entière, l'introduction d'un élément purement confessionnel dans la politique pourrait préparer bien des déceptions à ses zélateurs. Réduits par leur petit nombre à ne former qu'un appoint dans les luttes parlementaires, les programmistes votent tantôt avec les rouges, tantôt avec les bleus, selon qu'ils espèrent obtenir plus aisément des uns ou des autres quelque mesure favorable aux intérêts catholiques.

Mais n'anticipons point sur les événements et reprenons le fil un moment interrompu de la revue rétrospective qui déjà nous a conduit tout d'un trait de 1763 à 1854.

Nous avons vu les conservateurs arriver au pouvoir avec le ministère Mac Nab-Morin. Ils se trouvèrent bientôt aux prises avec la nécessité d'apaiser la surexcitation causée par les passions nationales dans les deux sections du pays. Pour y parvenir ils se lancèrent à toute vapeur dans la voie des grandes entreprises d'utilité publique. « *My policy is railway,* » — ma politique est une politique de chemin de fer, — avait dit un jour sir Allan Mac Nab; lorsqu'il se retira de la vie publique, son successeur, M. John A. Macdonald, prit cette parole à son propre compte. Le commerce, les revenus publics, toutes les branches de la richesse nationale prirent un développement extraordinaire qui a fait dire souvent et avec raison

que, du moins sous le rapport purement matériel, l'Union
avait ouvert pour les deux Canadas une ère remarquable de prospérité [1]. En même temps, se formait entre
M. John A. Macdonald et un homme d'Etat canadine
français, M. George E. Cartier, devenu rapidement le chef
des conservateurs de sa province, une alliance intime
comparable à celle qui avait existé de 1840 à 1851 entre
MM. Baldwin et Lafontaine. Cette union leur assura pour
longtemps une majorité compacte dans le Parlement et
dans le pays, ainsi que la force nécessaire pour réaliser
une foule de mesures utiles. Mais bientôt la fatale question de la représentation vint paralyser leurs efforts.

Après la publication des résultats du recensement de
1861, qui donnait au Haut-Canada une population supérieure de 284 000 âmes à celle du Bas-Canada, il devint
impossible d'imposer silence aux prétentions de la province supérieure. M. John A. Macdonald qui avait courageusement maintenu le principe fédéral de l'Union et
l'égalité de représentation qui devait en être la conséquence, fut un moment renversé ; mais ses adversaires,
obligés de compter avec l'opposition presque unanime
de tous les Bas-Canadiens, aussi bien anglais que français, ne purent créer une administration viable. Une
certaine affinité d'idées réformatrices pouvait bien rapprocher les « rouges » des « clear-grits » dans une
opposition commune au gouvernement conservateur,
mais l'entente cessait dès qu'on touchait aux questions
d'influence nationale. Les embarras de la situation sem-

---

1. Le revenu des deux provinces s'élevait en 1840 à 1 250 000 dollars, il était en 1867 de 16 millions et demi (82 millions de francs).
La population à l'époque de l'Union était de 1 050 000 âmes, en
1867 elle s'élevait déjà à 2 650 000. En revanche, la dette, qui n'était
que de 6 millions de dollars, se montait déjà en 1867 à 62 millions ;
mais il est bon de noter qu'elle a été contractée en entier pour
l'exécution de grands travaux publics.

blaient vraiment inextricables : si l'on adoptait la solution
proposée par M. Brown et les siens, le Bas-Canada, plutôt
que de subir l'affront d'une suprématie détestée, se jette-
rait à bref délai dans les bras de l'Union américaine ; par
le maintien du *statu quo*, on désaffectionnait la province
supérieure, et de ce côté on aboutissait également à
l'annexion. Heureusement, si l'écheveau était embrouillé,
les habiles personnages alors au ministère n'étaient point
de ceux qui restent à court d'expédients dans les circonstances difficiles. Après plusieurs années de tâtonnements
et de négociations, ils parvinrent à tourner la difficulté
par un coup de maître, en proposant l'Union fédérale de
toutes les colonies anglaises de l'Amérique du Nord.

En organisant la nouvelle fédération, on rompait pacifiquement et presque sans froisser aucun intérêt le lien
qui faisait aux deux provinces unies un sort assez comparable à celui de frères Siamois doués de l'incompatibilité
d'humeur d'Étéocle et Polynice. Mais en même temps,
loin d'anéantir les éléments de force nationale créés sous
l'Union, on groupait en un faisceau toutes les possessions
anglaises éparses sur une immense étendue de territoire
et demeurées jusqu'alors sans aucune cohésion. En jetant
les premiers fondements d'un puissant empire, on ouvrait
à des hommes politiques habitués à un théâtre trop restreint, des perspectives capables de flatter leurs plus
vastes ambitions et de leur faire oublier leurs mesquins
sujets de querelles. En un mot, n'ayant pu faire vivre
harmonieusement ensemble les éléments disparates de
l'ancien Canada, on les séparait à l'amiable pour les
réunir aussitôt comme parties intégrantes d'un ensemble
plus grandiose, mieux agencé, dans lequel les attributions
du pouvoir fédéral et des gouvernements locaux devaient
être définies de façon à prévenir le retour de conflits tels
que ceux dont on venait de faire la fâcheuse expérience.

A son apparition sur l'horizon politique, le projet de
confédération suscita presque autant de craintes et d'espérances contradictoires que la fameuse Union de 1840.
Si les conservateurs, Anglais et Français, le' vantèrent
comme une panacée merveilleuse, si les clear-grits abdi-
quèrent un moment, pour le voter, leur rôle d'opposants
irréconciliables, il fut repoussé unanimement par les
libéraux bas-canadiens qui se refusèrent à y voir autre
chose qu'un nouveau piège tendu à leur existence nationale. Aujourd'hui qu'une expérience de plusieurs années
permet de porter un jugement impartial sur ses principaux
résultats, on est tenté de lui appliquer les paroles du poète:

> Il n'avait mérité
> Ni cet excès d'honneur ni cette indignité.

Préparée à la conférence de Québec en 1864, par les
délégués du Canada et des provinces maritimes, sous la
présidence de sir Étienne Taché, alors premier ministre,
approuvée l'année suivante par les chambres canadiennes
sur la proposition d'un ministère de conciliation dont faisaient partie MM. Taché, Cartier, John A. Macdonald et
George Brown, la Constitution fédérale fut votée en 1867
par le Parlement anglais sous le nom d' « Acte de l'Amérique Britannique du Nord ». On réserva l'appellation de
Canada à la Confédération tout entière ; les deux sections
de l'ancienne province-unie changèrent leurs noms en
ceux de Québec pour le Bas-Canada et d'Ontario pour le
Haut. Avec le Nouveau-Brunswick et la Nouvelle-Écosse,
elles formèrent quatre provinces autonomes ayant chacune son ministère et son Parlement particuliers, avec des
attributions législatives fort étendues, le contrôle des
terres publiques et des lois d'éducation. L'immigration
releva concurremment des gouvernements provinciaux et
du gouvernement fédéral. A celui-ci appartinrent les

douanes, la législation commerciale, les affaires indiennes, les postes, la marine et les pêcheries, les canaux, etc., et en général tous les travaux publics d'intérêt commun. Le gouverneur général est aujourd'hui,
avec le commandant en chef des milices, le seul fonctionnaire désigné directement par la métropole ; il nomme
pour une période déterminée les lieutenants-gouverneurs
des provinces, et chacun de ces fonctionnaires exerce
son autorité par l'entremise d'un ministère pris dans la
majorité de la législature provinciale, tout comme les
ministres fédéraux dans celle du Parlement central. En
somme, la Constitution canadienne, tout en empruntant
aux États-Unis quelques traits de leur organisation fédérative, est restée fidèle, dans ses principales dispositions, aux principes du « gouvernement responsable » tel
qu'il est pratiqué en Angleterre et en France. Le gouverneur général et les lieutenants-gouverneurs peuvent,
dans certaines circonstances, dissoudre les chambres
électives ; mais, les élections une fois faites, ils doivent
gouverner par l'intermédiaire d'un ministère pris dans
la majorité du Parlement. Tandis que le président des
États-Unis, privé, il est vrai, du droit de dissolution,
gouverne dans l'intérêt et avec le concours des hommes
du parti qui l'a porté au pouvoir, alors même que les
deux Chambres du Congrès seraient devenues contraires
à sa politique, les gouverneurs canadiens, couverts par
la fiction de l'irresponsabilité du pouvoir exécutif, jouent
le rôle de souverains constitutionnels, arbitres sinon
indifférents, du moins tenus à l'impartialité, dans les
luttes des partis rivaux. Une autre différence, regardée
comme fondamentale par beaucoup de théoriciens politiques de l'Amérique du Nord, c'est qu'aux États-Unis,
le gouvernement fédéral est essentiellement une délégation d'États jadis souverains, et n'a d'autres fonctions ou

prérogatives que celles dont ces États se sont dessaisis en sa faveur par l'adoption de l'acte constitutionnel. Au Canada, au contraire, les libertés et franchises des provinces résultent de l'acte même de confédération ; et toute attribution qui n'est pas expressément conférée par cet acte aux gouvernements ou parlements locaux, appartient de droit au gouvernement fédéral.

L'article 133 consacre l'égalité des deux langues nationales. Facultatif dans les débats parlementaires des Chambres fédérales et de la législature de Québec, l'usage du français et de l'anglais est rendu obligatoire dans la rédaction des archives, procès-verbaux et journaux respectifs de ces Chambres. L'un ou l'autre idiome peut être également employé au choix des parties dans toutes plaidoiries ou pièces de procédure produites devant les cours fédérales et les tribunaux de la province de Québec. Les actes du Parlement du Canada et de la législature de Québec doivent être imprimés et publiés dans les deux langues. D'autres articles spéciaux assurent le maintien des lois civiles et du corps judiciaire particuliers à la province de Québec.

Le nouvel État, car c'était bien les bases d'un État souverain que venait d'instituer l'acte de 1867, reçut en anglais le nom de « Dominion of Canada », rendu plus ou moins exactement dans le français officiel de là-bas par l'expression « Puissance du Canada ». Cette traduction dont la paternité revient, dit-on, à l'un des ministres d'alors, M. Cartier, n'a pas été du goût de tout le monde, Un haut fonctionnaire, le docteur Taché[1], qui se pique à bon droit de purisme littéraire, la trouvait exé-

---

1. M. le docteur Taché, adjoint au ministre de l'agriculture, dont j'ai déjà eu incidemment l'occasion de parler dans un précédent chapitre, est le neveu de sir Étienne Taché, ancien premier ministre, et le frère de Mgr Taché, archevêque de la Rivière-Rouge.

crable, et en 1873 il ne pouvait encore se résigner à en faire usage. Lorsqu'à mon retour de Manitoba je lui présentai un rapport où le malencontreux vocable s'était à plusieurs reprises rencontré sous ma plume, il me pressa énergiquement de l'effacer partout, pour y substituer des équivalents moins officiels, mais qui du moins, disait-il, ne blesseraient ni la langue française ni le sens commun.

En 1869, l'acquisition du privilège de la Compagnie de la baie d'Hudson, annexe au « Dominion », en même temps que les immenses territoires du Nord-Ouest et de Rupert, le petit district d'Assiniboia, qui devait bientôt devenir un brandon de discordes nationales. En 1871, l'accession de la Colombie britannique recule jusqu'à l'océan Pacifique les frontières canadiennes; mais dans les conditions mises par la nouvelle province à son entrée dans l'Union se glisse la clause fatale qui portait en germe la chute de l'heureux ministère dont toutes les entreprises avaient été, depuis 1867, une suite non interrompue de succès. Le gouvernement fédéral s'engageait à construire en dix ans un chemin de fer transcontinental du Saint-Laurent au Pacifique; nous avons vu déjà comment de cette clause naquit le fameux « scandale ».

En 1873, l'île du Prince-Édouard adhéra à son tour à la confédération canadienne, qui comprit dès lors tout le territoire possédé par l'Angleterre au nord du continent américain, à l'exception de la seule île de Terre-Neuve dont la législature s'est jusqu'à présent refusée à toute entente.

Deux mois avant mon passage, le ministère avait fait une grande perte par la mort de sir George Cartier (créé baronnet après la confédération ainsi que son collègue M. John A. Macdonald). Le chef des conservateurs bas-canadiens avait succombé, pendant un voyage en Angleterre, aux atteintes d'une maladie dont il souffrait depuis longtemps. Ancien insurgé de 1837, devenu baronnet anglais, cet homme d'État a été fort diversement jugé dans son propre pays. Regardé par quelques-uns comme une sorte de sauveur de la nationalité canadienne-française, il était accusé par d'autres de n'être que l'aveugle instrument des desseins de la métropole. On lui a reproché des allures rudes et despotiques, une sorte d'aversion pour toute supériorité naissante, qui n'aurait pas peu contribué à abaisser le niveau du parti politique qu'il dirigeait. Quoi qu'il en soit, une prodigieuse capacité de travail, une volonté énergique et l'appui constant de la grande majorité du clergé, lui avaient assuré une influence énorme dont l'héritage devenait une lourde charge pour ses successeurs éventuels. On sentait qu'ils auraient grand'peine à maintenir la discipline dans les rangs de la majorité, autrefois si soumise aux moindres volontés de sir George. De plus, la Confédération ayant écarté — au moins momentanément — les questions irritantes qui empêchaient toute entente durable entre les libéraux des deux nationalités, l'attaque s'annonçait comme devant être faite avec une vigueur et un ensemble redoutables. Tout le poids de l'affaire du Pacifique tombait à l'improviste sur sir John A. Macdonald, resté seul chef du parti gouvernemental. Il était bien naturel que cet habile ministre désirât gagner du temps pour préparer sa défense et rallier ses partisans. Aussi faisait-il déclarer dans les journaux à sa dévotion que la convocation des Chambres, le 13 août, ne serait que de pure forme, et que la session ordinaire ne commencerait qu'en novembre, tandis que l'opposition comptait bien de son côté mettre tout en œuvre pour le renverser sur-le-champ.

IX

Le 13 août 1873, il y avait donc foule aux abords du palais du Parlement. Pour moi, longtemps avant l'heure fixée pour l'ouverture de la séance, muni du talisman de rigueur, une carte d'entrée, fort élégante, ma foi, avec ses lettres vertes imprimées sur une couverture glacée, j'errais çà et là dans le vaste édifice, en compagnie de M. de Saint-Aubin, qui m'en faisait les honneurs avec sa complaisance accoutumée.

Dominant fièrement du haut de la colline que les Anglais appellent prosaïquement Barrack-Hill (coteau de la Caserne) les deux rives de l'Outaouais et la chute de la Chaudière, encadrant du côté de la ville une place grandiose, le palais du Parlement et ses deux annexes latérales qui renferment les départements ministériels ont réellement fort grand air. En loyal Anglais, l'architecte s'est largement inspiré des réminiscences de Westminster; malheureusement, lui aussi, il a sacrifié au goût dépravé

de ses compatriotes pour le genre rocaille, la maçonnerie
« rustiquée » et les moellons polychromes. Les lignes
capricieusement brisées que dessinent les joints de ces
moellons, découpés en polygones d'une irrégularité voulue, donnent à la façade un faux air de mosaïque ébauchée. Ce n'est ni imposant, ni artistique, ni même agréable
à l'œil. Enfin, les percées étroites que comporte le style
semi-monastique du monument ne se prêtent guère aux
exigences des aménagements intérieurs. Bureaux, salles
de séances et couloirs devraient être inondés de lumière,
tandis qu'en général ils sont plus que parcimonieusement
éclairés. Comme à tous ces défauts le palais joint celui,
toujours fort sensible aux assemblées parlementaires,
d'avoir grevé le budget dans des proportions infiniment
supérieures à ce que faisaient prévoir les premiers devis,
on peut croire que les critiques ne lui ont pas été épargnées. Il y a notamment une grande tour centrale qui
domine tout l'ensemble et dont il fut beaucoup parlé sur
les bords du Saint-Laurent, moins pour son mérite intrinsèque que pour les contrats passés à son occasion. Elle a
valu une foule de déboires à un homme d'État de la province de Québec, véhémentement accusé par ses ennemis
d'avoir entretenu des relations trop amicales avec les entrepreneurs. Aussi cet infortuné, ayant exécuté vers le
commencement de 1873 une évolution politique fort
accentuée, eut-il la douleur de voir, dans un journal
illustré de Montréal, sa silhouette malicieusement associée par le Bertall de l'endroit à un projet de girouette
pour la tour en question.

Après avoir visité les salles des séances du Sénat et de
la Chambre des communes, parcouru les grands corridors
ornés des portraits de tous les hommes politiques qui de
1791 à 1873 ont présidé les assemblées canadiennes, nous
allâmes donner un rapide coup d'œil à la bibliothèque,

alors provisoirement installée dans plusieurs salles du palais, en attendant l'achèvement de la vaste rotonde qu'elle occupe aujourd'hui en arrière de la tour centrale. Cette rotonde a été entièrement construite en matériaux incombustibles, sage précaution dans un pays où peu d'édifices vivent un âge d'homme sans éprouver les atteintes du feu, et où les bibliothèques parlementaires en particulier semblent frappées d'une malechance toute spéciale [1].

En prenant place, à l'ouverture de la séance, dans les galeries de la Chambre des communes, je crus un moment, vu l'animation des députés, qu'il allait vraiment se produire quelque incident corsé. Selon toute probabilité, j'allais apprendre comment on s'y prend de l'autre côté de l'Atlantique pour renverser un ministère. Mon attente, que semblaient du reste partager tous mes voisins, fut complètement déçue. Au moment où un orateur appartenant à l'opposition commençait un discours, trois coups sont frappés à la porte, et l'huissier de la verge noire, costumé selon les traditions du Parlement d'Angleterre, annonce, en s'inclinant par trois fois, que Son Excellence le gouverneur général prie MM. les membres de la Chambre des communes de se rendre au Sénat. Après avoir fait cette annonce dans les deux langues officielles, et refait trois nouvelles révérences, l'huissier se retire au milieu d'un tapage infernal. On venait d'apprendre dans les couloirs que le gouverneur, sur l'avis de ses ministres

1. La bibliothèque du Parlement ayant été consumée à Montréal dans l'incendie allumé par les émeutiers en 1849, on en avait bientôt formé une nouvelle, mais en 1854 le palais législatif de Québec brûla à son tour — cette fois par accident — et les livres eurent en grande partie le sort de leurs devanciers. Le gouvernement ayant loué un couvent pour servir temporairement à l'usage des Chambres, cet édifice fut encore la proie des flammes avant même d'être occupé.

et conformément à certaines règles parlementaires qu'il serait trop long d'expliquer, ajournait jusqu'au mois de novembre l'ouverture de la session, et se contentait de nommer une commission royale de trois juges chargée de procéder, dans l'intervalle, à un examen des accusations de corruption portées contre le ministère. Des cris de *privilège! privilège!* se font entendre sur les bancs de l'opposition qui censure avec violence la décision du gouverneur. Je passe, non sans peine, dans la salle du Sénat où lord Dufferin en grande tenue de cérémonie, entouré d'un brillant état-major d'officiers, Canadiens pour la plupart, mais revêtus de l'éclatant uniforme de l'armée anglaise, donne lecture d'un discours qu'il prononce d'abord en anglais, et répète ensuite en français avec un accent irréprochable. Il annonçait la prorogation du Parlement et la nomination de la commission royale. Le rideau était tombé sur le premier acte de la comédie du Pacifique, et le ministère conservateur avait trois mois devant lui pour se préparer à bien jouer son rôle jusqu'à la fin de la pièce.

Issu d'une grande famille irlandaise, pair d'Irlande et du Royaume-Uni, sir Frédérick Temple, comte de Dufferin, est certainement l'un des gouverneurs généraux qui ont le mieux su se rendre populaires parmi les Canadiens français. Un de leurs écrivains, qui ne passe point pour professer d'ordinaire une tendresse exagérée à l'égard de la métropole et de ses hauts fonctionnaires, disait de lui dès 1872 : « Lord Dufferin est le plus galant, le plus aimable, le plus intelligent des gouverneurs que l'Angleterre nous ait donnés depuis lord Elgin et de longtemps avant lui. C'est aux Canadiens français surtout qu'il donne ses prédilections, parce qu'étant un esprit cultivé, littéraire, amant des arts, il se porte de préférence vers la race qui a le plus le culte de l'idéal. »

Cette appréciation est vraie de tous points, et, bien que la popularité de lord Dufferin ait paru subir une courte éclipse pendant les malheureuses discussions soulevées à propos des affaires du Nord-Ouest, les Canadiens français auront peine à trouver parmi ses successeurs un homme d'État qui leur soit plus sincèrement sympathique.

Le gouverneur général du Canada paraissait avoir alors une quarantaine d'années tout au plus : sportsman accompli, voyageur intrépide, il a consacré un petit volume plein d'humour aux périlleuses croisières qu'il a accomplies dans les parages de l'Islande. Il n'a rien de cette morgue hautaine, de cette affectation de raideur, si souvent reprochées aux hommes publics de son pays. La plus franche cordialité règne dans les fêtes qui marquent son passage dans chaque ville de sa vice-royauté, et si l'expression ne paraissait un peu vulgaire à propos d'un si haut personnage, on pourrait jurer qu'il est le « boute-en-train », — disons mieux, — l'âme de la plupart des « sporting clubs » existant au Canada.

Ajoutons que lord Dufferin est un gouverneur constitutionnel dans le sens le plus absolu du mot. Jamais la colonie n'a joui, plus que sous son gouvernement, de la plénitude des franchises parlementaires qui lui donnent, avec les avantages de la protection d'une grande puissance, quelques-unes des plus précieuses prérogatives d'un État indépendant. A nos pauvres colonies françaises, si négligées, si calomniées, si capricieusement administrées, combien de fois n'ai-je pas souhaité une constitution comme celle du Canada et des gouverneurs comme lord Dufferin.

La comtesse de Dufferin, Harriett Hamilton de Killyleagh, a su, à l'égal de son mari, se rendre populaire parmi toutes les classes de la population canadienne. Tous deux auront grandement contribué à rapprocher socialement l'élite des deux races qui se partagent le pays. Lord Elgin, pendant toute la durée de son gouvernement, semble avoir poursuivi la réalisation d'un semblable rapprochement; mais, vers 1850, les antipathies et les préjugés étaient encore trop vivaces pour céder au bon vouloir d'un seul homme, quelque haut placé qu'il pût être. S'il parvint au même degré que lord Dufferin à se concilier l'affection de l'élément français, ce fut au prix des sympathies de ses propres compatriotes et coreligionnaires. Plus heureux que lui, lord Dufferin, arrivé au « moment psychologique », put inaugurer, du consentement général de l'opinion, une ère nouvelle, à dater de laquelle la coexistence sur le sol de la même patrie de deux nationalités distinctes, conservant chacune son individualité et ses traditions, sera désormais admise sans arrière-pensée, non plus comme un mal inévitable, mais comme une circonstance heureuse. Telle est l'idée que lord Dufferin s'est efforcé sans relâche de faire prévaloir dans les esprits, aussi bien en Angleterre qu'au Canada, et la façon dont on a accueilli dans les deux pays ses déclarations réitérées à ce sujet permet de croire qu'il y a en grande partie réussi [1].

1. Arrivé cette année (1878) au terme de ses fonctions, dans lesquelles il a été remplacé par le gendre de la reine Victoria, le marquis de Lorne, lord Dufferin, dans les nombreux discours qu'il a prononcés en réponse aux témoignages de sympathie qui lui ont été prodigués dans toutes les villes du Canada, est revenu souvent sur cette idée favorite de l'avantage de la coexistence au Canada des langues et du génie de deux grands peuples. Je ne saurais mieux faire que de citer textuellement quelques extraits de l'un de ces discours :

« Je ne pense pas, disait-il, que l'homogénéité ethnologique soit un avantage sans mélange pour un pays. Il est certain que le trait caractéristique le moins attrayant d'une grande partie de ce continent c'est la monotonie de plusieurs de ses aspects extérieurs, et je considère qu'il est heureux pour le Canada que sa prospérité soit basée sur la coopération de races différentes. L'action de la dispa-

Lord Dufferin. (Page 164.)

Tandis que le gouverneur sortait par le grand portail
du Parlement, à l'entrée duquel les gardes du corps, en
habits rouges et bonnets à poil, avaient formé la haie,
les spectateurs, privés des émotions parlementaires sur
lesquelles ils avaient compté, se retiraient également par
les couloirs, les uns triomphants, les autres moroses, suivant qu'ils honoraient de leurs sympathies personnelles
l'un ou l'autre des deux partis politiques en présence. Au
détour d'un corridor je rencontrai le premier ministre.
Cet homme d'État, à qui les fanatiques de la tempérance
reprochent amèrement une aimable prédilection pour
quelques-uns de nos grands crus de France dont il use-
rait, trop généreusement suivant eux, aussi bien pour
fêter un succès que pour se consoler d'un échec, paraissait tout radieux de contentement intime. Il y avait de
quoi, après le bon tour qu'il venait de jouer — très con-
stitutionnellement du reste — à ses adversaires. Quelques-
uns de ces derniers, représentants des provinces les plus
éloignées, avaient fait en toute hâte plusieurs centaines
de lieues dans l'espoir de le renverser, et maintenant ils

rité des goûts et des tendances nationales introduit dans notre existence une fraîcheur, une variété, un coloris, une impulsion qui
feraient défaut s'il en était autrement ; et *ce serait une grande
maladresse de nos hommes d'État que de vouloir faire disparaître
cette variété de tendances.*

» Mon aspiration la plus chaleureuse pour cette province a toujours été de voir les habitants français remplir pour le Canada les
fonctions que la France elle-même a si admirablement remplies pour
l'Europe. Effacez de l'histoire de l'Europe les grandes actions accomplies par la France, retranchez de la civilisation européenne
ce que la France y a fourni, et vous verrez quel vide immense en
résulterait. »

La meilleure preuve que ces paroles n'ont pas été dites en vain
et que le noble lord a fait école, c'est que le marquis de Lorne,
avant même de s'embarquer à Liverpool, a cru devoir faire allusion
dans les termes les plus flatteurs au rang que tient à bon droit
l'élément français dans le gouvernement de l'Amérique britannique
du Nord.

s'en retournaient tout marris d'avoir ainsi trouvé portes closes. La journée de la « session d'une heure », commé on l'appela dans la presse canadienne, pouvait passer à bon droit pour une réédition de la Journée des Dupes.

Les grandes affaires terminées, on retrouvait le loisir de s'occuper des petites. Présenté par M. le docteur Taché, assistant du ministère de l'agriculture, à l'honorable M. Pope, chef de ce département, ainsi qu'au ministre des travaux publics, l'honorable M. H. L. Langevin, qui me reçurent tous deux avéc la plus grande bienveillance, je sortis du palais ministériel investi d'une mission qui devait me permettre d'apprécier en connaissance de cause les avantages que pouvait offrir la nouvelle province de Manitoba à l'émigration de mes compatriotes d'Alsace-Lorraine. M. R... devait m'accompagner ; mais, je dois le dire à sa honte, le soir même il se décida brusquement à regagner Montréal. On lui avait fait une description peu séduisante des moyens de locomotion et de subsistance dans les régions situées au delà du lac Supérieur. Les vingt et quelques années qu'il comptait de plus que moi servaient de circonstances atténuantes, et lui permettaient de reculer sans trop de déshonneur devant la perspective d'un voyage de plus de cent cinquante lieues en canot. Je restai donc seul pour accomplir l'entreprise conçue en collaboration à bord du *Moravian*, et seul je partis d'Ottawa le 15 août 1873.

Toutefois, la nuit qui précéda mon départ, je fus encore gratifié d'un spectacle nocturne d'une couleur locale incontestable. Je veux parler d'un incendie qui consuma entièrement une grande maison, distante seulement de deux ou trois « blocs » de notre hôtel. Dans ce diable de pays, il y a toujours quelque chose qui brûle, maisons ou forêts. On se fait difficilement une idée de la rapidité avec laquelle flambent ces énormes constructions qui semblent extérieurement de briques et de pierre comme les nôtres, mais où la maçonnerie ne constitue la plupart du temps qu'un simple revêtement appliqué sur des murs de bois. En thèse générale, on peut affirmer que le bois, le bois résineux surtout, entre en proportion deux ou trois fois plus considérable dans la construction d'une maison américaine que dans celle d'un édifice parisien de même grandeur. Heureusement nous étions encore dans la saison des nuits chaudes, et les pauvres femmes qui s'enfuyaient avec un châle pour tout vêtement, n'avaient point à traverser pieds nus des rues couvertes d'une neige épaisse, comme je le vis une fois à mon retour de la Rivière Rouge. Ottawa, située sur une hauteur et dont la promotion à la dignité de capitale remonte à une date récente, était loin alors (je suppose que tout s'est amélioré depuis) d'égaler Montréal pour le système de distribution des eaux et l'organisation du service des pompes. Si quelque chose m'étonne d'ailleurs c'est que l'accumulation prodigieuse des matériaux combustibles qui s'entassent dans la basse ville, ne détermine pas plus souvent de terribles conflagrations. En 1870, lors du grand incendie des forêts voisines, la nouvelle capitale faillit subir le sort de Troie et de Carthage ; le sol, de nature tourbeuse, se faisait lui-même le propagateur de l'élément destructeur. En désespoir de cause on fit une brèche dans la digue latérale du canal Rideau, un torrent d'eau se précipita dans les campagnes environnantes, et Ottawa fut sauvée des flammes par un procédé analogue à celui qui protégea jadis la Hollande contre les armées de Louis XIV.

Un chemin de fer à voie étroite, dont les locomotives et les voitures semblent des miniatures de celles des autres lignes, conduit d'Ottawa à Prescott sur le Saint-Laurent, à travers un pays plat, à demi défriché, couvert d'enclos en troncs frustes, et de squelettes d'arbres à

demi brûlés. A Prescott, vis-à-vis de la ville américaine d'Ogdensburg, nous rejoignons la ligne principale
du Grand-Tronc, la grande voie ferrée du Canada, qu'elle
traverse de Détroit dans le Michigan, jusqu'à Portland
dans l'État du Maine. Rien ne semblait devoir accidenter
mon voyage jusqu'à Toronto, et je jouissais à mon aise
du confort des « chars » américains, bien différents, on
le sait, de ces sortes de prisons cellulaires que nous dé-
corons du nom de voitures de première classe, lorsqu'au
milieu de la nuit un craquement de fâcheux augure vint
me réveiller de la façon la plus désagréable. Un coup
d'œil jeté par la portière nous mit bientôt au fait de la
situation. Le *Pullmann Car*, ou wagon dortoir, qui nous
suivait immédiatement et qui était la dernière voiture du
train, venait de dérailler; et sa résistance à la traction
avait fait rompre les chaînes d'attache, juste en avant de
notre compartiment. Le reste du convoi continuant sa
marche, nous restâmes ainsi en plein champ à plusieurs
kilomètres de la station la plus voisine. La prudence est,
dit-on, la mère de la sûreté; aussi, ignorants de ce qui
pouvait survenir par devant ou par derrière, sautâmes-
nous incontinent hors de la voie, soupirant après l'envoi
d'une locomotive de secours, qui se fit bien attendre une
couple d'heures, et nous remorqua sans autre mésaven-
ture jusqu'à Toronto.

Je passai deux jours à Toronto, dont un dimanche, que
j'aurais certainement marqué d'une pierre noire, commémorative de mon mortel ennui, n'eût été le spectacle
d'une démonstration orangiste qui vint remplir un peu
le vide de la matinée. Quelques jours auparavant une
démonstration semblable avait été l'occasion d'une ba-
garre entre Irlandais catholiques et protestants. Bâtons,
cailloux et coups de poings avaient fait merveille en
l'honneur de leurs défuntes majestés Jacques II et Guil-

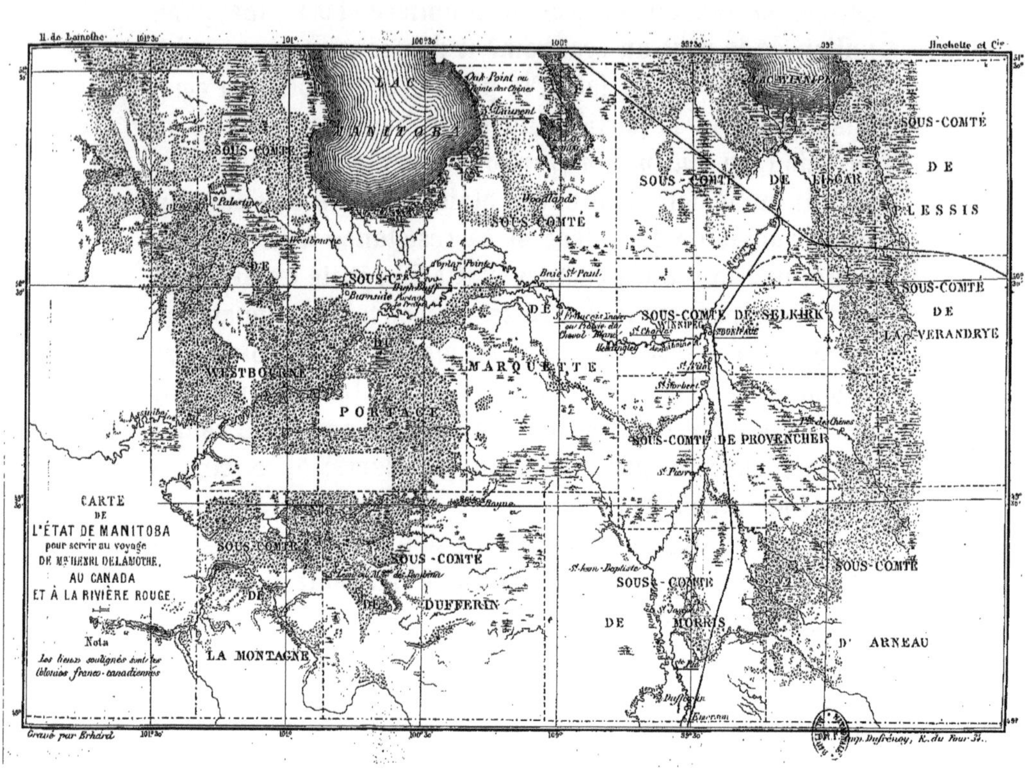

H. de Lamothe
Hachette et Cie
CARTE
DE
L'ÉTAT DE MANITOBA
pour servir au voyage
DE Mr HENRI DELAMOTHE,
AU CANADA
ET À LA RIVIÈRE ROUGE.
Nota
Les lieux soulignés sont les colonies franco-canadiennes
LAC MANITOBA
LAC WINNIPEG
Oak Point ou Pointe des Chênes
Clarkson
Woodlands
Brie St. Paul
Palestine
Westbourne
Poplar Point
High Bluff
Burnside Portage la Prairie
Assiniboine
WESTBOURNE
PORTAGE
MARQUETTE
SOUS-COMTÉ
SOUS-COMTÉ DE LISGAR
SOUS-COMTÉ DE PLESSIS
SOUS-COMTÉ DE LA VERANDRYE
SOUS-COMTÉ DE SELKIRK
St. François Xavier ou Prairie du Cheval Blanc
WINNIPEG
St. Charles
St. Boniface
St. Norbert
St. Vital
SOUS-COMTÉ DE PROVENCHER
Pte des Chênes
St. Pierre
St. Jean-Baptiste
SOUS-COMTÉ DE MORRIS
SOUS-COMTÉ D'ARNEAU
SOUS-COMTÉ
DE DUFFERIN
LA MONTAGNE
Dufferin
Emerson
Gravé par Erhard
Imp. Dufrénoy, R. du Four 57.

laume d'Orange, un sujet de querelle éminemment respectable par son antiquité. Les orangistes ou « Jeunes-Bretons » restés maîtres du terrain, — tout comme leur patron à la bataille de la Boyne,—étaient allés briser les vitres d'un établissement scolaire fréquenté par leurs adversaires. La conservation des souvenirs historiques est incontestablement une belle chose, surtout quand on l'entend de cette façon. L'exhibition processionnelle à laquelle j'assistai ne donna naissance par bonheur à aucune mêlée. Les loges de « Young Britons » purent promener par toute la ville, au son des fifres et du tambour, leurs bannières ornées de l'effigie équestre du vainqueur des Stuarts, et le défilé se termina paisiblement par un pique-nique monstre sur les pelouses du jardin public.

Toronto paraît être un des grands centres de l'organisation des loges orangistes en Amérique ; si jamais — ce qu'à Dieu ne plaise — l'intolérance vient à prendre racine dans le sol du Nouveau-Monde, ces singulières associations en auront fourni la graine. En 1860, lors du voyage du prince de Galles, elles voulurent donner aux réceptions organisées dans les villes du Haut-Canada un caractère exclusivement sectaire, et le prince, ayant refusé avec raison la permission d'exhiber sur son passage des emblèmes qui pouvaient blesser les convictions d'une notable partie des sujets canadiens de la Reine, se vit dans l'impossibilité de faire respecter sa volonté et dut en conséquence abréger considérablement son séjour dans la province.

Bâtie sur la rive nord du lac Ontario, à 600 kilomètres de Montréal, à 135 kilomètres des chutes du Niagara, sur l'emplacement de l'ancien fort Frontenac, et primitivement appelée York, Toronto est une ville britannique dans toute la force du terme. Les autres nationalités ne forment qu'une infime minorité parmi ses 56 000 habitants ; on y compte à peine six cents Canadiens français. Elle a, comme toutes les nouvelles cités d'Amérique, des rues larges et régulières se coupant à angle droit ; des hôtels babyloniens où malheureusement la cuisine n'est pas toujours à la hauteur des prétentions architecturales ; quelques beaux édifices entourés de pelouses et de grands arbres, tels que l'Université, l'École normale, le Mechanics Institute ; des églises aussi nombreuses qu'on peut l'espérer dans un pays où la nomenclature des confessions religieuses occupe quarante-six colonnes des tables du recensement ; un climat d'été un peu moins chaud que celui de Montréal (18°,5 centigrades contre 19°,6, moyenne des mois de juin, juillet et août dans cette dernière ville), et un hiver de quatre degrés moins froid (— 4°,8 à Toronto contre — 8°,7 à Montréal). Les moyennes du printemps et de l'automne sont à peu près les mêmes dans les deux villes : 5° et 4°,6 pour le printemps, 8°,3 et 7°,4 pour l'automne. Les moyennes annuelles sont respectivement 6°,6, et 5° centigrades.

Si je donne ces chiffres, c'est parce qu'ils contredisent péremptoirement une opinion assez répandue qui suppose une énorme différence de climat et, par suite, de cultures entre les deux provinces de l'ancien Canada. Cette différence est, on le voit, fort peu de chose ; il faut, sans contredit, se munir de bonnes fourrures et d'une provision raisonnable de combustible aussi bien pour affronter un hiver de — 4° qu'un autre de — 8°, tandis que d'autre part la période de végétation est à peu près de même durée et sa chaleur presque également intense dans toute la vallée des lacs inférieurs et du Saint-Laurent jusqu'au-dessous de Trois-Rivières, où commence à se faire sentir l'influence réfrigérante des brumes du golfe. Même l'été de Québec est de quelques dixièmes de degré plus chaud que celui de Toronto (ce qu'on doit attribuer à l'influence des trois grandes nappes lacustres qui avoisinent la capitale du Haut-Canada); mais la moindre température du printemps compense ce léger avantage. Quant aux gelées précoces ou tardives, elles sont dues généralement à de grandes perturbations atmosphériques qui s'étendent sans obstacle sur l'immense surface plane ou faiblement mamelonnée du bassin Laurentien, et sévissent aussi bien à Détroit par 42 degrés de latitude qu'à Québec par 47 degrés. Enfin, en dehors des grandes plaines basses de la péninsule formée par les lacs Huron, Érié et Ontario, le reste du Haut-Canada, — c'est-à-dire tout le territoire arrosé par les tributaires du haut Outaouais, et de la rive orientale de la baie Géorgienne, ainsi que le grand district d'Algoma qui s'étend au nord des lacs Huron et Supérieur jusqu'à la « Hauteur des terres », — se compose, tout comme l'intérieur de la province voisine, de terrains tourmentés, de formation primitive et d'une altitude relativement assez considérable (1000 à 1200 pieds dans la portion centrale du district de Muskoka); le thermomètre y descend parfois en hiver à — 40 degrés centigrades. C'est cependant à cette région si âpre qu'appartiennent les districts des *free grant lands* ou « terres d'octroi gratuit » qui s'étendent de Parry Sound sur la baie Géorgienne à Pembroke sur l'Outaouais; et leur situation n'empêche nullement la nombreuse immigration d'Irlandais, d'Anglais, d'Écossais, voire de Canadiens français, qui s'y déverse chaque année, de reculer incessamment les limites des cultures, transformant peu à peu par la hache et la charrue des solitudes que l'on croyait vouées à une éternelle stérilité.

La province de Québec renferme dans la vallée du lac Saint-Jean, sur quelques affluents du Saint-Maurice et de l'Outaouais, sur le versant méridional de la presqu'île de Gaspé, de vastes étendues de terres aussi avantageusement situées, — sinon plus. Mais, comme je l'ai déjà fait remarquer, nos compatriotes d'outre-Atlantique ont encore beaucoup à apprendre de leurs voisins au point de vue de l'esprit d'entreprise et de ce qu'on pourrait appeler « le lancement des affaires ». Dans les pays neufs, qui ont besoin de bras, l'immigration ne dépend pas d'autre chose. Si depuis l'établissement de la Confédération les autorités de Québec avaient dépensé en chemins de fer, en routes ordinaires d'accès aux districts nouvellement arpentés, en propagande et en explorations, les sommes énormes qu'Ontario a consacrées dans le même espace de temps à ces préliminaires indispensables de toute colonisation sérieuse, leur province, presque deux fois plus grande que sa rivale, eût bientôt dépassé celle-ci en population, en richesse et par conséquent en influence politique. Heureusement. il n'est pas encore trop tard pour songer à regagner le temps perdu, et il y a quelque motif d'espérer que le mouvement de rentrée en masse des Canadiens français émigrés aux Etats-Unis, — mouvement commencé en 1874 à la suite de la crise industrielle et financière qui sévissait alors dans l'Union, — décidera enfin le gouvernement provincial de Québec à rompre une bonne fois avec ses traditions routinières, son manque d'initiative, ses jalousies de clocher et les délais sans fin qu'on l'accuse souvent d'apporter à l'exécution de ses programmes les plus séduisants. Il y a des mauvaises langues qui attribuent toutes les petites misères, les « drawbacks » de la province française, à un vieux résidu d'esprit bureaucratique que les intendants et les autres fonctionnaires de S. M. Louis XV auraient oublié d'emporter dans leurs bagages à la paix de 1763. Laissons aux ministres provinciaux le soin de démentir par des actes une supposition si peu flatteuse pour leur amour-propre national..... et par ricochet póur le nôtre.

Je songeai un moment à différer de deux ou trois jours mon départ pour le Nord-Ouest afin de pouvoir visiter le Niagara. L'idée était d'autant plus tentante qu'on était dans le plus beau de la saison, et qu'un petit steamer faisait alors un service quotidien entre Toronto et la chute. La crainte de manquer le courrier des lacs à Collingwood, et de perdre ainsi une semaine entière, me décida à remettre à une autre occasion cette excursion classique dont nul voyageur en Amérique, pour peu qu'il soit soucieux des bonnes traditions, ne saurait honnêtement se dispenser. Ce n'est que quatre mois plus tard que je pus contempler la grandiose cataracte, bien dépouillée, hélas! de sa couronne de forêts vierges qui n'existe plus guère que dans les descriptions poétiques de ses premiers admirateurs. Pour cette fois j'y renonçai ; et, le lendemain d'une charmante soirée passée en compagnie de quelques jeunes gens, anciens passagers du *Moravian*, que je fus heureux de retrouver à Toronto, il fallut me remettre en route.

De Toronto à Collingwood il y a environ cent cinquante kilomètres de chemin de fer ; les maisons de bois des villages de fondation ancienne ou récente se montrent çà et là au milieu des éclaircies de la forêt, avec leur éternel cortège de clôtures en planches et de défrichements ébauchés. A mi-chemin on côtoie pendant quelque temps la jolie nappe d'eau brune du lac Simcoe dont la surface est d'environ cinq cents pieds plus élevée que celle du lac Ontario. Les maisons blanches de la petite ville de Barrie se détachent gaiement sur le vert sombre des collines, ou, pour parler plus exactement, des ondulations riveraines. Abandonnant le lac, nous descendons rapidement vers la baie Géorgienne : les clairières cultivées deviennent plus rares ; en revanche les traces d'incendies sont visibles à chaque pas au milieu

des forêts. Enfin le train s'arrête une dernière fois. Le
long de larges rues, vierges de pavés et flanquées de loin
en loin d'un tronçon de trottoir en madriers, s'éparpillent
un demi-millier de modestes habitations en bois, entourées de vastes terrains vagues qui n'attendent pour se
transformer en « blocs » de somptueux édifices qu'un de
ces coups de baguette féeriques dont la spéculation du
Nouveau-Monde possède le secret. Çà et là un charmant
jardin entoure un frais cottage, oasis en miniature au
milieu de cette ville à peine dégrossie. Dans l'avenue
principale, les étalages luxueux de quelques magasins
« à l'instar de Toronto » font le plus étrange contraste
avec l'indigence des baraques voisines. Sur le port, de
hauts « élévateurs » font passer, presque sans intervention
visible de la main-d'œuvre humaine, des chargements
entiers de grains d'un chaland dans des wagons et réciproquement ; tandis que d'énormes radeaux de bois
flotté venus du Nord donnent un aliment sans cesse
renouvelé à de puissantes scieries à vapeur. De longs
appontements en bois s'avancent dans la baie qui s'étend
à perte de vue vers le nord et que limite à l'est une
lisière de terrains bas et boisés. Au couchant s'élève une
chaîne de douze à quinze cents pieds de haut, encore
couverte de grands arbres, mais où de larges taches
noires signalent le passage récent de l'élément destructeur. Encore quelques années, et ces montagnes qui,
malgré leur faible hauteur, renferment, dit-on, le point
culminant de toute la province d'Ontario, auront probablement cessé, de par la disparition de leurs forêts, de
mériter leur nom de « Blue Mountains ». Tel est, en
raccourci, l'aspect que présente au dedans comme au
dehors la cité naissante de Collingwood, cité vieille de
vingt hivers à peine et déjà fière de ses rapides progrès,
autant que du nom qu'elle porte en l'honneur de l'illustre

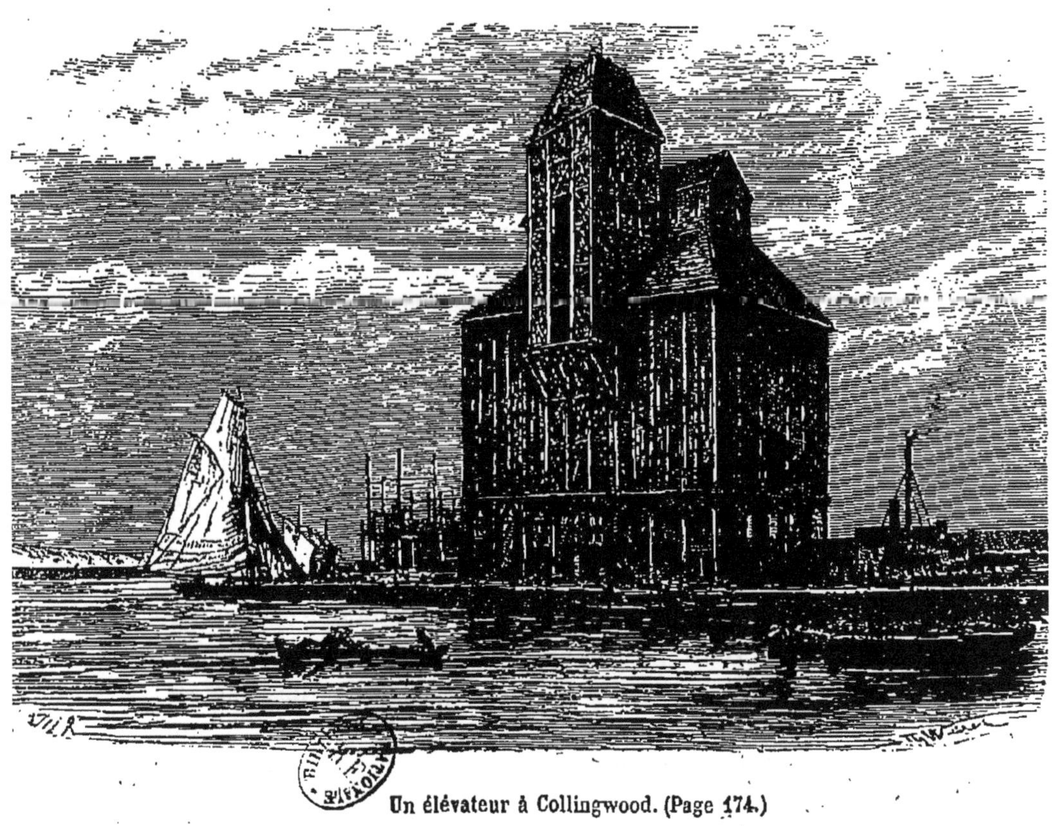

Un élévateur à Collingwood. (Page 174.)

amiral, émule et compagnon du vainqueur de Trafalgar.

A quelques lieues de là, au fond de la baie Matche-dash, les townships ou cantons de Tay et de Tiny renferment un groupe d'environ deux mille cinq cents Canadiens français dont l'établissement dans ces parages est, m'a-t-on dit, fort ancien. Chaque année d'ailleurs ils sont renforcés par un certain nombre de leurs compatriotes, surtout par d'anciens voyageurs du Nord-Ouest. C'est la dernière agglomération un peu considérable de population française que l'on rencontre sur la rive nord des lacs, et jusqu'à la Rivière Rouge.

Une ligne de beaux steamers fait pendant tout l'été un service régulier le long du littoral canadien des grands lacs, entre Collingwood et Duluth à l'extrémité du lac Supérieur. Le parcours est de sept cents milles anglais (1130 kil.) en ligne directe, de plus de huit cent trente en tenant compte des détours causés par les escales (1340 kil.). La variété des sites côtiers, l'influence bienfaisante de la pure et fraîche atmosphère des lacs, l'attrait d'une navigation de plusieurs jours sur les plus splendides nappes d'eau douce qui soient au monde, tout a concouru à faire de ce voyage un des passe-temps favoris des riches habitants du Haut-Canada. Le tour des lacs remplace pour eux notre traditionnelle descente des bords du Rhin — moins, bien entendu, les grands souvenirs historiques et les vieilles ruines féodales qu'il serait inutile de demander aux rochers vierges et aux jeunes annales du Nouveau-Monde.

Le vapeur sur lequel j'allais m'embarquer reproduisait, avec un peu moins de richesse peut-être, les aménagements si commodes et si pratiques des grands bateaux du Saint-Laurent : il se nommait le *Frances Smith*. De nombreux passagers remplissaient déjà le salon; « l'éternel féminin » surtout était brillamment

représenté par un essaim de blondes Anglaises et d'Américaines brunes et blondes, les unes quelque peu froides
et réservées comme il sied à toute vraie fille d'Albion,
les autres vives, causeuses, rieuses, et laissant paraître
dans leurs moindres actions cette liberté d'allures qu'une
éducation presque virile communique au beau sexe de
la grande République.

Ici commençait, à proprement parler, la deuxième
partie de mon voyage. Les pays qu'il me restait à traverser
étaient de vrais déserts comparativement à ceux que je
quittais. D'Ottawa à Toronto et Collingwood, je venais de
faire plus de six cents kilomètres à travers la partie la
plus fertile et la plus peuplée d'Ontario, et cependant
cette riche province ne me laissait qu'une impression
bien fugitive. Ce qui manque à ses paysages, ce sont
les montagnes. On en est réduit à soupirer après quelque
accident de terrain qui repose la vue de la monotone
succession d'enclos rectangulaires dont la constance des
défricheurs a fini par couvrir ces grandes plaines unies
et aux trois quarts déboisées. Québec et Montréal ont
leur cap Diamant et leur Parc de la Montagne, Ottawa sa
colline du Parlement ; à Toronto, il est impossible d'embrasser un horizon de quelque étendue. Un pays, pour
être pittoresque et attrayant, ne peut se passer de montagnes ; la majesté des grands lacs n'en saurait tenir lieu.
A quoi ressemblerait le lac de Genève privé·du grandiose
encadrement du Jura, du Jorat et des Alpes savoisiennes?
A un étang vulgaire. Vu du rivage bas et presque sans
inclinaison qui forme sa ceinture, le grand lac Ontario
lui-même ne paraît pas autre chose.

X

De Collingwood à la baie du Tonnerre. — Les passes et les îles de la côte canadienne. — Un descendant des croisés à Killarney. — Le district d'Algoma. — La grande Manitouline. — Païens et néophytes. — Les Saulteux. — Concert nocturne. — Bruce-Mines. — Le Sault de Sainte-Marie et son canal. — Un fonctionnaire annexionniste. — Une cause célèbre. — Procédés de mauvais voisinage. — La pointe aux Pins. — Souvenirs de France. — Michipicoten. — Un chemin vers les mers arctiques. — Baie, rivière et lac Nipigon. — Red Rock House. — Silver Islet. — La baie du Tonnerre. — Fort William. — Un « ami de la France ». — Incendiaire sans le savoir. — Exploits et triomphes du whisky. — La sanctification du dimanche à Thunder Bay. — Une famille indienne. — Recul et décadence de la couleur locale. — Un préjugé à la mer.

Sans trop se presser, le *Frances Smith* mit quatre jours à franchir les onze cents kilomètres (huit cent cinquante sans les détours) qui séparent Collingwood de la baie du Tonnerre. Par galanterie sans doute pour nos charmantes passagères, le Neptune d'eau douce ou — si l'on préfère la mythologie indienne à celle des Hellènes — le Manitou qui préside aux ébats des grands lacs, avait proféré son menaçant *quos ego* à l'adresse des turbulents Éoles de ces parages ; ce qui revient à dire, en langage vulgaire, que notre traversée fut favorisée d'un temps splendide, sauf à l'entrée du lac Supérieur, où des brouillards froids et pénétrants nous entourèrent pendant une demi-journée. Rien de plus pittoresque d'ailleurs que ce voyage le long des côtes canadiennes, parsemées d'îles et d'îlots formant souvent de vrais labyrinthes de rochers et de verdure parmi lesquels le steamer décrit les zigzags les plus fantaisistes et semble toujours près de s'égarer. Le retrait successif des eaux a mis à découvert les assises siluriennes de la longue presqu'île qui s'interpose aujourd'hui entre la nappe principale du lac Huron et la baie Géorgienne. Les îles de Manitouline, Cockburn, Drummond, Saint-Joseph, Neebish, Sugar et une multitude d'îlots plus petits, se suivent comme les anneaux d'une même chaîne, continuant la presqu'île de Saugeen avec les mêmes caractères géologiques, et forment pendant près de trois cents kilomètres (185 milles anglais), de Killarney au Sault Sainte-Marie, un détroit où l'on navigue comme dans les eaux calmes d'un fleuve. Ce détroit, tantôt réduit à un chenal de quelques centaines de mètres, tantôt s'élargissant jusqu'à cinq ou six lieues, offre une variété inépuisable de points de vue. L'aspect sévère, les pentes abruptes, les déchirures des promontoires de la côte ferme, dont les roches cristallines appartiennent exclusivement à la formation huronienne, contrastent avec les lignes doucément ondulées des rivages siluriens de Manitouline, et cette opposition, dont les effets se combinent de mille façons diverses, donne au paysage un cachet de grandeur et d'originalité bien fait pour justifier la vogue dont il jouit parmi les touristes de l'Amérique du Nord.

A l'entrée du détroit, le *Frances Smith* s'arrête environ une heure devant un hameau situé sur la grande Terre en face de Manitouline. Ce petit « settlement », affublé du nom irlandais de Killarney, n'a guère pour habitants que quelques familles d'Indiens Chippewas et de métis canadiens français. Une cabine en planches où

Killarney. (Page 178.)

l'on vend, pêle-mêle avec toutes sortes de denrées communes, des curiosités indiennes, des mocassins, des armes, etc., etc., constitue l'unique magasin du village ; mais, si la boutique est petite, le marchand, un métis canadien, n'en porte pas moins un grand nom dont il se montre très fier : il s'appelle M. de la Morandière. Une conversation de quelques instants avec ce descendant des preux angevins et des guerriers Peaux-Rouges m'apprend que les gens de Killarney fondent de grandes espérances sur la découverte, dans leurs environs, de divers gîtes minéraux, et notamment de sources de pétrole. Je le quitte en souhaitant du fond du cœur la prompte vérification de l'existence de ces richesses, car je doute qu'on fasse jamais fortune à Killarney par l'agriculture. Rien de plus âpre et de plus stérile que la région située au nord des lacs Huron et Supérieur à laquelle on a donné le nom de district d'Algoma. Ce n'est partout que roches, lacs et marais. Là où poussaient jadis quelques arbres rabougris, le feu a passé, calcinant jusqu'à la mince couche de terre végétale dont se nourrissaient les racines. Çà et là, une étroite lisière d'alluvions déposées sur les bords d'un lac ou d'une rivière, offre un sol propre à la culture; mais la nature du pays rend trop coûteuse la création de voies de communication pouvant atteindre ces points privilégiés. Les explorateurs du Pacifique canadien ont dû aller jusqu'au delà de la hauteur des terres, dans le bassin de la baie d'Hudson, avant de trouver un tracé praticable pour le futur railway.

Aussi ne cherchez point là le progrès rapide, les grands mouvements de population que nous avons constatés sur d'autres points du Canada. Pour onze millions d'hectares, les deux cinquièmes de la superficie totale d'Ontario, le cinquième de la France continentale, on ne comptait en 1861, dans le district d'Algoma, que 4916 individus. En 1871, ce nombre n'avait guère augmenté : il s'élevait en tout à 7018, dont 3622 Indiens et 1035 Canadiens français. Un peu moins de la moitié (3356) appartenaient à la religion catholique romaine; 1000 Indiens, environ, restaient attachés aux pratiques du paganisme.

De cette faible population, le tiers environ vivait sur l'île Manitouline. C'est qu'en effet, bien que leur surface soit généralement couverte de cailloux ou composée de roches plates et nues, les îles du lac Huron constituent encore la portion la plus habitable de cette immense région. La grande Manitouline surtout renferme, parmi ces trois cent mille hectares, des étendues assez considérables de bonnes terres et de pâturages. C'était jusque dans ces dernières années une réserve indienne. Un arrangement ayant permis d'en ouvrir une partie à la colonisation, quelques townships ont été arpentés; néanmoins, sur ses 2011 habitants, 1562 appartiennent encore à la race indienne. La plupart de ces Indiens sont catholiques romains; quelques-uns ont embrassé le méthodisme; une centaine à peine adorent officiellement les manitous à qui l'île avait été spécialement consacrée par leurs ancêtres; mais il n'est pas bien sûr que leurs compatriotes prétendus chrétiens ne rendent point en secret les mêmes hommages qu'autrefois aux divinités des lacs et des bois. En 1871, un clergyman qui accompagnait comme secrétaire la commission du chemin de fer du Pacifique dans son voyage à travers le continent, le Révérend George M. Grant, recevait d'un de ses confrères, missionnaire méthodiste à Manitouline, l'aveu loyal du peu de succès obtenu dans le champ du prosélytisme, et l'enregistrait non moins loyalement dans son journal. « Il n'existe, lui disait ce missionnaire, que peu ou pas de différence, au point de vue moral, entre les Indiens christianisés qui m'entourent et ceux qui sont restés païens. En fait, ces derniers se considèrent comme étant tout à fait supérieurs aux autres, et font de l'immoralité notoire de leurs compatriotes baptisés leur plus solide argument contre l'abandon de leurs vieilles croyances. »

Les Indiens de Manitouline appartiennent pour la plupart à la nation des Odjibouais ou Chippewas que les Canadiens français appellent communément les « Saulteux », —du Sault Sainte-Marie près duquel ils les rencontrèrent pour la première fois. — Ainsi que les Outaouais et les Crees ou Cris, ils font partie de la grande famille des Algonquins. On les retrouve depuis le lac Huron jusqu'à la Rivière Rouge, sur le territoire canadien comme dans les Etats du Michigan, du Wisconsin et du Minnesota. Leur nation compte dans les deux pays près de quarante mille individus, et n'est inférieure en nombre dans cette partie de l'Amérique du Nord qu'aux redoutables Sioux. Quoi qu'en disent certains écrivains, elle ne semble nullement en voie de diminution. Quant à l'île elle-même, le trait caractéristique de sa configuration c'est le grand nombre de baies qui échancrent ses bords et les lacs qui abondent dans son intérieur. On s'accorde à louer son climat, adouci par le voisinage des eaux du lac Huron et par celui des collines rocheuses de la grande terre qui l'abritent partiellement des vents du nord. Le blé d'Inde, les melons, les tomates, y viennent fort bien à maturité, ainsi que les prunes et les cerises ; ses lacs et ses étangs abondent en poisson. On peut rencontrer encore dans ses forêts quelques ours et quelques caribous, mais les castors ont été depuis longtemps exterminés. Elle ne possède point de montagnes proprement dites, mais présente une série de plateaux unis dont les saillies abruptes sont tournées vers le nord, de sorte que la surface tout entière s'incline à peu près uniformément vers le sud, le dernier plateau plongeant en pente douce dans les eaux du lac Huron. C'est sans doute à cette exposition méridionale qu'il faut attribuer quelques-uns des avantages climatériques énumérés plus haut.

La soirée du 20 août nous trouva longeant la grande terre à travers un archipel d'ilots. Le ciel était d'une admirable pureté et la douceur de la température retenait sur le pont la gent voyageuse bien au delà de l'heure accoutumée. Séance tenante, quelques jeunes misses américaines, aussi résolues qu'enjouées, organisèrent un petit concert vocal dont l'exécution mérita les applaudissements de toute l'assistance. Durant la plus grande partie de la nuit, nocturnes et fragments d'opéras jetèrent leurs notes aux sauvages échos des montagnes de la Cloche, peu habitués sans doute à tant d'harmonie.

Le lendemain, le steamer s'arrête quelques heures aux mines de cuivre sulfuré de Bruce où l'on débarque au moyen d'un long appontement en bois jeté sur les eaux sans profondeur du rivage. De grandes décharges de gangue minérale, quelques cabanes en bois, une maigre végétation parmi les rochers sans élévation, donnent un aspect vulgaire et peu engageant aux abords de cette remarquable exploitation, qui occupe, dit-on, de quatre à cinq cents ouvriers.

En quittant Bruce-Mines nous nous engageons dans un nouveau défilé d'îles verdoyantes dont l'une porte le singulier nom de « Campement d'Ours ». Nous suivons un chenal tortueux dont la ligne médiane détermine la frontière entre le Dominion et les États-Unis. Deux dilatations inégales forment le grand et le petit lac George également bien encadrés par de ravissants massifs d'arbres de toutes essences. Au soir, nous étions en face du Sault Saint-Marie qui donne son nom à deux villages, l'un situé sur la rive canadienne, l'autre sur la rive américaine. Le canal se trouve sur le territoire des Etats-Unis. Arrivés trop tard pour le traverser le jour même, nous restons au mouillage jusqu'au lendemain matin. Le canal est un remarquable ouvrage, il est long d'environ mille sept cents mètres et possède deux écluses espacées de trois cent cinquante pieds anglais et larges de soixante-dix pieds avec douze pieds d'eau sur les seuils. Quoiqu'il donne aisément passage à des steamers de deux mille tonnes, le gouvernement des États-Unis fait creuser un second chenal dont la profondeur sur les seuils sera de quatorze pieds. Le commerce et la navigation se développent avec une telle rapidité sur le lac Supérieur, qu'on a cru devoir s'y prendre dès maintenant pour prévenir l'encombrement qui n'aurait point tardé à se produire.

Le 22, de bon matin, en attendant l'ouverture des écluses, nous descendons à terre et allons tout d'abord donner un coup d'œil aux travaux du nouveau canal. Plusieurs centaines d'ouvriers, Norvégiens pour la plupart, sont employés à l'excavation des terres. A l'expiration de leur contrat, ils doivent recevoir des lots de ferme dans les environs. Tout le nord du Michigan, le Wisconsin, le Minnesota se peuplent ainsi peu à peu d'émigrants de cette énergique et honnête race scandinave, l'un des meilleurs éléments que l'ancien monde puisse aujourd'hui fournir à la population du nouveau.

Un des préposés au péage se trouve être un Canadien français devenu citoyen américain et comme de raison fervent annexionniste. En moins d'une demi-heure il me donne une foule de détails intéressants sur le pays. Il y a dans le seul État du Michigan quatre-vingt-dix mille habitants d'origine canadienne française qui ont plus ou moins conservé l'usage de leur langue nationale, et si l'annexion qu'il appelle de tous ses vœux venait jamais à se réaliser, quelques portions de l'Etat deviendraient en peu de temps des « petits Canadas ».

— Mais, lui dis-je, croyez-vous que vos compatriotes restés au pays tiennent tant que cela à devenir citoyens de la République de Washington?

—Monsieur, réplique-t-il aussitôt d'un air convaincu et sentencieux, il n'y a en Canada de contraire à l'annexion que les gens en charge, les créatures du gouvernement, et ce sont des moitiés d'Anglais!

En écoutant les théories radicales et anglophobes de ce brave homme, une association d'idées assez naturelle me fit tout à coup ressouvenir de la prédiction célèbre lancée jadis par sir Etienne Taché au milieu d'un discours sur l'organisation des milices : « Le dernier coup de fusil tiré en Amérique pour la domination anglaise, avait-il dit, le sera par la main d'un Canadien français. » Et je me demandais si, par hasard, dans le cas d'une guerre que la sagesse des deux peuples rend heureusement chaque jour plus improbable, ce ne serait pas de l'arme d'un Canadien naturalisé Yankee que partirait aussi le premier coup de feu dirigé contre le drapeau britannique?

Toute la région avoisinant l'établissement américain du Sault Sainte-Marie a été l'objet d'un de ces litiges interminables dont les annales de la justice civile anglo-saxonne fournissent un certain nombre d'exemples. Un peu avant la perte du Canada, un vaste district situé au sud de la rivière Sainte-Marie avait été concédé en seigneurie par le roi de France, suivant l'usage du temps, au comte de Répentigny pour le récompenser de ses nombreux services. La fatale conclusion de la guerre de Sept Ans empêcha le nouveau seigneur de prendre possession effective de son domaine. Puis vint la révolution américaine, bientôt suivie de la révolution française.

Vers 1803, les héritiers du comte songèrent à revendiquer près du gouvernement des États-Unis, devenu par le traité de 1782 possesseur de cette partie de l'ancien Canada, les droits concédés au chef de leur famille par le roi Louis XV. Le gouvernement les renvoya devant les tribunaux réguliers. De là une longue série de procès qui durèrent soixante et dix ans et où toutes les ressources de l'arsenal de la chicane furent mises à contribution. Enfin, en 1873, la cour suprême des États-Unis reconnut définitivement le bien fondé des réclamations présentées par les héritiers de Répentigny et la validité d'une concession accordée par le roi de France alors qu'il était encore le souverain incontesté du pays. Une des principales objections opposées aux demandeurs tenait, paraît-il, à la nature même de cette concession en seigneurie, évidemment incompatible avec les institutions républicaines. La cour suprême trancha la difficulté en statuant que les changements politiques survenus n'avaient fait que transformer de plein droit les obligations féodales primitivement imposées au concessionnaire en simple devoir de « *good citizenship* » littéralement « de bonne citoyenneté » vis-à-vis des États-Unis.

Pendant que traînait le procès, la colonisation américaine marchait à pas de géants ; le canal du Sault Sainte-Marie avait été creusé et terminé en 1855 par l'entrepreneur Erastus Corning, au prix d'une concession de 750000 acres (300000 hectares) de terres avec exemption de taxes pendant cinq années ; le territoire du Michigan peuplé de deux mille blancs à peine en 1803 était devenu un riche Etat d'un million deux cent mille habitants, et la valeur du district en litige avait augmenté en conséquence. Aussi, bien que le patrimoine restitué à la famille française ait été considérablement écorné par les frais de justice et les « solicitors », on n'en évalue pas

moins à plusieurs millions de dollars le bénéfice que les
plaideurs auront retiré de leur persévérance.

Au point de vue du pittoresque, le « sault » ou rapide
n'a rien de bien remarquable. La descente de dix-huit
pieds qu'il accomplit sur moins d'un demi-mille de parcours est, il est vrai, plus que suffisante pour nécessiter
la création d'un canal, mais il n'a ni la masse d'eau
ni les hautes vagues qui donnent un caractère imposant
de grandeur aux rapides de Lachine. Dans cette saison
surtout, la rivière Sainte-Marie est loin de répondre à
l'idée qu'on se ferait volontiers de l'émissaire du plus
grand lac du monde, lac qui couvre huit millions trois
cent mille hectares et qui reçoit le tribut de plus de
quatre-vingts rivières dont douze ou quinze soutien-
draient la comparaison avec bon nombre de fleuves d'Europe. L'apport de tant d'affluents suffit à peine à rem-
placer tout ce que le soleil ardent du mois d'août aspire
de vapeurs sur cette immense surface. Aussi la rivière
Sainte-Marie, tête du majestueux Saint-Laurent, n'est-
elle à cette époque de l'année qu'un courant d'apparence
fort ordinaire, ne rappelant le grand fleuve que par la
limpidité et la belle couleur verte de ses eaux.

La roche sur laquelle coule le rapide est formée d'un
grès friable appartenant à la formation silurienne inférieure. Ses saillies sont facilement emportées par les
eaux qui régularisent ainsi leur lit. De là, le peu de violence du courant. Du côté canadien, il serait tout aussi
aisé de creuser un canal que sur la rive opposée. C'est
un projet qui revient de temps à autre sur le tapis, depuis
surtout qu'en 1870, lors des troubles de la Rivière Rouge,
les États-Unis ont péremptoirement refusé de laisser
passer sur leur territoire les steamers chargés de munitions et de troupes pour la colonne expéditionnaire de
sir Garnet Wolseley. La nouvelle « Puissance » a trop

Le sault Sainte-Marie vu de la rive Américaine. (Page 186.)

d'amour-propre pour laisser indéfiniment son unique voie de communication par eau avec les territoires du Nord-Ouest à la merci de voisins aussi peu complaisants.

Le canal franchi, nous rentrons pour quelque temps encore dans la rivière Sainte-Marie; on la remonte jusqu'à la « Pointe aux Pins ». A cet endroit elle a trois à quatre kilomètres de largeur et l'écartement de plus en plus prononcé des côtes indique que nous sommes enfin parvenus à l'entrée du grand lac.

A ce moment un brouillard froid et intense s'est levé et nous environne de toutes parts. En attendant qu'il daigne se dissiper, nous descendons à terre et visitons le hameau de la Pointe où vivent, disséminées dans de chétives baraques, une trentaine de familles indiennes et métisses. Je remarque entre autres un vieil Indien pur sang qui exerce vaillamment le métier de forgeron dans un hangar ouvert à tous les vents; plus loin, dans une clairière, quelques-uns de ses compatriotes se livrent avec autant de gravité que d'adresse à la confection de leurs canots d'écorce de bouleau, légers esquifs que le sauvage et le voyageur canadien dirigent à travers lacs, rivières et rapides, et qu'ils chargent allègrement sur leurs épaules pour franchir les *portages*.

Le pays aux environs de la rivière paraît de beaucoup supérieur à tout ce que nous avons vu jusqu'ici sur la côte nord. En effet, une lisière de terrain silurien recouvre les roches huroniennes jusqu'à une petite distance dans l'intérieur; et un vieux « voyageur » qui habite la Pointe aux Pins, avec sa femme indienne et ses enfants « bois brûlés », m'assure que le climat et les productions y sont « quasiment ceux de Montréal ». Quelques townships ont été arpentés et une centaine de fermiers, Écossais pour la plupart, se sont déjà établis sur les meilleurs lots.

Le brouillard s'éclaircissant quelque peu, nous reprenons enfin notre route : nous passons au large du cap Gros, énorme rocher turriforme de mille pieds d'élévation, qui, avec le cap Iroquois, son vis-à-vis et son pendant sur la rive américaine, forme ce que le célèbre naturaliste Agassiz appelait les portiques du lac Supérieur. De là, laissant sur notre gauche l'île du Parisien, nous nous dirigeons sur la Pointe aux Mines et le cap Gargantua.

Toute cette nomenclature géographique, qui date des explorateurs du dix-septième siècle et que les cartographes anglais et américains ont scrupuleusement respectée, permettrait par moment au voyageur de se croire dans des eaux françaises ; mais, hélas ! il suffit pour dissiper l'illusion que la cloche du *Frances Smith* nous appelle pour le déjeuner, le lunch ou le dîner. Nos belles passagères ne parlent et ne comprennent que l'idiome de Shakespeare ; la mode des voyages d'été sur les grands lacs n'a pas encore gagné les Canadiennes françaises qui se contentent de Cacouna et des autres places d'eaux du bas Saint-Laurent. De tous les passagers de cabine, le seul qui parle un peu notre langue est mon voisin de table, un ex-secrétaire provincial, autrement dit ministre de l'intérieur, de la Colombie britannique. C'est un gentleman accompli, animé de sincères sympathies pour la France, dont il avoue cependant ne comprendre que difficilement les récentes évolutions politiques. A la date du 22 août 1873 un tel aveu n'avait rien qui pût surprendre.

Le 22 au soir nous passons entre l'île de Michipicoten et la baie du même nom, où se jette une rivière qui ouvre la voie de communication la plus directe entre le lac Supérieur et la mer d'Hudson. Des employés supérieurs de la Compagnie de la baie d'Hudson ont souvent re-

monté dans leurs tournées d'inspection les lacs étagés que
traverse la rivière Michipicoten. Arrivés à la hauteur des
terres ils atteignaient par un court portage la rivière de
l'Orignal (Moose River), qu'ils descendaient jusqu'à Moose
Factory sur la baie de James, se reposant à New-Bruns-
wick House, un de leurs postes de traite situé à mi-route.
Le trajet entier prenait environ cinq jours pour un parcours de plus de 300 kilomètres. Dernièrement cet itinéraire a été repris par un parti d'explorateurs de la
ligne du Pacifique canadien. Entre Michipicoten et Nipigon, le littoral du lac Supérieur est un enchevêtrement
sauvage de montagnes laurentiennes et huroniennes encore plus âpres et plus difficiles d'accès que celles qui
avoisinent le lac Huron. Il paraît bien prouvé aujourd'hui
que le grand chemin transcontinental devra passer à plus
de vingt-cinq lieues au nord de ces rives, inhospitalières,
au delà des limites septentrionales de la province d'Ontario.

Dans l'après-midi du 23 août, nous nous engageons
dans un étroit chenal entre la terre ferme et le petit
archipel qui précède l'île Saint-Ignace. La cime de cette
dernière s'élève à 1300 pieds au-dessus du niveau du
lac et l'on assure qu'elle renferme de riches gisements argentifères. La côte toujours rude et escarpée
est d'une beauté de lignes saisissante, les pins, les mé-
lèzes, les épinettes, recouvrent de leurs fourrés épais
toutes les pentes inférieures que surplombent des masses
de gneiss aux parois nues et vivement colorées. Les îlots
succèdent aux îlots et le *Frances Smith* suit dans leurs
courbes capricieuses les passes dangereuses qu'ils laissent entre leurs escarpements. Enfin, devant nous, s'ouvre
une baie spacieuse, encadrée de montagnes de 1200 à
à 1400 pieds anglais d'élévation, fermée du côté du large
par l'île Saint-Ignace, ainsi que par une haute presqu'île

qui la sépare d'un autre grand enfoncement appelé la baie Noire. A l'extrémité septentrionale, une rivière aux eaux claires comme celles du lac lui-même se décharge dans une sorte d'arrière-port protégé par l'île Verte et la Grange, masses rocheuses qui, surgissant à pic des profondeurs du golfe, portent leur crête à une hauteur de 800 pieds. On dirait les fragments d'une jetée colossale rompue jadis par quelque cataclysme inconnu. Tout cet ensemble harmonieusement groupé, splendidement éclairé, brillant de couleur, imposant dans sa majesté sauvage, constitue le plus admirable panorama qu'il m'ait été donné de contempler depuis le jour de ma visite à la citadelle de Québec. Nous venons d'entrer dans la baie et dans la rivière de Nipigon.

Par le volume et la pureté de ses eaux la rivière de Nipigon peut être regardée à bon droit comme la tête de tout le système fluvial qui aboutit au Saint-Laurent. Le grand réservoir d'où elle sort, et à qui elle doit une limpidité contrastant avec la couleur ambrée de tous les autres tributaires du lac Supérieur, est à 47 kilomètres plus au nord. Son nom indien signifie « eau claire profonde » et, comme toutes les désignations géographiques tirées des idiomes poétiques et imagés des indigènes, il est d'une rigoureuse exactitude. Le lac Nipigon, élevé de 900 pieds au-dessus du niveau des mers (300 au-dessus du lac Supérieur), est de forme elliptique : il a 110 à 120 kilomètres de long sur 80 de large, et, dans certains endroits, une sonde de 540 pieds n'y a point rencontré le fond. Il est tout parsemé d'îles et d'îlots boisés qui lui donnent une grande beauté. M. Bell, explorateur de la commission géologique du Canada, en évalue le nombre à plus d'un millier.

Nous nous arrêtons un bon moment à la Roche-Rouge (Red Rock House), poste de la Compagnie de la baie

La rivière Nipigon. (Page 190.)

d'Hudson, bâti près de l'embouchure de la rivière, puis, redescendant le courant, nous sortons de la baie par la passe étroite qui sépare les îles Saint-Ignace et Fluor de la grande presqu'île dont j'ai parlé plus haut. La journée se termine dignement par un splendide coucher de soleil. A l'horizon, bien loin derrière nous, disparaît graduellement la base des hauts promontoires au pied desquels nous passions tout à l'heure, tandis que leurs sommets dorés par les derniers rayons, semblent, par un curieux effet de mirage, se hausser sur un gigantesque piédestal de nuées blanches et tremblotantes qui viennent s'interposer entre les cimes lointaines et leur image réfléchie dans les eaux. Pendant la nuit, le capitaine fait stopper quelques minutes devant Silver Islet, —l'îlot d'argent, — rocher insignifiant il y a quelques années, mais où l'on exploite aujourd'hui une veine d'argent sulfuré dont trente ouvriers ont extrait en 1871 pour 6 millions de francs de minerai. A l'aube du 24 août, nous abordons enfin à l'extrémité de l'appontement de Prince Arthur Landing, terme de notre traversée et tête de la route canadienne de la Rivière Rouge. Le *Frances Smith* devait continuer sa route jusqu'à Duluth, ville nouvelle de l'État du Minnesota, bâtie à l'extrémité de l'enfoncement sud-ouest du lac Supérieur, enfoncement que l'on désigne encore par l'expression française de « Fond du Lac ».

Prince Arthur Landing, plus communément appelé Thunder Bay, est encore une ville naissante, qui, dit-on, ressemble beaucoup à ce qu'était Collingwood vers la deuxième ou troisième année de son existence. Une centaine de maisons sont éparpillées sur un rivage en pente d'où l'on embrasse une fort belle vue sur les promontoires et les îles qui ferment la baie du Tonnerre, baie presque aussi profonde et aussi sûre que celle de Nipigon. Toutefois, la grande île riche en minerai, qui forme ici le dernier plan de l'horizon «l'*Isle royale*», ne fait déjà plus partie du Canada, les traités l'ont attribuée aux États-Unis.

A quatre milles du débarcadère, à l'embouchure de la rivière Kaministiquia, est un poste de la Compagnie de la baie d'Hudson, le fort William, autour duquel un missionnaire français a réuni quelques centaines de Chippewas qu'il s'efforce d'initier aux premiers rudiments de la vie civilisée. Le fort William a eu son moment de célébrité vers 1816 ou 1817, pendant les démêlés de la Compagnie du Nord-Ouest et de la Compagnie de la baie d'Hudson. Il appartenait alors à la première et fut enlevé ou plutôt surpris par lord Selkirk à la tête d'un certain nombre de soldats suisses et allemands du régiment de Meuron que le gouvernement anglais venait de licencier au Canada. De là des luttes à main armée, compliquées de procès qui ne prirent fin qu'en 1821 par la monopolisation de tout le commerce des fourrures dans les mains de la Compagnie actuelle de la baie d'Hudson, formée de l'amalgamation des deux sociétés rivales.

Le 24 août était un dimanche; je n'avais aucune raison pour supposer que ce jour-là se célébrât à Thunder Bay autrement qu'à Montréal ou Toronto. Aussi, après avoir trouvé un gîte dans une bicoque en planches et à deux étages, dont le propriétaire était un Teuton naturalisé Américain, ne pensais-je qu'à fuir au plus tôt l'atmosphère puritaine du «Sabbath», en faisant quelque excursion dans les bois du voisinage, lorsque, en dépassant le seuil de mon «hôtel», je sentis une main s'abattre sur mon épaule et j'entendis un organe essentiellement parisien me poser cette simple question :

«Eh bien! comment trouvez-vous la *boîte?*»

Le mot *boîte,* dans l'acception employée par mon interlocuteur, n'a pas encore été, que je sache, naturalisé au Canada; de plus, l'accent ne me permettait pas de douter

Prince Arthur Landiny (baie du Tonnerre). (Page 192.)

un instant que j'eusse devant moi un enfant authentique
de la grande capitale. Je me retournai aussitôt et répon-
dis avec cette pointe de défiante réserve qui, disons-le à
la honte de la nature humaine, est le premier sentiment
qu'éveille d'ordinaire l'accolade d'un inconnu en pays si
lointains :

« Pardon, monsieur, c'est à un Parisien que j'ai l'honneur de parler ? Vrai, je ne m'attendais pas à en rencontrer ici.

— Un Parisien — non ma foi ! — mais un Anglais,
ancien élève du lycée de Versailles, et qui, venant
d'apprendre votre arrivée, est enchanté de causer un
peu de là-bas. Vous voyez, du reste, que je me présente tout seul — habitude française dont vous ne me
saurez pas mauvais gré, j'espère. — Ce n'est pas d'ailleurs à Thunder Bay qu'on redeviendrait formaliste. »

En un instant, la glace fut rompue. Edward O... était
un charmant garçon, quelque peu parent d'un membre
de la Chambre des lords, et, comme il venait de me le
dire, il avait été élevé en France. Enfermé dans Paris
assiégé, il avait fait le coup de feu contre les Allemands
comme volontaire dans la légion des Amis de la France;
puis, la guerre terminée, il était parti pour le Canada où
les recommandations des membres influents de sa famille
l'avaient fait admettre dans l'une des commissions chargées de l'exploration du tracé du Pacifique. Thunder Bay
était alors le quartier général de plusieurs de ces commissions. Au moment où je le rencontrai, hélas ! il ne
payait pas de mine : de larges balafres se croisaient en
tous sens sur son visage; mais il ne tarda pas à m'apprendre que ces cicatrices étaient un tribut payé au
genre de vie en vogue dans la bonne ville de Thunder
Bay.

L'avant-veille, après une soirée passée en joyeuse compagnie, ce qui implique une absorption considérable de *Cocktails*, de *Nightcaps*, de *Hotscotch whisky* et autres préparations diaboliques dont l' « eau de feu » constitue le principal ingrédient, il s'était tranquillement couché au premier étage de son hôtel, édifice fort semblable à celui où je m'étais installé, lorsqu'une chaleur inaccoutumée le réveillant tout à coup, il vit sa chambre remplie de flammes. — Quelque bout de cigare tombé par mégarde sur le lit : il n'en fallait pas davantage pour incendier la maison. — Descendre l'escalier déjà tout flambant était chose impossible; mon nouvel ami avait donc bravement sauté par la fenêtre, mais il avait eu le malheur de tomber sur un baril de salaison dont les ferrures avaient mis son physique en l'état lamentable où je le voyais.

J'appris par lui que les trois cent cinquante ou quatre cents habitants de Thunder Bay passaient une partie de leur temps au service de l'exploration du Pacifique, une autre à spéculer sur les découvertes de minerais faites ou à faire, et le reste, enfin, à jouer et à boire ce qu'ils avaient gagné dans ces diverses occupations. J'appris aussi que les *sunday laws*, lois du dimanche, étaient horriblement mal observées à cette frontière extrême de la civilisation; le *barroom* de mon hôtelier ne désemplit pas de la journée, et la tentative que fit ce digne Germain d'expulser un client trop généreusement abreuvé, nous rendit témoins d'une scène de boxe, compliquée d'un intermède de coups de pieds que reçut la pauvre hôtesse accourue au secours de son maître et seigneur. Il me parut d'ailleurs, à la démarche de la plupart des passants, que décidément le culte de la bouteille était beaucoup plus en faveur que la lecture de la Bible. Notons ici qu'il n'est pas fort prudent de prolonger outre mesure une étude de mœurs dans un *barroom* des « frontières » — Frontières ou *borders* : c'est sous ce nom que l'on désigne dans toute l'Amérique du Nord les régions reculées où les premières vagues de l'invasion blanche sont venues déposer une écume cosmopolite, que le flux grossissant ne tardera pas à pousser plus loin vers des solitudes nouvelles. Ce sont bien en effet des frontières, situées à la limite extrême de la colonisation, et habitées par une population flottante qui présente le contraste de déclassés de la civilisation caucasienne la plus raffinée, vivant dans une sorte de promiscuité avec la native barbarie des aborigènes. — Or, dans ces pays de parfaite égalité sociale, il est de règle que tout individu survenant dans un *bar* offre une *tournée* à tous les consommateurs présents, connus ou inconnus, lesquels s'empressent de répondre à ce bon procédé par une invitation à tour de rôle. Après quelques heures consacrées à l'échange de semblables politesses, ce qu'on a de plus sage à faire c'est d'aller à tâtons se cacher entre deux draps. La nature ne m'ayant pas gratifié d'un de ces estomacs cuirassés comme il en faudrait pour tenir tête aux dieux norses de Thunder Bay, je m'efforçai modestement de mettre fin à des présentations trop multipliées, et parvins, non sans peine, à entraîner mon cicerone dans une promenade au grand air. Chemin faisant, nous passâmes devant les débris fumants de ce qui avait été le logis d'Edward. L'ex-propriétaire du local avait déjà dressé tout auprès une sorte de wigwam, et philosophiquement assis sur un monceau d'objets disparates arrachés à la catastrophe, il calculait sans doute ce qu'il faudrait de temps et d'argent pour rouvrir son établissement. Il était d'ailleurs sans rancune envers l'auteur involontaire de son désastre, et je crois même me souvenir que, tout en l'appelant « *a G... d... d fool* », il ne nous en força pas moins d'accepter un dernier *cocktail*.

Le lendemain se passa en préparatifs de départ et en

conférences avec l'éminent ingénieur chargé de la création et de l'entretien de la route, à laquelle on a bien justement donné son nom. Grâce à l'obligeance de M. Dawson, je n'eus point à me préoccuper de la question des vivres, dont on est ordinairement obligé de se pourvoir pour ce trajet de neuf à dix jours. Je me bornai donc à l'achat de deux couvertures, indispensables pour camper dans les hangars-abris ou sous la tente. Le soir, en compagnie d'Edward et d'un de ses amis, nous fîmes une promenade en canot qui nous conduisit près du campement d'une famille de Saulteux. Les hommes étaient absents, à la chasse ou à la pêche ; femmes et enfants étaient vêtus proprement, à l'européenne, et quelques-uns d'entre eux, d'un teint plus clair, paraissaient être de sang mêlé. Parvenu à plus de 3000 kilomètres de l'embouchure du Saint-Laurent, je n'avais pas encore rencontré un Indien revêtu d'un costume qui ne fût pas celui de tout le monde, et les pauvres Saulteux de la baie du Tonnerre étaient les premiers qui ne connussent ni l'anglais, ni le français. Avis aux amateurs d'émotions et de couleur locale à outrance ! On ne scalpe plus guère que dans les romans édités à Paris, ou dans quelque coin reculé des Montagnes Rocheuses. Le Nuage-Rouge, l'Aigle-à-la-Prunelle-Flamboyante, et autres guerriers fameux, s'habillent comme le plus vulgaire des émigrants irlandais. Dernièrement même, on a vu un ex-colonel et un ex-général de l'armée confédérée, l'un Creek, l'autre Cherokee pur sang, parcourir les villes de l'Union américaine, et donner aux Visages-Pâles, dans la langue de Shakespeare et de Webster, des conférences fort suivies sur les sujets les plus divers, y compris les affaires indiennes. Tout cela, je le sais, n'empêchera pas des écrivains remplis d'imagination de raconter, sur les drames du Nouveau-Monde, une foule de ces histoires horrifiques qui font dresser les cheveux sur la tête de leurs candides lecteurs. Ces extravagantes aventures sont prises pour argent comptant et vérité nue par le peuple qui se dit le plus spirituel de la terre ; et cependant, s'il est un fait démontré, c'est qu'on court moins de risques, aujourd'hui, à traverser le continent américain, de New-York à San-Francisco, voire même de Québec à Vancouver, qu'à parcourir les environs de certaines villes et les grandes routes de certains pays de l'Europe méridionale.

XI

Ce n'est pas une mince affaire, même pour une grande puissance, que d'établir une voie de communication sûre et facile à travers plus de 700 kilomètres d'un pays tourmenté, inhabité, et presque entièrement inconnu. Telle est pourtant l'entreprise que le gouvernement canadien a courageusement abordée. En peu d'années, ses ingénieurs ont exploré le réseau inextricable de lacs et de forêts qui s'étend entre le lac Supérieur et les Prairies ; ouvert des chemins carrossables à travers les bois, les rochers et les marécages ; surélevé par des digues le niveau des nappes d'eaux trop peu profondes, et diminué le nombre des rapides et des portages. Bientôt l'hélice des chaloupes à vapeur et des grands steamers a sillonné des eaux qui n'avaient jamais porté que le canot d'écorce de l'Indien ou la *barge* du *voyageur*. En un mot, à force d'énergique volonté, de dépenses et d'intelligente obstination, le Canada s'est donné une route qui lui permet de transporter sur son propre territoire ses émigrants, ses soldats et son matériel. Désormais, pour ses relations avec le Nord-Ouest, il ne dépend plus de ses voisins du Sud et n'a plus à compter avec les accès très intermittents de leur complaisance. Toutefois, si la création de la route canadienne répond à une nécessité politique de premier ordre, son parcours est encore loin de présenter toutes les commodités désirables. Aussi les voyageurs pressés, peu épris du pittoresque et des nuits à la belle étoile, préfèrent-ils la voie des États-Unis. Depuis que la colonisation du Minnesota a pris le prodigieux essor qui, en vingt ans (1850-1870), a fait passer la population de cet État de quatre mille âmes à quatre cent mille, on se rend fort aisément aux établissements canadiens du lac Winnipeg. En poursuivant sur le *Frances Smith* jusqu'à Duluth, j'aurais pu prendre dans cette ville le chemin de fer du *Northern Pacific* dont le terminus était alors Moorhead sur la Rivière Rouge. Après ce trajet de 390 kilomètres (243 milles) « dans les chars », je n'avais plus qu'à franchir sans autre transbordement, en diligence ou en bateau à vapeur à mon choix, les 380 kilomètres (237 milles) qui séparent Moorhead de Fort-Garry ou Winnipeg, la capitale naissante de la jeune province de Manitoba[1]. Mais je tenais à

---

1. Aujourd'hui (1878), par suite de l'achèvement du chemin de fer parallèle à la Rivière Rouge, la locomotive arrive jusqu'à Saint-Boniface vis-à-vis Winnipeg; aussi les voyageurs et les marchandises à destination de Manitoba passent-ils tous par le Minnesota. D'autre part, les travaux du chemin de fer canadien du Pacifique sur la

apprécier *de visu* l'importance des travaux entrepris par les ingénieurs canadiens et les facilités de transport offertes aux émigrants en faveur desquels on venait d'abaisser jusqu'aux plus extrêmes limites le prix du passage. De plus, cette route canadienne, c'était pour moi l'imprévu, la perspective de traverser d'immenses solitudes d'un caractère tout nouveau, l'expérimèntation probable des modes les plus divers de locomotion. Il n'en fallait certes pas tant pour me décider à la prendre.

A diverses reprises, même avant la Confédération, il avait été question de relier les anciennes provinces du Canada au territoire alors gouverné par la Compagnie de la baie d'Hudson. En 1857-1859, un ingénieur distingué, M. Dawson (de Trois-Rivières), fut chargé d'une exploration qui le conduisit de Fort William jusqu'à la grande rivière Saskatchewan, tributaire du lac Winnipeg. Il acquit la conviction que la voie nouvelle devrait emprunter la plus grande partie de son parcours à la chaîne de lacs suivie d'ordinaire par les voyageurs et les employés de la baie d'Hudson et connue pour ce motif sous le nom de « Route des Canots ». Ce ne fut toutefois que dix ans plus tard, alors que se négociait la cession du Nord-Ouest à la Confédération canadienne, qu'on s'occupa sérieusement de mettre à profit les données recueillies par M..Dawson. Chargé de déterminer le tracé définitif et d'en diriger l'exécution, cet ingénieur déploya la plus grande activité, et, pour donner une idée des résultats qu'il obtint, il suffira de rappeler qu'en 1870 la petite armée du colonel Wolseley mit trois mois à se rendre de Thunder Bay à Fort-Garry, tandis qu'un corps expéditionnaire envoyé

section qui s'étend entre la baie du Tonnerre et la Rivière Rouge sont poussés avec une grande activité. Les travaux de canalisation entrepris sur la route Dawson n'en resteront pas moins d'une grande utilité pour la colonisation et le commerce des régions qu'elle traverse.

dans l'automne de 1871 pour protéger la province de Manitoba contre l'éventualité d'une tentative d'invasion féniane, put effectuer le même trajet, en trois semaines, grâce aux travaux accomplis en un an et demi sous la direction de M. Dawson. La route si rapidement et si habilement ouverte ne pouvait avoir de meilleur parrain que son créateur. Aussi n'est-elle connue et désignée dans tout le Canada que sous le nom de « route Dawson ».

Le mardi 26 août, de grand matin, je quittai Thunder Bay en compagnie d'un Canadien français, M. de Hertel, envoyé par le gouvernement fédéral pour accompagner un envoi de cadeaux de toute espèce destinés aux Indiens Saulteux de la rivière de la Pluie avec lesquels on devait prochainement conclure un traité. Notre véhicule était une légère voiture, simplement recouverte d'une bâche en toile, et traînée par deux vigoureux trotteurs. Parvenus en haut de la côte à laquelle est adossé le village, nous nous engageons aussitôt dans les bois. Des deux côtés de la route l'incendie a exercé ses ravages, et le sol est couvert au loin de framboisiers sauvages qui repoussent vigoureusement sur les cendres. A perte de vue la contrée présente l'aspect peu séduisant d'une forêt de grandes perches, bariolées de blanc et de noir par l'action successive de la pluie et du feu, et s'élevant au-dessus d'un tapis vert d'herbes et d'arbrisseaux. Le sol paraît léger, un peu ferrugineux ; et, jusqu'à vingt ou vingt-cinq milles de la baie du Tonnerre, on prétend qu'il se prête assez bien aux travaux agricoles. Il existerait aussi, dit-on, une excellente lisière de terres d'alluvions le long de la rivière Kaministiquia ; mais ces étendues cultivables sont bien peu de chose à côté des immenses surfaces rocheuses qui les entourent. Elle n'en acquerront pas moins une grande valeur lorsque les progrès de l'exploitation des mines auront attiré dans cette région une nombreuse immigration d'ouvriers. N'avons-nous pas d'ailleurs dans bien des cantons de la Savoie, de la Corrèze, de la Lozère et des Vosges, des milliers de paysans qui disputent le produit de quelques hectares à un climat tout aussi rigoureux, à un sol plus ingrat, sans avoir devant eux, comme les futurs colons de cette partie du Canada, l'espace, la perspective d'une plus-value presque immédiate et des débouchés qui iront chaque jour s'agrandissant. Le rapide accroissement de la richesse et de la population ne saurait faire l'objet d'un doute, dans un pays destiné à devenir aussi célèbre parmi les métallurgistes que le Harz et les Cornouailles.

De Thunder Bay à la tête du lac Shebandowan, où finit la route de terre, il y a 45 milles (72 kilomètres). Durant la majeure partie de ce trajet nous ne faisons guère que gravir et descendre des côtes parfois très raides. Toutefois les montées excèdent les descentes, car, arrivés à la fin de l'étape, nous nous serons élevés de huit cents pieds environ au-dessus du lac Supérieur. La route n'est point ferrée avec du cailloutis comme nos chemins d'Europe ; on a été forcé de l'établir sur des traverses en bois, surtout dans les marécages et les terrains sablonneux. C'est ce que les Anglais appellent — sans doute d'après quelque vieille expression normande — un chemin de « *corduroy* », ce qui au premier abord semble signifier clairement « Cœur de roi » et donne une triste opinion de la sensibilité de l'abominable tyran dont le « muscle creux » aurait été jugé digne d'être symbolisé par ces chemins ultra-primitifs. Mais, hâtons-nous de le dire, telle n'est pas la véritable étymologie : *corduroy* est tout bonnement le nom d'une étoffe à côtes, en vieux français *corde de roy*, dont la rugosité superficielle justifie amplement l'assimilation qu'on en a faite avec le genre de chemin qui nous occupe. Lorsque par malheur, et cela arrive

souvent, la mince couche de terre sablonneuse, qui est
censée égaliser la surface et remplir les intervalles des
traverses mal équarries, a été balayée par le vent ou emportée par la pluie, il faut se résigner à subir la secousse,
cinquante fois répétée par minute, des plus formidables
cahots. Les ressorts de la charrette grincent, gémissent et
résistent à grand'peine à cet ébranlement continuel, dont
souffre encore davantage, hélas ! le patient juché, en
expiation de ses péchés, sur la moins rembourrée des ban-
quettes. Il n'est pas d'admiration passionnée de la nature
qui puisse résister pendant neuf heures d'horloge à un
pareil ballottage. A peine noterai-je quelque site pittoresque entrevu à la hâte ; le passage sur deux ponts de
bois, à la fois solides et élégants, jetés sur la Kaministiquia et son affluent la Mattawin, rivières dont les nombreux rapides font écumer les eaux noires ; les deux relais
où, tout en reposant nos membres endoloris, nous faisons
à la hâte un repas de porc salé et de pommes de terre avec
l'accompagnement obligé de thé chaud, prélude du régime
auquel nous allons être assujettis jusqu'à notre arrivée à
Fort Garry. Plus de vin, plus de whisky ! Nous sommes
entrés pour tout de bon dans les domaines du « *teetotalism* » et de la tempérance obligatoire. Rendons cependant
justice au gouvernement canadien : sur un si long parcours
il eût été bien difficile de faire observer, par l'emploi de
mesures ordinaires, la loi qui défend de vendre aux Indiens toute espèce de boisson enivrante. Or chacun
connaît l'effet ordinaire de l' « eau de feu » sur les Peaux-
Rouges. Des conflits sanglants étaient à redouter. On a
donc pris un moyen radical : celui d'interdire l'usage et le
transport des spiritueux tout le long de la route Dawson.
Le résultat de cette prohibition a parfaitement répondu
aux espérances. Les « voyageurs » et travailleurs, transportés dans la contrée pendant la saison d'été au nombre

de deux à trois cents, la plupart sans arme aucune, ont tranquillement vaqué à leurs occupations au milieu de bandes d'Indiens armés jusqu'aux dents et dix fois plus nombreux.

A quatre heures du soir, nous atteignons enfin le lac Shebandowan. Une habitation spacieuse et commode sert de station et de dépôt pour les émigrants de passage. Non loin de là, quelques Saulteux ont dressé leurs «loges», tandis que deux ou trois cabanes en bois, remplies de marchandises de toutes sortes à l'usage des civilisés et des sauvages, font présager, dans leur modestie embryonnaire, que le temps n'est plus éloigné où le Dieu-Commerce prendra possession du pays. L'employé préposé à la station, le « *Boss* du chantier », comme on l'appelle, nous fait le plus cordial accueil, et bientôt, grâce à un bain dans les eaux tièdes du lac, nous nous débarrassons à la fois de la fatigue et de la poussière du chemin.

Parmi les hôtes qui partageaient avec nous ce soir-là l'hospitalité du gouvernement, se trouvait un vieux maître charpentier canadien-français employé depuis plusieurs années aux travaux de la route. Ses nombreuses questions sur les événements d'Europe allongèrent singulièrement la veillée, mais j'éprouvai un vrai plaisir à l'entendre exprimer, avec une vigueur éloquente dans sa simplicité même, les sentiments de sympathie et de solidarité nationale que la nouvelle de nos désastres a fait éclater chez un peuple qui ne veut pas répudier sa communauté d'origine et de langage avec les « gens du vieux pays ». Je dirai plus : il m'a souvent semblé que ces sympathies étaient plus profondément enracinées, plus spontanées et surtout moins *conditionnelles* parmi les classes travailleuses que dans certaines sphères plus élevées. Chez ces dernières, le point de vue exclusivement religieux, auquel on se place d'habitude dès qu'il s'agit d'affaires euro-

Indien sautant un rapide. (Page 205.)

péennes, fait subordonner trop souvent le sentiment de
confraternité nationale à l'avènement d'un idéal politique
que la France n'a point jugé à propos de réaliser.

Ce sujet épuisé, la conversation roula quelque temps
sur les ressources et l'avenir probable de la contrée. On
me montra de beaux échantillons de cuivre natif et d'argent sulfuré recueillis dans les environs, ainsi que du blé
semé près du chantier et parvenu à parfaite maturité,
bien qu'à cette altitude la fréquence des gelées précoces
et tardives semble interdire l'espérance de le cultiver en
grand avec absolue certitude de succès. D'ailleurs, jusqu'à
la rivière de la Pluie, il n'y a plus, à proprement parler,
d'étendues un peu considérables de bonnes terres. Nous
entrons dans une des plus singulières régions du monde
entier, région qu'on pourrait appeler à bon droit « le páys
des lacs. »

Les indications sommaires fournies par les cartes ne
sauraient donner qu'une idée fort imparfaite du nombre
de ces nappes d'eau douce qui, s'étendant des deux côtés
de la « hauteur des terres », déversent leur trop-plein soit
dans les bassins du Saint-Laurent, soit dans celui de la
rivière Winnipeg. Les cartes ne marquent, en effet, que
les lacs qui se rencontrent sur les différents itinéraires
reconnus ou levés à diverses époques par des « partis »
d'explorateurs; elles en omettent une infinité d'autres,
fréquentés des seuls Indiens qui par leur moyen sillonnent
le pays dans toutes les directions sans se laisser arrêter
par les rapides, les chutes ou la séparation des bassins.
Ces navigateurs indigènes sautent les rapides dans leurs
légères embarcations d'écorce, contournent les chutes trop
redoutables par un « portage » latéral, généralement très
court, et franchissent les lignes de faîte qui s'interposent
entre deux lacs voisins par d'autres « portages » ouverts
sur les points fixés par l'expérience et la tradition. Canots

et bagages sont alors transportés à travers bois, sur les
épaules des voyageurs. Dans ce pays semi-aquatique, la
recherche d'un portage avantageusement situé acquiert
toute l'importance que prendrait ailleurs la découverte
d'un gué de rivière. Seulement ici la route c'est l'eau, le
véhicule c'est le canot, et c'est la terre qu'il faut en quelque
sorte traverser à gué, là où des rochers abrupts, des bois
trop denses, un sol marécageux ne viendront pas ajouter
de trop rudes obstacles aux difficultés de l'opération.

« Ici, comme le dit M. Dawson dans un de ses rapports,
chaque rivière, chaque ruisseau a ses lacs. Qu'il aille
dans quelque direction que ce soit, l'explorateur, en franchissant une chaîne de collines, est assuré de tomber sur
un lac. Il y en a tant, qu'il serait difficile de décider s'il ne
vaut pas mieux décrire le pays comme un immense lac
parsemé de crêtes de terre que comme une terre entre-
coupée d'eau. En montant sur n'importe lequel des monticules rocheux et nus qui abondent dans le pays, on voit
à l'horizon les collines se dresser en crêtes tumultueuses
et accidentées, tandis que les lacs brillent au fond de
chaque vallée où peut plonger le regard.

» Un fait remarquable, particulier à cette région, c'est
que les cours d'eaux n'y sont point sujets à des crues subites ou considérables : cette circonstance très favorable est
due en premier lieu aux lacs, qui, servant de réservoirs,
s'élèvent tranquillement pendant la crue des eaux pour
s'abaisser ensuite avec la même lenteur. Elle est aussi due
à la nature du pays qui est en général fortement boisé. La
quantité annuelle de pluie est excessive, aussi les cours
d'eau contiennent-ils un volume d'eau très considérable
comparativement à l'étendue du bassin qu'ils égouttent.
Enfin, les lacs sont partout parsemés d'îles boisées et si
bien abritées que les plus petits canots y sont rarement
retenus par le vent. »

Pour établir entre le lac Shebandowan et l'angle nord-ouest du lac des Bois une voie navigable continue et n'exigeant aucun transbordement, il ne faudrait pas moins de 450 pieds d'écluses. On a renoncé pour le moment à exécuter ce dispendieux travail, au moins en ce qui concerne la première moitié du trajet qui est aussi la plus accidentée et qui s'étend jusqu'au lac de la Pluie. Sur toute cette section on s'est contenté d'élever des digues au débouché de certains lacs, afin d'avoir un fond suffisant pour les grosses « barges » de quatre à cinq tonneaux employées au transport des bagages et des voyageurs. A chaque portage, des voitures transbordent le chargement d'un lac à l'autre, et sur chacune des nappes d'eau navigables, ainsi limitées par des portages, on a transporté une petite chaloupe à vapeur, un *tug boat*, qui peut remorquer à la fois jusqu'à cinq ou six lourdes embarcations.

C'était une chaloupe de ce genre qui nous attendait à l'embarcadère du lac Shebandowan. J'étais seul passager, M. de Hertel étant obligé d'attendre à la station l'arrivée de M. Towers, le second ingénieur de la route Dawson. En revanche, les quatre ou cinq barges chargées de colis de toutes sortes que remorquait notre petit *tug boat*, notre « toc », comme disaient nos canotiers franco-canadiens, avaient un équipage nombreux et surtout multicolore. Le mécanicien-chauffeur était un nègre de la plus belle eau, égaré, je ne sais comment, dans ces régions peu tropicales ; grand et solide gaillard d'ailleurs, bien découplé, passionné joueur de violon, et paraissant aimer le mot pour rire. Parmi les pagayeurs et canotiers des barges il y avait des Indiens Saulteux, des Iroquois, des Canadiens français et un ou deux Anglais. Ce congrès de races diverses, s'il rappelait un peu la tour de Babel par la multiplicité des langages, s'écartait cependant en un point de la tradition biblique. Visages-Sombres, Visages-Rouges et

Visages-Pâles vivaient en parfaite intelligence, ce qui tendrait à prouver que les préjugés de peau et de couleur n'ont pas encore pénétré dans ces solitudes. Pour moi, à l'aide de mes couvertures, je me fis un siège commode à l'arrière de l'une des embarcations, et bientôt le bruit strident et monotone de la vapeur s'échappant à haute pression vint donner à tous le signal du départ.

La traversée du lac, longue d'environ 30 kilomètres, se fit rapidement, et nous arrivâmes d'assez bonne heure au petit portage de Kashabowie (en français Kachibouais); mais au lieu de continuer mon chemin sans désemparer, je me laissai persuader de passer la journée entière en compagnie du jeune chef de la station, M. Mackenzie. Malgré son nom écossais, mon hôte, originaire de Trois-Rivières, se considérait lui-même comme un Franco-Canadien pur sang. Il en avait les sentiments, et surtout les antipathies, au point de paraître parfois un peu chauvin — un défaut d'ailleurs bien voisin d'une vertu. — Il avait voyagé en France et en Italie quatre ans auparavant, et sa conversation, mêlant les souvenirs du passé avec le contraste de son existence actuelle au milieu des bois, me fit passer en sa compagnie quelques heures fort bien remplies. Je rencontrai également à Kashabowie un charpentier parisien nommé Jacques V..., émigré l'année précédente au Canada, et que je devais retrouver un mois et demi plus tard à Manitoba où il est venu s'établir définitivement à la clôture de la saison des travaux sur la route Dawson. Il paraissait fort content de son sort et se promettait de faire venir de France quelques-uns de ses amis. C'était un homme solidement bâti et un rude travailleur, deux excellentes conditions de réussite dans tous les pays du monde. Ce jour-là fut aussi marqué par deux bains froids, l'un pris dans toutes les règles et troublé seulement par l'attaque de quelques sangsues faméliques;

Station de Kashabowie sur la route Dawson. (Page 208.)

l'autre involontaire et dont ma maladressé fut la cause.
M. Mackenzie, voulant me faire goûter les plaisirs d'un
sport nouveau pour moi, m'avait proposé une promenade
en canot d'écorce. Peu familiarisé avec les conditions
d'équilibre de ce léger esquif, je m'étais à peine installé
au fond, qu'un mouvement trop brusque fit chavirer
navire et passager dans des eaux heureusement fort peu
profondes, d'où je sortis ruisselant des pieds à la tête,
faisant écho d'assez mauvaise grâce aux éclats de rire de
mes hôtes, témoins moqueurs de la catastrophe, et semblable au renard de la fable :

Honteux comme un renard qu'une poule aurait pris...

Par une équitable compensation, mon séjour à Kashabowie eut cet heureux résultat, que, le lendemain, je fus
rejoint par MM. de Hertel et Towers, qui arrivaient de Shebandowan. Grâce à cette rencontre, mon voyage allait se
continuer dans les conditions les plus agréables. Mes
deux compagnons étaient gens d'excellente humeur, et le
domestique de M. Towers, un Iroquois du Sault-Saint-
Louis, n'avait pas son pareil pour dresser commodément
une tente, disposer intelligemment nos *impedimenta*, et
faire un lit moelleux de nos nombreuses couvertures.

Le 28 août au matin, après le déjeuner, nous quittions
la station de Kashabowie dont le portage n'a qu'un kilomètre de long, et retrouvions de l'autre côté, sur le lac du
même nom, un nouveau « toc » et de nouvelles barges.
Après une traversée de 13 kilomètres environ, se présente un nouveau portage, celui de la Hauteur des terres,
à peu près aussi court que le précédent. Ici nous quittons
définitivement le bassin du Saint-Laurent, dont nous franchissons la ligne de faîte à 1000 pieds anglais au-dessus
du niveau du lac Supérieur (1600 pieds, ou 485 mètres

d'altitude absolue). Nous quittons en même temps la province d'Ontario, dont la frontière suit la ligne de partage des eaux. Ce point toutefois est contesté pour la région que nous venons de traverser, en vertu d'une vieille charte française qui donnait pour limite occidentale au Canada le prolongement du méridien passant au point de jonction de l'Ohio et du Mississipi, sur l'emplacement actuel de Cairo. Ce méridien partagerait en deux la baie du Tonnerre, dont la portion occidentale, avec Fort-William, appartiendrait alors au territoire du Nord-Ouest, et pourrait être comprise dans l'augmentation de limites réclamée par la province de Manitoba, désireuse d'avoir, elle aussi, son port sur le grand lac. *Adhuc sub judice lis est* [1].

Chemin faisant, M. Towers me montre, à quelques pas de la route, une jolie petite source, tête du premier ruisselet que nous voyons couler dans la direction nouvelle, et chacun de nous boit une gorgée d'eau claire et fraîche, puisée à l'origine de l'un des tributaires de la baie d'Hudson, et par elle, de l'immense bassin de l'Océan glacial arctique. Cette formalité remplie, nous gagnons l'embarcadère où nous attend un nouveau convoi d'embarcations.

Le lac que sillonnent maintenant nos canots est semé d'îles verdoyantes qui le divisent en mille petites nappes d'eau presque indépendantes l'une de l'autre. Pour cette raison, il a reçu des voyageurs le nom très français de lac des Mille-Lacs. Quelques portions de sa lisière de bois ont subi les atteintes du feu ; mais, sur ce sol dont l'humidité est entretenue par la constance du niveau des eaux lacustres et par l'abondance des pluies, la vie végétale dé-

---

1. La question paraît avoir été tranchée en 1877 par voie d'arbitrage en faveur des prétentions d'Ontario.

montre sa vigueur par la rapidité avec laquelle croissent les pousses nouvelles dont le feuillage touffu a déjà fait disparaître presque entièrement les traces des désastres passés.

Trois heures et demie de navigation sur ce beau lac nous ont fait avancer de trente kilomètres. Nous nous arrêtons ensuite au portage Baril, long d'un quart de mille à peine, et entouré de monticules assez élevés. Du sommet de l'un d'eux, qui domine l'embarcadère, on embrasse un vaste horizon au-dessus des cimes verdoyantes, des lacs paisibles et sombres, et des ruisseaux argentés qui brillent au soleil. Sur le lac Baril (13 kilomètres) nous retrouvons les étroits chenaux, les interminables défilés entre deux murailles de roches moussues et d'arbres verts, gracieusement éclairés par les rayons du soleil couchant. Mais, pourquoi ne pas l'avouer ? l'éternelle combinaison — quelque variées qu'en soient les formes — d'un ciel bleu, d'eaux couleur d'ambre et d'un rideau de forêts parées de toutes les teintes vertes que puisse rassembler la palette d'un coloriste, finit à la longue par lasser l'attention et engendrer l'indifférence.

Nous passons sous la tente, au petit portage Brûlé (un quart de mille), la nuit du 28 au 29, non sans faire ample connaissance avec nosseigneurs les « brûlots », ces impitoyables moustiques de l'Amérique septentrionale, qui, en dépit de la latitude, se montrent — surtout dans la région des lacs — aussi sanguinaires que leurs congénères sénégalais. Le lendemain nous traversons le lac Windegoostigon (20 kilomètres), le portage Français (3 kilomètres de longueur et 100 pieds de descente), les lacs Français et Kogassikok (25 kilomètres) réunis en une seule section navigable au moyen d'une digue de onze pieds d'élévation, le portage des Pins (un quart de mille ou 400 mètres), où je rencontrai encore un Parisien,

Ferdinand L..., jeune ouvrier mécanicien, fort satisfait, comme son compatriote de Kashabowie, des résultats
d'une campagne pendant laquelle il avait déjà pu économi-
ser un millier de francs, somme qu'il comptait bien
doubler avant le printemps suivant, pour s'établir ensuite
à son compte dans quelque localité du Canada. Chose singulière! il n'y a peut-être pas d'émigrants qui s'accom-
modent aussi facilement aux exigences d'une vie entièrement nouvelle que les enfants de Paris—les jeunes gens
surtout. Leur philosophie gouailleuse et un peu insouciante,
leur gaieté communicative les suivent et les aident en tous
lieux. Ils ne craignent pas de quitter les sentiers battus et
d'aller, tout droit, là où commencent réellement les avantages comme aussi les privations qui permettent, dans tout
pays neuf, d'acheter l'aisance au prix de quelques années
de misère. Ils n'ont point ces défaillances, ces accès de
nostalgie, cette inaptitude à se faire aux usages des autres
peuples, qui rendent souvent irritables, grognons et grin-
cheux ceux de nos compatriotes qu'un engouement irréfléchi, la ruine de leurs espérances, le désir de faire
promptement fortune ont entraînés à émigrer au loin. Au
Canada, malheureusement, leur réputation de libres-pen-
seurs, en religion comme en politique, les fait regarder
avec une certaine méfiance. « Dans ce pays, me disait
un jeune Montréalais, il y a une quarantaine de sectes religieuses différentes) ; ce n'est donc pas le choix qui manque ;
mais il faut, de toute nécessité, aux yeux de l'opinion, appartenir à l'une d'elles et s'y tenir fermement. L'indifférence et le scepticisme sont on ne peut plus mal portés. »
Je ne sais plus quel homme politique canadien repro-
chait un jour devant moi, à l'agent du *Dominion* à Paris,
de n'avoir envoyé, en 1872 et 1873, que d' « affreux commu-
nards ». Je cherchai vainement à le rassurer en lui faisant
observer : 1° que l'agent incriminé que je connaissais

beaucoup — ce qui me donnait la possibilité et le droit de présenter péremptoirement sa défense, n'expédiait personne de sa propre autorité, mais délivrait, sans distinction d'origine et d'opinion, à tous ceux que la lecture des brochures publiées par le gouvernement canadien décidait à tenter l'aventure, des billets de passage tarifés au prix fixé par ce gouvernement lui-même; 2° que le concours des circonstances qui ont amené la Commune n'était heureusement pas à craindre au Canada; 3° enfin, que le climat de l'Amérique septentrionale avait, en hiver, toute la fraîcheur nécessaire pour calmer la trop grande ardeur des tempéraments européens. Quelques jours après, parlant de cette conversation avec un fort aimable journaliste dont je tairai le nom, celui-ci tourna en plaisanterie les frayeurs de son confrère. « Laissons opérer cette infusion de sang nouveau, me dit-il. A dose aussi homéopathique, cela ne saurait faire de mal, et il se pourrait, ma foi, qu'il en résultât quelque bien. »

Après le portage des Pins vient le petit lac des Pins (long seulement de 2 1/2 kilomètres, puis le portage des Deux-Rivières (400 mètres). A cette dernière station nous dînons de la traditionnelle friture de porc salé, accompagnée de thé plus ou moins sucré et de conserves de pommes. Afin de gagner du temps, M. Towers décide que nous continuerons notre chemin et que nous franchirons, cette nuit même, le lac de l'Esturgeon (25 kilomètres de longueur et 124 pieds en contre-bas du lac Kogassikok).

D'abord, tout sembla marcher à souhait. La nuit était tiède et sans brise; notre petit remorqueur, chauffé de bois résineux encore vert, lançait bruyamment dans les airs une gerbe d'étincelles qui lui faisaient un superbe panache de feu. Les mille lueurs de ce feu d'artifice à jet continu se reflétaient dans les eaux tranquilles, et prêtaient des formes fantastiques aux arbres du rivage. Que durent penser les pauvres Saulteux lorsque, pour la première fois, ils virent un de ces convois infernaux tracer sur leurs lacs un sillage enflammé ? Combien de conjurations n'adressèrent-ils pas au Grand Manitou dans la « loge de Médecine » ? Aujourd'hui, leurs craintes n'existent guère plus qu'à l'état de souvenir ; ils sont les premiers à profiter du nouveau mode de transport, d'autant plus qu'on ne leur refuse presque jamais une petite place, gratuite ou peu s'en faut, dans quelqu'une des embarcations traînées par le « cracheur de feu ».

Si ces réflexions et d'autres rêveries plus ou moins poétiques inspirées par une douce somnolence remplirent les premiers instants de notre traversée nocturne, d'autres préoccupations ne tardèrent pas à les chasser bien loin. La digue qui doit rehausser le niveau du lac n'était pas achevée, les eaux étaient basses, et bientôt nous nous trouvâmes arrêtés dans une sorte de marais couvert de riz sauvage (*Zizania aquatica*), où nos canotiers furent obligés de se mettre à l'eau jusqu'à mi-corps pour dégager les embarcations. A peine sortis de ce mauvais pas, un accident arrivé à la machine du *tug boat* nous force à atterrir et à camper dans les bois. Notre Iroquois dresse rapidement la tente, après avoir allumé un feu de branches de sapin destiné à éloigner les « brûlots », de cuisante mémoire. Pendant ce temps, le chauffeur et ses hommes cherchent à réparer tant bien que mal le mécanisme détraqué, et le matin nous sommes en mesure de reprendre notre route. Mais nous ne devions pas en être quittes à si bon marché. Au bout de deux ou trois milles, crac ! voilà le remorqueur arrêté : c'est l'histoire de la nuit qui recommence. Cette fois, nous relâchons sur un petit îlot rocheux couvert de « bluets » (*Blueberries, Vaccinium Canadense*), petites baies couleur de raisin noir qui figurent avec hon-

neur sur les meilleures tables du Canada. Enfin, après de
nouvelles réparations provisoires, couronnées cette fois de
succès, nous arrivons, non sans peine, au portage de la
rivière Maligne, où l'on décide de passer le reste de la
journée ainsi que celle du lendemain, dimanche.

Il eût été difficile de rêver une semaine mieux remplie
que celle qui allait finir, et certes nous avions tous mérité
de jouir du repos dominical, même augmenté de toute la
soirée du samedi. La tente fut dressée avec le soin ordinaire, son abri étant infiniment préférable à celui des han-
gars, où de nombreux émigrants, peu soigneux de leurs
personnes, pouvaient avoir laissé des traces trop vivantes
de leur passage. On expédia rapidement un dîner conforme à la formule classique de la route Dawson, bœuf ou
porc salé, thé et conserves de pommes. Puis, comme l'oi-
siveté est la mère de tous les vices, — et quel plus déplorable vice que le jeu !—nous nous mîmes en tête d'organiser
un whist qui dura jusque passé minuit. Notre quatrième
partner était le chef de la station, un Irlandais haut de six
pieds, qui avait fait dans l'armée fédérale toute la guerre
de la Sécession. Entre deux *rubbers* on causait France,
Amérique, Canada, et, quand enfin les lumières furent
éteintes, on s'endormit de ce sommeil des justes qu'inter-
romprait à peine la trompette du jugement dernier. Aussi
cette nuit-là les « brûlots » trouvèrent une proie sans
défense, et le lendemain nous portions en relief, sur
maint endroit de notre épiderme, la marque des combats
sanglants qu'ils nous avaient livrés.

La rivière Maligne mérite à tous égards le nom que lui
ont donné les vieux voyageurs : elle a des courants, des
remous, des tourbillons d'autant plus perfides qu'en certains endroits la surface paraît d'un calme plus parfait.
Je dois à ma passion pour les bains froids d'en avoir fait
la périlleuse expérience. Sans un brave homme de char-

pentier qui me cria à temps d'éviter un endroit dangereux vers lequel je nageais en toute confiance, mon voyage se terminait brusquement, à quelques centaines de mètres en aval du portage, le dernier jour du mois d'août 1873, et ses mémorables incidents fussent restés à jamais ignorés du lecteur. Je jurai — pas trop tard heureusement — de ne plus me laisser prendre au sourire trompeur des eaux courantes, et de me réserver pour les lacs, plus débonnaires et moins « entraînants ».

A l'heure où j'écris ces lignes, la malencontreuse rivière doit avoir été domptée par l'érection, à son débouché dans le lac Lacroix, d'une digue de dix-sept pieds, destinée à faire disparaître battures, courants et rapides. Mais en 1873 elle formait encore, sur la longue route des lacs, une lacune de 16 kilomètres environ, interdite au remorquage par la vapeur.

La veille, dès notre arrivée, M. Towers avait fait presser les réparations du *tug boat*, et l'avait renvoyé au portage des Deux-Rivières où l'on attendait un convoi d'émigrants. Les canots revinrent le dimanche soir avec un plein chargement de futurs citoyens et citoyennes de Manitoba. Parmi eux se trouvaient deux jeunes gens d'Ontario qui avaient fait avec moi, sur le *Frances Smith*, la traversée du lac Supérieur, et un compatriote dont j'aurai plus tard à narrer les aventures.

Nous partîmes le lendemain matin, cette fois sans remorqueur ; MM. Towers, de Hertel et moi, dans la barge qui tenait la tête du convoi ; les émigrants, leurs bagages et les colis destinés aux Indiens, dans trois ou quatre autres grandes embarcations. La barge ne vole pas sur les eaux comme le canot d'écorce, il ne faut pas moins de douze ou quinze hommes pour la traîner sur les portages ; mais d'habiles rameurs savent tout aussi bien la diriger au milieu des rapides, et le patron la fait manœuvrer avec une aisance surprenante à l'aide de l'énorme rame qui lui sert de gouvernail. Sur la rivière Maligne, nous eûmes à sauter successivement cinq ou six de ces rapides. Comme on l'a fait remarquer dans mainte relation de voyage, l'impression est ici plus vive qu'à bord d'un grand steamer franchissant une barre ou descendant un courant. Après un moment de descente sur un plan incliné dont la pente semble d'abord n'altérer en rien la netteté du miroir liquide, on entre dans une zone légèrement houleuse bientôt suivie d'énormes bouillons. Un coup de rame maladroit, un mouvement inconsidéré, et nous allons nous briser contre quelqu'une de ces roches que blanchit au-dessous de nous l'écume du rapide... Mais non, la proue fend d'aplomb le milieu de la veine recourbée du « sault »; une sensation indéfinissable, un haut-le-cœur qui a la durée d'un éclair, donne conscience à la fois de la hauteur de la chute et de la vitesse de la descente. Parfois la barge rase l'écueil de si près qu'on croirait entendre le frôlement de ses parois. Arrivée au bas de sa course et suivant son impulsion première, elle plonge un instant, au point d'embarquer quelques paquets d'écume enlevés à la crête des plus formidables bouillons ; mais aussitôt elle se relève et suit le fil du courant avec la vélocité d'une flèche, jusqu'à ce que la résistance d'une eau plus tranquille vienne enfin modérer son allure.

La fin de cette étape émouvante est marquée par le petit portage de l'Ile, long de 100 mètres à peine, emplacement projeté de la digue dont j'ai parlé plus haut, et remarquable par deux jolies décharges d'une dizaine de pieds, par lesquelles la rivière se déverse dans le lac Lacroix ou Nequaquon, de chaque côté de l'îlot rocheux qui a donné son nom au portage.

A partir du lac Lacroix, la route des canots détermine la ligne frontière entre le Canada et les États-Unis. Nous

y retrouvons un *tug boat* et nous faisons encore 27 kilomètres environ jusqu'au portage Nequaquon, le plus
long de toute la route. Il a 2 1/2 milles ou environ
4000 mètres de long, et permet d'éviter un long et
fastidieux détour pour se rendre au lac Namikan, soit
par les portages aux Huards situés plus au sud,
soit par un émissaire qui fait un crochet vers le nord et
que la plupart des cartes désignent sous le nom de rivière
Maligne. Il ne faut point cependant la confondre avec celle
dont j'ai parlé plus haut et que les mêmes cartes nom-
ment simplement « rivière de l'Esturgeon », du lac dont
elle est la continuation. Sur les lieux mêmes, j'ai toujours
entendu M. Towers, aussi bien que nos canotiers et les
employés des portages, réserver à cette dernière le nom de
« rivière Maligne », et je le lui ai conservé dans tout le
cours de mon récit. Ce n'est que plus tard, en comparant
mes notes avec différents rapports, cartes et relations d'autres voyageurs, que j'ai reconnu cette confusion entre deux
cours d'eau fort voisins, confusion bien faite pour introduire
quelque erreur dans le tracé d'un itinéraire, si le relevé
des distances et la détermination exacte de la position du
portage de l'Ile, en amont du lac Lacroix, ne me l'eussent
fait apercevoir.

La route du portage Nequaquon, que nous fîmes à pied,
tandis que nos bagages nous suivaient en voiture, est encore un spécimen de chemin en « corduroy ». Elle est
assise en grande partie sur un sol marécageux où croissent des épinettes au sombre feuillage. La descente d'un
lac à l'autre est de 72 pieds anglais. De jolis écu-
reuils prenaient çà et là leurs ébats sur les traverses
en bois, et à notre approche s'élançaient d'un bond au plus
épais des fourrés. Je note ce fait, car, dans ce long voyage
de dix jours à travers des lacs entourés de forêts, je n'ai
littéralement aperçu d'autres quadrupèdes indigènes que

quelques oursons capturés par les chasseurs, et enchaînés à la porte des stations.

Nous traversons de nuit le lac Namikan ou Nameukan (25 kilomètres environ) au son de ces naïves « chansons de voyage » dont le rythme se marie si bien au mouvement des rames. Ne leur demandez ni rimes riches, ni jeux d'esprit, ni cascades à la mode, non plus que les combinaisons d'une musique savante, à ces chansons vieilles peut-être de plusieurs siècles. En dépit des altérations qu'elles ont subies en passant de bouche en bouche, il ne serait pas difficile de découvrir leur parenté avec quelque air rustique encore bien connu dans nos campagnes normandes et percheronnes. Elles n'en font que plus de plaisir à entendre, sur les lacs et les rivières de l'Amérique du Nord, à 2000 lieues de la patrie. Elles sont certainement, de toutes les poésies populaires de notre langue, celles dont le domaine est le plus étendu ; les chasseurs et trappeurs canadiens les chantent jusqu'au bord des eaux glacées du majestueux Mackenzie, dans les passes des Montagnes Rocheuses, sur les rivières du Labrador. Longtemps encore elles seront répétées par les échos du haut Missouri, de la Saskatchewan et des innombrables tributaires du fleuve Saint-Laurent. Elles ont inspiré courage et vigueur aux premiers explorateurs de ces immenses régions, à ces hommes de fer qui, si la France avait su les comprendre et les soutenir, auraient affermi sa domination, en même temps que leurs découvertes en étendaient les limites, assurant ainsi à notre race l'empire du Nouveau-Monde !

A dix heures du soir, nous arrivons aux chutes de la Chaudière (*Kettle Falls*) où se termine, avec le pays des petits lacs, la première section de la route Dawson. Un gros steamer devait nous transporter au delà du lac de la Pluie, et j'apprends en même temps que, par suite des dispositions des Indiens, MM. Towers et de Hertel attendront à ce portage l'arrivée de M. Dawson pour conférer avec lui. C'est avec un véritable regret que je dis adieu à mes compagnons de route. Leur société, leurs prévenances, leurs bons procédés avaient fait de ce voyage un peu décousu l'un des plus attrayants qu'il m'ait été donné d'accomplir. Si jamais ces lignes leur tombent sous les yeux, qu'ils veuillent bien les regarder comme l'expression très imparfaite du bon souvenir que je conserve de notre trop fugitive rencontre.

XII

Arrivés à dix heures du soir à Kettle Falls, nous en partîmes de si bon matin, qu'il me fut impossible de donner un coup d'œil à la chute dont le portage a pris le nom. Je dus également renoncer à voir un troisième Parisien qui remplissait à cette station les modestes mais utiles fonctions de cuisinier. Vu le peu de variété des denrées alimentaires en usage sur la route Dawson, il ne devait pas avoir, à vrai dire, beaucoup d'occasions de déployer ses talents, et je suppose que son amour-propre en souffrait cruellement. Quant à la « Chaudière » du lac la Pluie, elle est loin d'égaler ses sœurs de Québec et d'Ottawa; elle tombe d'une modeste hauteur de neuf à dix pieds seulement, et le portage de 300 mètres qu'elle nécessite encore aujourd'hui se trouvera bientôt supprimé par la construction d'une écluse. Avec le petit canal qu'on se propose d'établir à

Fort-Francis, on aura alors, du portage Nequaquon à l'extrémité nord-ouest du lac des Bois, une ligne de 180 milles (290 kilomètres) de navigation continue.

Nous fîmes lestement dans la matinée du 2 septembre 50 milles (80 kilomètres) sur le lac de la Pluie dont les bords sont généralement bas, rocheux et maigrement boisés. La plupart des nombreuses baies que forme cette vaste nappe d'eau sont couvertes de riz sauvage (*Zizania aquatica*) dont nous avons eu déjà l'occasion de signaler l'existence sur le lac de l'Esturgeon. Cette utile et curieuse plante, connue des « voyageurs » Canadiens français sous le nom très mal approprié de *folle avoine*, ne se trouve sur le territoire britannique que dans le district que nous venons de traverser, et jusqu'au lac des Bois. Mais elle croît en abondance dans les innombrables lacs des régions similaires du Minnesota et du Wisconsin. Ses tiges s'élèvent d'environ sept ou huit pieds au-dessus des eaux sans courant et sans profondeur qu'elles affectionnent et où elles croissent serrées comme des roseaux. Les Indiens passent en canot au milieu des plants qu'ils frappent à coups de bâtons pour faire tomber les épis dans leurs embarcations. Ils chauffent ensuite le grain pour le dégager de la pellicule très dure qui le recouvre et le préparent en soupe. Ce grain fait un excellent potage, et, comme le dit Mgr Taché dans son « Esquisse du Nord-Ouest », beaucoup de personnes le préfèrent au riz ordinaire. Tout récemment, l'industrie américaine a découvert un nouveau moyen d'utiliser la *Zizania aquatica*. Sa tige est aujourd'hui employée en grand dans la préparation du papier; elle rend une proportion de pâte supérieure, dit-on, à celle qu'on obtient de l'alfa ou sparte d'Algérie, aujourd'hui si recherché par les fabricants anglais. Ses filaments ne renfermant aucun silicate, le papier qui en résulte est aussi fort, aussi flexible que celui de chiffons, et se prête très bien au blanchiment. On a déjà avancé que les lacs canadiens pourraient à eux seuls fournir annuellement un million de tonnes du nouveau textile ; mais ce chiffre me semble fort exagéré, surtout en le comparant avec ce que l'on sait de la production de l'alfa dont les cent mille tonnes importées annuellement en Angleterre paraissent suffire pour le moment aux besoins de l'industrie du papier.

Un peu au-dessous de l'endroit où le lac de la Pluie se décharge dans la rivière du même nom par la « Grande-Chute » haute d'environ vingt-huit pieds, se trouve le fort Francis (en anglais Frances), ancien poste de la Compagnie de la baie d'Hudson. Un agent des affaires indiennes y a sa résidence. En arrivant je fus parfaitement reçu par deux Canadiens français employés au fort, qui me présentèrent à M. Pithers l'agent en question, et j'appris de lui avec grand plaisir que nous allions faire route ensemble jusqu'à Winnipeg. La conclusion du traité projeté rencontrait des difficultés par suite de l'obstination des sauvages à prétendre que le lieutenant-gouverneur de Manitoba vînt présider leur assemblée générale — leur *powwow* — au fort Francis même, endroit traditionnellement consacré, suivant eux, à ces sortes de réunions. Le lieutenant-gouverneur, au contraire, leur avait assigné rendez-vous à l'angle nord-ouest du lac des Bois, où ils manifestaient hautement l'intention de ne point se rendre. En présence de cette opposition, M. Pithers s'était décidé à entreprendre le voyage de Winnipeg pour exposer la situation et demander des instructions nouvelles.

Le portage de la « Grande-Chute » n'a que 200 mètres de longueur. Comme je l'ai dit plus haut, il sera bientôt remplacé par un canal à écluses. Il y aura aussi quelques travaux d'excavation et d'extraction de roches à effectuer au « Long-Sault », situé sur la rivière de la Pluie, pour que le gros steamer qui fait le service du lac des Bois puisse remonter jusqu'à Fort-Francis.

Du lac des Mille-Lacs au lac de la Pluie nous sommes descendus d'environ 100 mètres. C'est une bien faible hauteur pour justifier la notable différence de climat que tous les observateurs s'accordent à constater entre ces deux points. Aussi je ne crois point téméraire d'attribuer en partie à la nature géologique du terrain le mérite d'un tel changement. Après les Grandes-Chutes, rochers et collines disparaissent pour faire place à un riche sol d'alluvion qui s'étend sur les deux rives de la rivière de la Pluie. Aux environs du fort on revoit pour la première fois depuis la baie du Tonnerre des bâtiments de ferme et des bestiaux paissant dans les champs. Il semble même que cette région ait été autrefois cultivée. « Çà et là, dit M. Dawson, on y rencontre d'anciens défrichements faits par une race dont il ne reste pas même de traditions. » Des recherches ultérieures permettront peut-être d'établir une corrélation entre les travaux de cette race mystérieuse et ceux dont les vestiges ont été découverts dans l'Ohio. Si, comme tout le fait présumer, les puissantes nations que la conquête espagnole trouva au Mexique dans un état de civilisation déjà fort avancée, sont venues des régions du Nord, il n'y aurait rien de surprenant à ce que la rivière de la Pluie eût été l'une de leurs étapes.

Au moment du départ, de nombreux sauvages viennent prendre congé de M. Pithers, et parmi eux on me montre « Blackstone », l'orateur des Saulteux, un gaillard dont la peau rouge a, paraît-il, quelque chose de l'étoffe dont on fait les bons avocats. Pour la première fois je vois à cette conférence apparaître la « peinture » indienne dans tout son lustre traditionnel. Le vermillon, le noir de fumée et le bleu d'azur forment des lignes décoratives de l'effet le plus drôle sur la physionomie cuivrée de quelques-uns de

nos visiteurs. Je me rappelle notamment un chef, coiffé
d'un chapeau européen à larges ailes, sur lequel se balan-
çaient orgueilleusement trois ou quatre plumes disposées
en éventail. Sa face était outrageusement barbouillée de
couleurs, mais son costume beaucoup moins brillant se
bornait à un demi-pantalon et une chemise. Je dis un
demi-pantalon, car tout le fond de l' « inexprimable » vêtement avait été soigneusement découpé d'après un usage
général parmi les tribus non encore converties aux principes modernes d'habillement. Il n'est que juste d'observer
que les plis flottants de la chemise cachaient à peu près
cette fâcheuse lacune. Somme toute, nos Chippewas de
Fort-Francis, sans s'être européanisés comme ceux que
nous avons rencontrés à la baie du Tonnerre, ont juste
assez emprunté au costume des visages pâles pour se
rendre disgracieux tout en restant malpropres. Ce n'est
pas encore là que nous apercevrons l'Indien classique de
nos rêves.

De Fort-Francis au Long-Sault il y a 35 milles
environ, et pour la dernière fois nous dûmes nous servir
de barges remorquées par un *tug boat*. Pendant ce trajet,
j'eus tout le loisir de faire ample connaissance avec le
compatriote arrivé, on s'en souvient, par le convoi d'émigrants qui nous avait rejoints au portage de la Maligne.
Ce pauvre garçon offrait un parfait spécimen de ces gens
prêts à tout entreprendre, précisément parce qu'ils sont
propres à fort peu de chose, qui constituent le *caput
mortuum* de l'émigration dans le Nouveau-Monde. En
France, il avait été quelque peu musicien dans un régiment ; venu au Canada sans trop savoir pourquoi, il avait
trouvé, après diverses péripéties trop longues à raconter,
une place d'adjoint au maître d'école dans un nouveau
défrichement. C'est sans doute en souvenir de cette dernière profession qu'il émaillait sa conversation de tropes

et d'archaïsmes plus que risqués, débités avec une solennité burlesque. Peu satisfait de vivre au milieu des forêts, et ayant vaguement entendu parler de Manitoba, il s'était décidé à émigrer de nouveau, cette fois vers la région des prairies, sans se rendre un compte bien exact de ce qu'il y pourrait faire. Au physique, c'était un tout petit homme, de mine ingrate et d'aspect maladif, ce qui me fit mal augurer de son avenir dans un pays où la force physique et l'aptitude aux travaux corporels sont les premiers éléments du succès. A la différence des Parisiens de la route Dawson, toujours dispos et contents, ses déceptions successives avaient réagi de la façon la plus fâcheuse sur son tempérament bilieux. Ce n'est pas lui certainement qui eût jamais inventé la formule optimiste chère au docteur Pangloss. Pour comble de disgrâce, sa mauvaise étoile avait voulu qu'il se rencontrât dans le convoi d'émigrants un caractère presque aussi mal fait que le sien. Ce malencontreux concurrent était une Irlandaise, grande, sèche, rousse et acariâtre, qui allait rejoindre son mari, soldat dans le détachement de volontaires de la milice canadienne en garnison à Winnipeg. Comme de raison, nos deux esprits chagrins s'étaient mutuellement pris en grippe, et tout le long du voyage il en était résulté, au grand divertissement des autres émigrants, nombre d'altercations héroï-comiques où les trois couleurs françaises durent souvent s'abaisser devant le vert pavillon d'Erin.

Il n'est point de guerre qui n'ait ses armistices. Notre départ de Fort-Francis permit à l'ex-musicien d'échapper pendant quelques heures à son irascible ennemie. Le convoi se composait de plusieurs embarcations ; il sauta dans la nôtre où la présence de l'agent des affaires indiennes ne pouvait manquer de maintenir une harmonie relative. C'est là qu'avec force figures de rhétorique il me narra sa longue odyssée. En échange de ses confiden-

ces il me demandait mon appui. Selon lui, aussitôt arrivé
à Winnipeg je ne pouvais manquer d'être bien vu en
haut lieu ; pourquoi ne point employer mon influence
naissante à favoriser les débuts d'un compatriote ? Musicien, domestique, maître d'école ou chef de bureau, le
premier emploi trouvé serait pour lui le meilleur. De fait,
je parvins plus tard à le caser chez un des membres du
gouvernement provincial : c'était une demi-sinécure,
mais il n'en jouit pas longtemps. Un beau jour, je rencontrai mon homme presque méconnaissable sous un
« capot » de métis qui le cachait tout entier, couvert de boue
des pieds à la tête et conduisant au bac de la rivière Rouge
une lourde charrette de briques. Du service d'un ministre, une incartade comico-galante l'avait fait tomber à
celui d'un entrepreneur. Je laisse à penser quelles malé-
dictions il formulait en son style hyperbolique contre le
pays et ses habitants. C'était chez lui une habitude trop
invétérée pour qu'il ne l'eût point reprise après trois ou
quatre semaines de séjour, et, il faut le reconnaître, sa
dernière incarnation n'était point de nature à lui faire
voir tout en rose. Je lui souhaitai sincèrement meilleure
chance à l'avenir et oncques, pour parler son langage, ne
le revis depuis lors.

La rivière dé la Pluie, que les infortunes de mon inté-
ressant compagnon nous ont fait un instant perdre de vue,
est un fort beau et fort majestueux cours d'eau, digne de
servir de frontière entre deux grandes nations. Elle a près
de 400 mètres de largeur moyenne. Ses rives, où
les arbres à feuilles caduques, ormes, tilleuls, chênes,
hêtres, bouleaux et trembles, se rencontrent plus fréquemment que les conifères, n'ont plus rien de l'aspect
un peu sévère et monotone de la région précédente. Pendant 75 milles, de Fort-Francis au lac des Bois, on
se figurerait facilement, n'était l'absence de toute habita-

tion humaine, que l'on côtoie un parc anglais indéfiniment prolongé, dont les jolies prairies naturelles, que forment les nombreuses clairières de la forêt, représen-
teraient les pelouses gazonnées. Pour ne parler que du
côté canadien, il y a là, sur une longueur de 160
kilomètres, le long de la rivière et de la partie sud-est du
lac des Bois, une lisière d'alluvions comparables à ce que
la vallée du Saint-Laurent renferme de plus beau. Toutefois on n'est pas d'accord sur la largeur de cette zone
fertile. M. Dawson estime qu'elle s'étend fort avant dans
l'intérieur des terres ; M. Pithers, au contraire, confir-
mant en cela une opinion émise il y a déjà sept ou huit
ans par Mgr Taché, m'a assuré qu'à une distance moyenne
de cinq ou six kilomètres des berges de la rivière, et
parallèlement à son cours, il existe une ligne de marécages, fonds mal desséchés d'anciens lacs, remplis de tourbe
et couverts d'épinettes noires (*Abies nigra*). Ces marais
ou « maskègues » détermineraient nettement, selon lui, la
limite des terrains cultivables. Quoi qu'il en soit, même en
acceptant l'évaluation des moins optimistes, c'est au bas
mot cent mille hectares de terres excellentes que renferme
ce district. En aucun pays, remarque avec raison M. Dawson, pareille étendue ne serait à dédaigner ; ici, elle
acquiert une bien plus grande importance par sa situation
au cœur d'une région dont le sol, généralement rebelle à
la culture, recèle en revanche d'immenses richesses minérales. Les futurs cultivateurs de la rivière de la Pluie
trouveront dans les mines, les chantiers, les usines qui
couvriront un jour le pays des lacs, un marché assuré
pour tous les produits qu'ils tireront de leur district, le
seul vraiment agricole sur le chemin de la Rivière
Rouge [1].

1. Depuis que ces lignes ont été écrites, le gouvernement canadien
a envoyé des colons sur ce point : dix-sept townships ou cantons de

Mais, avant d'arpenter les terres, de les allotir et de les
concéder aux immigrants, une précaution était indispensable, ne fût-ce que pour assurer la sécurité des futurs
établissements. Il fallait obtenir des Indiens la cession de
leurs droits sur les terrains convoités, et c'est dans ce but
qu'on se préparait à conclure le traité dont j'avais tant
entendu parler depuis mon départ de Thunder-Bay.

Pendant les quatre jours que je voyageai en compagnie
de M. Pithers je recueillis de sa bouche une foule de
détails intéressants sur les mœurs et habitudes des sauvages de son agence. A Winnipeg, où je fus pendant deux
mois l'hôte du commissaire des affaires indiennes, j'ai pu
les compléter à l'aide de nombreux renseignements oraux,
ainsi que par la lecture des remarquables rapports adres-
rés par M. Dawson au gouvernement d'Ottawa. Mieux que
tout autre d'ailleurs, M. Pithers pouvait me donner des
notions exactes sur ses administrés. Avant d'entrer dans
les affaires indiennes, il avait été vingt-trois ans au service
de la Cⁱᵉ de la baie d'Hudson. Anglais d'origine, il est arrivé
à parler avec la plus grande pureté plusieurs langues indigènes. Il s'exprime également fort bien en français, avec
l'accent et les intonations des « voyageurs » canadiens,
les seuls professeurs qu'il ait jamais eus, mais sans que
sa prononciation ait rien gardé de ce cachet anglo-saxon
dont la plupart de ses compatriotes ont tant de peine à se
défaire. En canot, comme dans la voiture qui nous con-

23 000 acres (9200 hectares) chacun ont été arpentés. En 1877, le
journal en langue anglaise qui s'est fondé à Fort-Francis, l'*Alberton
Star*, annonçait que l'on comptait déjà 400 familles de colons établies
dans le voisinage de la rivière de la Pluie. Sur le lac des Mille-Lacs
une bourgade naissante, située sur le parcours du futur Pacifique canadien, a reçu le nom de Port-Savane ; enfin, au nord du lac des
Bois, au point où doit passer le même chemin de fer, on a fondé l'établissement de Keewatin dont le nom, qui signifie « vent du Nord », a
été étendu à tout le territoire entre Manitoba et la frontière d'Ontario.

duisit de North West Angle à Fort Garry, il ne laissait
jamais passer l'occasion de me donner l'explication de tout
ce qui était nouveau pour moi ; et je souhaiterais volontiers
à tous mes confrères en voyages lointains de rencontrer
à chacune de leurs étapes un cicérone aussi prévenant et
aussi véritablement connaisseur.

C'est entre le portage Français et le lac des Bois que
les Indiens se rassemblent en plus grand nombre ; néanmoins les limites de l'agence de Fort-Francis s'étendent
fort loin au nord, jusqu'au *Lac Seul*, dans une région
encore fort peu explorée. Le chiffre total des différentes
« bandes » s'élève dans ces limites à un peu plus de trois
mille individus. Depuis longtemps ils ne paraissent augmenter ni diminuer sensiblement en nombre. Les pertes
souvent considérables des mauvaises années sont à peu
près compensées par le gain des autres, et, d'autre part,
les guerres meurtrières qu'ils faisaient jadis aux Sioux ont
entièrement cessé depuis qu'en 1862, à la suite d'un terrible massacre de colons, le gouvernement des Etats-Unis
a éloigné ces derniers des territoires de chasse qu'ils possédaient dans le Minnesota.

Les Indiens de la rivière de la Pluie, tous Chippewas ou
« Saulteux des Bois », sont pour la plupart grands et bien
faits, intelligents, jaloux de leur indépendance sauvage,
de leur droit au sol et de leur autorité sur le pays qu'ils
occupent. Leur attitude est d'ordinaire quelque peu hautaine et réservée, ce qui ne les empêche point de se montrer doux et hospitaliers dans leurs rapports avec les
étrangers. Leur moralité paraît être de beaucoup supérieure à celle de leurs frères de la plaine, les Maskégons
ou « Saulteux de marais ». Chez eux, point de gouvernement
compliqué : le pouvoir est exercé dans chaque bande par
un chef librement élu; des assemblées de chefs, quelquefois même des assemblées générales de tous les membres

des tribus, se réunissent lorsque les intérêts généraux sont
en jeu. Les lois promulguées par les chefs sont assez bien
observées, quoiqu'elles n'aient guère d'autre sanction que
l'autorité toute morale de leurs auteurs, ce qui serait
d'une efficacité plus que douteuse chez la plupart des
nations civilisées. Jusqu'à présent ils ont su, malgré le
voisinage de la frontière américaine, se préserver de l'*eau
de feu*, ce grand démoralisateur des races rouges. Il est
juste d'ailleurs de reconnaître qu'aujourd'hui, dans l'État
limitrophe du Minnesota, les peines extrêmement sévères
édictées contre l'introduction des spiritueux en pays indien
ont presque entièrement fait disparaître ce triste moyen
de trafic.

« En général, écrivait en 1868 M. Dawson, ces sauvages sont d'adroits commerçants et paraissent connaître la valeur de ce qu'ils reçoivent et de ce qu'ils donnent aussi bien que n'importe quel peuple du monde.
Quelques-uns de ceux qui se réunissent en été à la
rivière de la Pluie pour la pêche à l'esturgeon, ont pris part
à des traités conclus avec les États-Unis au sujet de certains territoires destinés à la colonisation et cédés en
échange d'une subvention annuelle. L'expérience qu'ils
ont ainsi acquise en a fait des diplomates experts com-
parés aux autres Indiens, et ils n'ont pas manqué d'éclai-
rer leurs parents de la rivière de la Pluie sur la valeur
des terres que traverse la route de la Rivière Rouge.

» Celui qui, en négociant avec ces Indiens, s'imagi-
nerait avoir affaire à des enfants, se tromperait donc
grossièrement. Dans leur manière de s'exprimer, ils
se servent de beaucoup d'allégories, et leurs démonstrations peuvent parfois paraître assez enfantines;
mais, dans leurs transactions réelles, ils sont adroits et
savent très bien veiller à leurs propres intérêts. S'il
s'agit de quelque affaire importante, ou qui intéresse

toute la tribu, ils ne répondent à aucune proposition, et n'en font aucune eux-mêmes, avant qu'elle n'ait été pleinement discutée et mûrement pesée par le conseil des chefs.

» Les chefs font volontiers aux voyageurs qu'ils croient d'importance l'offre d'assister à un grand conseil. C'est pour eux une occasion de faire des discours qui ont autant pour but d'accroître leur prestige aux yeux des leurs que d'impressionner l'étranger. Ces réunions sont populaires parmi leurs gens, chacun en profite pour faire fête et se montrer sous toutes les variétés de couleurs que peut produire la peinture appliquée à profusion sur l'épiderme humain.

» A ces réunions il faut observer la plus grande prudence ; car, bien que n'ayant aucun mode d'écriture, quelques-uns d'entre eux sont chargés de retenir chaque parole prononcée. Comme exemple du soin avec lequel sont gardées ces archives verbales, je puis mentionner le fait d'un chef de tribu qui, au Fort-Francis, commença son discours en répétant presque mot à mot ce que je lui avais dit deux ans auparavant.

» Tout cela tend à prouver une certaine stabilité de caractère, et montre quelle importance ils attachent aux paroles prononcées dans ces occasions par eux-mêmes ou par d'autres. La parole d'un chef une fois donnée paraît être sacrée, ce qui est d'un bon augure pour l'observation des traités qu'on pourra conclure avec eux. »

En terminant, M. Dawson exprimait la conviction que ces sauvages observeraient loyalement un traité conclu après mûre et complète discussion, pourvu que de leur côté les blancs ne fussent pas les premiers à l'enfreindre.

Sous ce dernier rapport, comme j'ai eu déjà l'occasion de le dire, le gouvernement canadien jouit à bon droit

parmi les Peaux-Rouges, d'une réputation excellente.
Ses annuités sont toujours ponctuellement payées et
ses agents ne s'épargnent point. L'hiver précédent, une
allocation de trois dollars par tête ayant été accordée
à tous les Indiens du territoire traversé par la route
Dawson, en récompense de leur attitude amicale à l'égard
des employés et travailleurs canadiens, M. Pithers avait
parcouru lui-même, en « raquettes », toute l'étendue de
son district pour leur distribuer individuellement[1] cette
petite somme, et s'enquérir en même temps de leur
situation et de leurs besoins.

Avant la création de la route Dawson, les seuls blancs
avec qui les Saulteux eussent quelques rapports étaient
les employés de la Compagnie de la baie d'Hudson
dont les postes étaient généreusement ouverts à leurs
vieillards et à leurs infirmes. La chasse, la pêche, la récolte du riz sauvage et quelques cultures de maïs dans les
îlots du lac des Bois appelés les « Jardins » (*Garden is-
lands*), suffisaient à assurer leur existence.

Mais quelques-unes de ces ressources sont parfois bien
précaires. Ainsi, le principal gibier de la contrée est le

---

1. On a déjà fait remarquer dans un précédent chapitre que la
plupart des traités canadiens stipulent le payement individuel et
par tête des annuités indiennes ; dans beaucoup d'agences américaines, au contraire, une somme fixée une fois pour toutes est
remise annuellement en bloc à un agent qui la répartit à sa guise.
Théoriquement, ce dernier système paraît moins onéreux à l'État, mais
le premier est plus humain, plus honnête, et favorise l'accroissement
des tribus. Il rend, en outre, presque impossibles les nombreuses
fraudes si souvent reprochées par la presse des États-Unis aux agents
des affaires indiennes et dont le montant couvre, et au delà, la prétendue économie du mode de payement. Il n'est pas inutile de rappeler que la même question a été fréquemment soulevée en Algérie,
à propos de la répartition nominative ou en bloc des impôts indigènes. Là, il est vrai, au lieu de donner, comme en Amérique, il s'a-
gissait de percevoir ; mais, dans l'un et l'autre cas, l'emploi de trop
d'intermédiaires a toujours produit de fâcheux résultats.

lièvre ou lapin d'Amérique (*Lepus americanus*). « Ce petit rongeur abonde périodiquement dans tout le Nord-Ouest, il s'y trouve parfois en quantité prodigieuse. Sans être un bien bon chasseur, on peut en abattre une centaine en un jour à coups de fusil, et au lacet on dépasse de beaucoup ce chiffre. On en a tué jusqu'à deux mille cinq cents pendant un hiver à un poste de la Compagnie de la baie d'Hudson. Mais un fait singulier, c'est qu'il disparaît à peu près complètement de temps en temps, et, après ces disparitions presque totales, il se multiplie de nouveau, augmentant en nombre pendant une période de trois ou quatre années, puis c'est l'abondance pendant un même laps de temps, puis de nouveau la disparition [1]. Le lièvre d'Amérique est de tout point inférieur comme taille et comme goût à nos lièvres d'Europe; sa fourrure sans solidité n'a aucune valeur commerciale, cependant les Indiens en tirent à la fois leur nourriture et leurs vêtements. Après avoir mangé la chair, ils divisent la peau en petites lanières qu'ils enlacent et tissent à la manière des étoffes, et se font ainsi des couvertures et des vêtements extrêmement chauds. » Dans l'automne de 1868, ces précieux animaux disparurent presque entièrement depuis les Montagnes-Rocheuses jusqu'au Labrador; dans le pays des Saulteux, ils furent, suivant l'expression de M. Dawson, littéralement balayés de la surface de la terre. Lors de l'hiver 1870-71, ils n'avaient pas encore reparu en nombre suffisant, et, malgré les secours qu'apporta aux sauvages l'établissement de la route du lac des Bois sur laquelle on en employa un grand nombre comme bûcherons et manœuvres, on vit en maint endroit des enfants indiens, couverts seulement d'une mince guenille, marcher pieds

---

1. Voy. M⁰ʳ Taché, *Esquisse sur le Nord-Ouest de l'Amérique.* Montréal, 1868.

nus dans la neige profonde par des froids de trente à
quarante degrés centigrades. Il en résulta une effrayante
mortalité chez ces petits êtres, et cette année, si malheureuse pour nous, fut aussi « l'année terrible » des pauvres Saulteux. Vers la même époque, et à 400 lieues
de là, la colonie de métis ou « Bois-Brûlés » français,
établie à Saint-Albert, près du fort Edmonton, — celle
que le capitaine Butler, dans son beau livre *The great
Lone Land*, appelait « la petite France de la Saskatchewan », — était ravagée par la petite vérole, qui enleva
près du tiers de ses habitants — 300 sur un millier.
— Le capitaine Butler a consacré une page touchante
à ce désastre, qui frappait la mission au moment où lui-
même apportait aux missionnaires, presque tous « Français de France », la désolante nouvelle des malheurs de
la patrie.

Ce qu'il faudrait à ces Indiens, maintenant qu'il leur
est impossible de se tenir à l'écart de la civilisation —
bonne ou mauvaise — qui assiège de toutes parts leur
dernier refuge, ce sont des écoles pratiques, comme en
possèdent leurs frères de Québec et d'Ontario, où ils
puiseraient les moyens d'entrer en compétition avec la
race blanche dans la lutte du travail et de la production.
Il serait désirable qu'une partie des sommes provenant
du rachat de leurs droits territoriaux fût affectée à la
constitution d'un fonds scolaire, comme cela se pratique
chez les Creeks et les Cherokees. Les exhortations des missionnaires de toutes confessions, qui ont été d'un si puissant secours pour la transformation de certaines tribus
sauvages, n'ont eu jusqu'ici aucune prise sur eux. On
doit le regretter, car ce n'est guère que chez les tribus
christianisées qu'il s'est produit quelque amélioration
dans la triste condition de la femme indienne, aussi malheureuse, aussi harassée de rudes travaux chez les Saul-

teux, que parmi les sauvages Montagnais du Bas-Canada, dont nous avons décrit la vie errante dans un précédent chapitre. Il est vrai que les divisions et les rivalités des apôtres qui se disputent la gloire de les convertir sont de nature à les embarrasser dans leur choix. « Que les Visages-Pâles se mettent d'accord sur leur religion avant de nous faire quitter la nôtre, » aurait dit un jour un de leurs chefs. Ils sont donc tous restés païens, tout en étant d'ailleurs fort dévots à leur manière. Ils ont de longs jeûnes suivis de veilles, pendant lesquelles ils prétendent avoir des entrevues avec les esprits qui manifestent leur présence dans les recoins secrets du wigwam par le son du tambour, des chants et mille autres bruits infernaux. — Avis aux adeptes du spiritisme qui auraient quelque envie d'aller s'enquérir personnellement de la puissance des médiums chippewas !

A certains intervalles réguliers, suivant M. Dawson, ils célèbrent près de Fort-Francis la plus grande et la plus solennelle cérémonie de la tribu, la fête mystique du « chien blanc », et à ces époques, ajoute l'éminent ingénieur, la gravité et le « terrible sérieux » de leur maintien feraient honneur à bien des congrégations plus civilisées.

A propos des missions et de leurs résultats parmi ces tribus, M. Pithers m'a fait part d'une légende assez originale qui se raconte le soir dans les wigwams, à la lueur d'une branche résineuse de sapin, et que répète volontiers l'Indien à quiconque l'engage d'une façon trop pressante à déserter la foi de ses ancêtres.

Un « Saulteux des bois », récemment converti au christianisme, venait de mourir. Ses parents furent bientôt tourmentés par la visite d'un esprit qui rôdait et « frappait » autour de leur camp comme une âme en peine. Un beau jour, à force d'évocations, ils parvinrent à lui rendre momentanément la parole, ce dont le défunt (car c'était lui-même) profita pour leur raconter sa lamentable histoire.

En bon chrétien, il s'était rendu en droite ligne à l'entrée du paradis biblique ; mais un gardien, le dévisageant, le somma tout à coup de décliner ses titres : — Je suis un homme rouge, — répondit la pauvre âme. — Passe ton chemin, il n'entre pas d'hommes rouges au paradis des blancs.

Ainsi repoussée, l'âme tombe en tournoyant avec une rapidité vertigineuse jusqu'aux portes de l'enfer où la reçoit le diable en personne.

— Quel est cet intrus ? demande messire Belzébuth. — Un homme rouge ? — Qu'il s'en aille : je n'ai de place ici que pour les méchants à visage pâle.

L'Indien se rappelle alors le paradis de ses pères et vole vers les bienheureux territoires de chasse de sa tribu ; mais la marque du baptême le fait reconnaître pour un transfuge, et le Grand Esprit le chasse avec ignominie.

— Voilà pourquoi, dit-il à ses parents, rejeté par les dieux des Indiens et par ceux des blancs, mon esprit erre autour de vos wigwams, et continuera ainsi à errer jusqu'à la fin des temps, si, par vos prières et votre fidélité aux anciennes coutumes, vous ne parvenez à apaiser l'irritation du Grand Manitou.

XIII

Le 2 septembre au soir, nous descendions le cours de
la rivière de la Pluie, quand subitement le ciel, qui depuis
Collingwood s'était constamment maintenu au beau fixe, se
couvrit de gros nuages; bientôt une forte pluie d'orage, nous
trempant jusqu'aux os, vint justifier le nom donné jadis
à la rivière par quelque ancien explorateur, victime probablement d'une ou plusieurs mésaventures du même genre.
Nos embarcations n'étant point recouvertes, on se fait un
abri de tout ce qui tombe sous la main. Au milieu du dé-
sarroi général, l'auteur parvient à retrouver enfin au fond

du canot, dans un paquet de couvertures, un vieux parapluie emporté par hasard en quittant Montréal, mais dont l'exhibition en cette circonstance provoque des cris d'admiration et d'envie. Plein d'un juste orgueil, il arbore triomphalement ce bouclier au-dessus de sa tête, mais le vent entrant en lice à son tour le force à capituler, à mettre bas son arme défensive et à subir le sort du commun des mortels. Les vêtements de toile se collent au corps, le chapeau de paille déformé devient une gouttière, les couvertures percées en mille endroits par les étincelles des tug boats se montrent absolument impuissantes à préserver de l'averse. Le voyageur morfondu sent des tentations furieuses de sauter à l'eau, de se faire remorquer en saisissant quelque cordage, et d'éviter ainsi, par un procédé renouvelé d'un personnage proverbial, l'effet agaçant de ces douches pénétrantes versées à pleins seaux.

Pendant ce malencontreux incident nous franchissons encore deux rapides, le « Manitou » et le « Long-Sault » tous deux bien modestes — le dernier surtout — en comparaison de ceux de la Maligne. Un vapeur de force moyenne pourrait les remonter facilement, n'étaient les roches qui encombrent le passage du Long-Sault et qu'on doit faire prochainement disparaître.

Le « Long-Sault » dépassé, nous arrivons à l'endroit où nous attend le gros steamer du lac des Bois. Les aménagements intérieurs n'étaient pas encore terminés, mais le bateau n'en faisait pas moins son service, et les charpentiers, Canadiens français pour la plupart, y travaillaient durant les traversées. L'un de ces ouvriers, un tout jeune homme, s'était marié l'année précédente, et sa courageuse petite femme, charmante enfant de dix-sept ans à peine, n'avait pas voulu le laisser partir seul pour les chantiers lointains de la route Dawson. Elle l'avait accompagné de Trois-Rivières au lac des Bois et passait avec lui la saison d'été tout entière, habitant, selon les nécessités du travail, une station de portage, une hutte dans la forêt, quelquefois une simple embarcation, pour ne retourner au pays qu'à l'entrée de l'hiver. Après huit jours de voyage en compagnie presque exclusivement masculine, c'était plaisir de voir, à la tombée de la nuit, ces deux tourtereaux s'isoler à l'une des extrémités du navire et roucouler leurs petites confidences à la lueur des étoiles.

Ce soir-là il ne fut pas facile de trouver un gîte. Des tentes avaient été dressées dans l'une de ces clairières, si nombreuses le long de la rivière de la Pluie, et dont la principale se nomme la « Prairie du Long-Sault » ; mais le terrain détrempé ne nous promettait guère qu'une nuit désagréable pour le moment, et des rhumatismes en perspective. A bord du steamer inachevé tout était confusion. Nous réussîmes cependant à y trouver asile. A peine embarqué je fus présenté par M. Pithers à l'honorable[1] James Mac-Kay, président de la Chambre haute de Manitoba et surintendant de la dernière section du chemin de la Rivière Rouge, qui se trouvait à bord avec sa famille, de retour d'une excursion. M. J. Mac-Kay, métis écossais, mais catholique romain de religion, ce qui le fait souvent ranger parmi les métis français, est sans contredit l'un des personnages les plus importants de la petite province de Manitoba et l'un des plus influents parmi les tribus indiennes. Il possède de grandes propriétés sur lesquelles

---

1. Au Canada, la qualification d'*honorable* s'applique officiellement ou par courtoisie aux anciens ministres fédéraux et provinciaux, aux lieutenants-gouverneurs, aux sénateurs et ex-sénateurs de la Confédération, aux membres ou ex-membres des Chambres hautes des provinces. Le gouverneur général seul a le titre d'*Excellence*. Un juge est appelé *Son Honneur*.

il s'efforce d'introduire les meilleures méthodes de culture et d'élevage. Par-dessus tout, c'est, pour me servir de l'expression anglaise, un parfait gentleman. Il avait avec lui ses enfants, deux petits garçons à l'œil vif, au teint bronzé, que leur mère, métisse elle-même, appelait en riant ses petits « Bois-Brûlés », et une fort jolie personne, sa fille adoptive, dont la courte histoire se rattachait à l'un des plus terribles drames de ces régions. Enlevée tout enfant dans le Minnesota par les Sioux, lors du soulèvement de 1862, elle ne connaissait ni le nom ni la nationalité de ses parents, massacrés sans doute avec tant d'autres malheureux. Lorsque les redoutables sauvages, traqués par les troupes des États-Unis, se réfugièrent sur le territoire britannique, M. Mac-Kay l'avait trouvée dans un de leurs wigwams, se l'était fait céder par ses ravisseurs et lui avait rendu une famille en l'admettant dans la sienne.

La journée du 3, la dernière de notre voyage par eau, est aussi la première, depuis Shebandowan, où nous n'ayons pas eu à subir l'ennui des portages. Nous faisons d'une seule traite 140 kilomètres, dont 56 sur le cours inférieur de la rivière de la Pluie et 88 sur le lac des Bois. A l'entrée du lac, le pays devient de moins en moins accidenté, les berges plus basses ; près du rivage, le « foin de marais » recouvre sur de grandes étendues des eaux sans profondeur. Nous passons devant le petit poste de Hungry Hall composé de quelques loges indiennes groupées autour d'un poste de traite. Quelle légende de souffrances et de privations se cache sous le nom peu engageant de cette station « la maison affamée » ? Je n'ai pu le savoir. Les Indiens qui l'habitent cultivent aux alentours quelques champs de blé d'Inde et jouissent de la réputation peu enviable d'être les plus effrontés voleurs de leur tribu.

Le lac des Bois, élevé de 977 pieds anglais au-dessus du niveau de la mer, est un grand et beau lac, long d'en-

viron 110 kilomètres sur autant de large, et divisé en
deux parties bien distinctes par une passe étroite semée
d'îles, appelée par les Anglais les « Narrows » (défilés).
Les contours de la partie septentrionale toute constellée
d'îles et d'îlots sans nombre, découpée de baies et d'an-
fractuosités de toute grandeur, sont encore très imparfaitement déterminés. La nappe d'eau méridionale, au
contraire, aux rives moins accidentées, aux îlots plus
rares, moins abritée par conséquent contre la violence des
vents, soulève fréquemment en vagues énormes ses eaux
pourtant bien peu profondes. Ce défaut de profondeur est
si général, que l'on est obligé de marquer, au moyen de
jalons, un chenal praticable pour notre steamer à qui son
tirant d'eau interdit de naviguer à l'aventure comme les
barges et les canots d'autrefois.

Les mille rivières qui naissent dans l'étrange région
que nous avons appelée le « Pays des lacs » se réunissent
dans ce vaste réservoir pour former à sa sortie la grande
rivière Winnipeg. Celle-ci va rejoindre dans le lac du
même nom les eaux apportées des Montagnes-Rocheuses
par la puissante Saskatchewan, et celles qui viennent du
« Coteau des prairies » dans le Minnesota et le Dacotah, où
prennent naissance les nombreux affluents de la Rivière
Rouge. C'est une surface supérieure à plus de deux
fois l'étendue de la France qu'égouttent les tributaires du
lac Winnipeg. Aussi quand l'énorme masse liquide
amenée de tous les points d'un si vaste bassin s'échappe
enfin de son dernier réservoir pour aller rejoindre les
eaux glacées de la baie d'Hudson, elle forme un des plus
considérables comme l'un des plus dangereux fleuves du
monde : le Nelson, célèbre dans tout le Nord-Ouest par
ses chutes grandioses, ses rapides presque infranchissa-
bles et l'affreuse désolation des collines rocheuses, prolongement des Laurentides, à travers lesquelles il se fraye

un chemin vers la mer. Non loin de son embouchure la Cie
de la baie d'Hudson possède un établissement, York Factory, dont le havre était autrefois assez fréquenté, lorsque
l'ouest des États-Unis, non encore colonisé, ne pouvait
offrir au commerce une route commode et sûre vers le
nord du continent. Ce n'est plus aujourd'hui que le port
toujours vide d'une région presque inhabitable. Aux dix-
septième et dix-huitième siècles cependant, la fureur qui
poussait Anglais et Français à se combattre en tous pays,
sur terre et sur mer, sut trouver des champs de batailles
jusqu'au milieu de ces frimas; et les coûteuses fortifica-
tions de Fort-Churchill au nord de York Factory, fortifica-
tions dont tous les matériaux durent être importés d'Angleterre, témoignent encore de l'admirable persévérance
de la Grande-Bretagne à maintenir son pouvoir envers et
contre tous sur toute contrée, quelque désolée qu'elle
puisse être, où elle a une première fois planté son drapeau [1].

Simple affluent de ce fleuve géant aussi grandiose que
peu fréquenté, et pourtant bien supérieure par son débit
à la plupart des fleuves les plus vantés d'Europe, la rivière
Winnipeg fait écumer ses flots sur plus de vingt-six chutes
ou rapides qui nécessitent un même nombre de portages,
presque tous désignés sur les cartes par les noms français

1. Ce n'est pas, comme on pourrait le croire, en l'honneur du célèbre amiral anglais que le fleuve Nelson a reçu son nom. En 1612, le
capitaine Th. Button, cherchant sur la côte occidentale de la baie
d'Hudson un havre où il pût réparer son navire endommagé par une
tempête, découvrit l'embouchure du fleuve, à laquelle il donna le
nom de Port-Nelson, en mémoire d'un de ses compagnons qui venait
de mourir et qui fut inhumé en cet endroit. Le nom donné au port
s'étendit plus tard au fleuve lui-même. Par mer, la distance de Port-
Nelson à Liverpool est plus courte de cent et quelques kilomètres
que celle de Liverpool à New-York. Le rapide développement du
Nord-Ouest canadien, et en particulier de Manitoba dont la population est passée de 12 000 habitants en 1870 à près de 40 000 en 1877,

qu'ils ont reçus des anciens « voyageurs ». Cette route si
difficile a été néanmoins suivie en 1870 par l'expédition
du colonel Wolseley. Les soldats, presque tous Canadiens,
durent transporter de portages en portages leurs canots
lourdement chargés, franchir les rapides, ouvrir des chemins à travers bois. Ils s'en acquittèrent à leur honneur,
si bien que sir Garnet Wolseley, devenu major-général et
commandant de l'expédition contre les. Achantis, se plaignait, dit-on, de n'avoir point dans sa petite armée quelques
centaines de volontaires de Québec ou d'Ontario. Bien
certainement les hommes qui, malgré tant d'obstacles,
avaient traversé en bon ordre les cent cinquante lieues
qui séparent Thunder Bay du lac Winnipeg, auraient su
se « débrouiller », même au milieu des forêts africaines,
sans recourir à l'immense attirail d'*impedimenta* qu'une
armée anglaise en campagne traîne obligatoirement à
sa suite.

Le lac des Bois, si redoutable à beaucoup de nos devanciers et qui trois jours auparavant, au dire de l'équipage,
avait rudement secoué notre nouveau steamer, se montra
pour nous d'une incomparable clémence. Il eût été difficile de deviner une ride à la surface de ses eaux ; le
temps était chaud, lourd, presque étouffant. Des effets de
mirage se produisaient à l'horizon, où l'air tremblotait au
contact des dunes littorales de sable blanc, échauffées par

a attiré l'attention sur la possibilité d'utiliser pour le commerce un
port si avantageusement situé à la plus proche limite de la grande
région des prairies. Il résulte de nombreuses dépositions recueillies
par un comité du Parlement canadien, qu'un service de navigation à
vapeur pourrait fonctionner avec régularité entre Liverpool et Port-
Nelson pendant quatre mois de l'année, du commencement de juin
aux premiers jours d'octobre. Avec un chemin de fer d'environ six
cents kilomètres qui le relierait au terminus nord de la navigation
sur le lac Winnipeg, Port-Nelson ne tarderait pas à devenir, suivant
l'expression d'un des déposants, le professeur Hind, l' « Arkhangel »
de l'Amérique britannique du Nord.

Îlot du lac des Bois. (Page 245.)

les rayons solaires. Bientôt un étrange phénomène de coloration se manifesta dans les eaux : d'ambrées elles devinrent verdâtres, mais d'un vert opaque, laiteux, présentant un aspect assez semblable à celui des eaux croupissantes d'une mare de basse-cour, où l'on aurait remué un peu de chaux éteinte. Je priai un homme de l'équipage de tirer un seau ou deux, et je pus constater alors que l'eau était parfaitement claire, mais qu'elle tenait en suspension des myriades de petits filaments d'un vert vif, longs de trois ou quatre millimètres à peine, sans largeur ni consistance appréciables, dont j'ignorais la nature animale ou végétale, mais que l'on m'assura être une sorte de petite algue d'eau douce. Nous fîmes bien 20 kilomètres au milieu de ces microscopiques organismes, qui ne se manifestent que les jours de calme plat, et qui en effet disparurent aux approches du soir, aussitôt qu'une brise légère vint rider la surface du lac.

Nous passons devant quelques îlots, les uns simples rochers recouverts de quelques arbres d'assez chétive venue, les autres formés d'un sol excellent et utilisés de temps immémorial par les Saulteux pour leurs cultures de blé d'Inde. De temps à autre nous stoppons pour prendre du bois coupé et empilé d'avance par les Indiens. A l'une de ces stations, une petite bande, dont quelques individus me furent désignés par M. Pithers comme ayant dans leurs veines quelques gouttes de sang orcadien [1], était occupée à pêcher l'esturgeon. La plus belle pièce, un énorme poisson, fut immédiatement achetée par le maître-coq du steamer. Un vieux chef se trouvait là ; il nous salue

1. Les îles Orkneys, au nord de l'Écosse, ont toujours fourni la plupart des employés non canadiens de la Compagnie de la baie d'Hudson. Dans le Nord-Ouest, la plupart des métis (*Half breeds*) classés comme Anglais ou Écossais, pourraient être plus exactement encore appelés « métis orcadiens ».

d'un *b'jou ! b'jou !* qui est évidemment l'abréviation de notre « bon jour », et, assis sur une saillie de rocher, il entame avec M. Pithers une longue conversation que j'écoute avec recueillement, non pas que j'aie la prétention d'en comprendre un traître mot, tant s'en faut; mais j'éprouve un certain plaisir à me rendre compte de l'euphonie de l'idiome chippewa. Après moins d'un quart d'heure d'audition, j'arrive à conclure que cette langue est essentiellement douce et musicale. Les accentuations s'y succèdent avec un rythme cadencé rappelant assez bien l'harmonie de la langue hongroise que j'avais si souvent entendu parler à Naples par les légionnaires magyars au service de l'Italie. Il en est de même, paraît-il, de toutes les langues algonquines.

Chemin faisant, nous apercevons encore un certain nombre d'Indiens, tantôt pêchant et coupant du bois, tantôt dirigeant leurs légers canots d'écorce. Toutefois, si les avantages de la pêche et des récoltes faciles leur font rechercher, durant la belle saison, le séjour des îlots du lac, une crainte religieuse paraît empêcher la plupart d'entre eux de s'y fixer d'une manière permanente. « Le lac des Bois, dit le capitaine Butler, est respecté des sauvages comme la demeure favorite du Grand Esprit ou Manitou. Les roches étrangement évidées par l'eau qui les mouille et les frappe, les îles dont la pierre à pipe tendre a fourni tant de calumets, les curieux blocs minéraux qui reposent sur des roches polies, les sommets souvent foudroyés par l'orage, les lézards qui fourmillent dans les îles tandis qu'ils sont très rares ailleurs, il en fallait moins pour faire du lac des Bois le site principal des légendes et des superstitions qui terrorisent l'Indien de cette contrée. Il y a des îles où les sauvages n'osent mettre le pied, parce que le Mauvais Esprit y réside; il est des promontoires où il faut apaiser le Manitou par des présents quand le canot glisse au pied de leurs falaises désertes ; enfin certains lieux sont gardés par le Grand Kennebic ou Grand Serpent, monstre qui veille jalousement sur des trésors. »

A un ou deux milles environ de North West Angle, l'eau devenant décidément trop basse pour notre vapeur, les chaloupes du poste viennent nous chercher. Nous soupons en compagnie d'un médecin canadien français, le docteur Paré, qui s'en retournait dans son pays, après avoir résidé deux ans à la Rivière-Rouge ; puis M. Pithers m'annonce que, pressé d'arriver à Fort-Garry, il prendrait les devants sur le convoi d'émigrants. Il m'offre de partager sa voiture, ce que j'accepte avec empressement, et le lendemain, de bon matin, nous quittons l'angle nord-ouest du lac des Bois. 155 à 160 kilomètres seulement nous séparaient encore du but de notre voyage. En marchant jour et nuit, si le temps l'eût permis, nous eussions pu les franchir d'une seule traite et « brûler l'étape » ; mais l'épilogue de ce long trajet devait mettre notre patience à une rude épreuve. N'est-il pas de règle d'être assailli par le grain, juste au moment de toucher au port?

Nous n'avions pas fait deux milles, qu'une pluie fine et pénétrante se mit à tomber. La lourde chaleur de la veille faisait place en même temps à une froide humidité. L'aspect du pays n'était nullement fait pour nous dédommager de ce contre-temps. Plat, marécageux, couvert de troncs d'arbres carbonisés, il était encore plus laid qu'aux abords de Collingwood ou de la baie du Tonnerre. A la place des arbres résineux détruits par l'incendie, des jeunes trembles surgissent du sol. Règle générale : les cendres d'une forêt brûlée, quelle qu'en ait été l'essence, servent à nourrir une pépinière de trembles, excepté sur le sol sablonneux, où le pin cyprès (*Pinus banksiana*) repousse avec plus ou moins de vigueur. Pour comble de disgrâce,

presque toute la première section de la route, passant à
travers de nombreux « maskegs », avait dû être établie en
« corduroy ». Bien malgré moi, je renouvelle avec ce
vocable, et avec la chose qu'il exprime, la désagréable connaissance ébauchée entre Thunder Bay et Shebandowan.
Enfin, loin de pouvoir racheter tant d'ennuis divers par
la rapidité de notre course, il nous faut de temps en temps
mettre pied à terre au bord de quelque marécage que l'on
traverse avec lenteur et précaution sur de longues chaus-
sées de madriers soutenus par un clayonnage de fascines.
Ces marécages ne sont pas, à proprement parler, des
nappes d'eau stagnantes, mais plutôt un enchevêtrement
de ruisselets coulant à travers les grandes herbes sur une
plaine tourbeuse où, ne pouvant se creuser un lit, ils
épanchent librement leur trop-plein. Le courant a même,
en certains endroits, une vitesse fort appréciable, ainsi
qu'il nous fut donné de le constater, à plusieurs reprises,
à travers les fascines de la remarquable chaussée du
« Caribou Maskeg ».

Nous déjeunons à la maison de relais de la Rivière-aux-
Bouleaux, que garde un Écossais, ancien soldat de l'armée
britannique. Ce brave homme vit là comme un anachorète,
dans la solitude la plus absolue, et en profite pour se
vouer tout entier à l'étude des langues indiennes pour
lesquelles il s'est épris d'une passion vraiment méritoire.
Quoique ne parlant pas le français, il le comprend assez
à la lecture pour s'aider des nombreux ouvrages de linguistique écrits par les missionnaires. Justement, le dernier reçu est là sur sa table. Je regarde, et je lis : *Réponse
à M. Renan, au sujet des langues sauvages de l'Amérique,
par un ancien missionnaire. Montréal.* Qu'est-ce que
M. Renan a bien pu dire sur les langues sauvages ?
Obligé de repartir sur-le-champ, je n'eus pas le loisir
de m'en enquérir. Nous avons fait trente milles dans

Station de la rivière aux Bouleaux, sur la route Dawson. (Page 248.)

notre matinée, mais nous sommes harassés de fatigue, le temps ne fait qu'empirer, et, après dix-sept autres milles péniblement enlevés, nous nous résignons à passer la soirée et la nuit à la station de la rivière Terre-Blanche (*White Mud River*), que l'on appelle aussi quelquefois « rivière Bouche-Blanche » (*White Mouth River*). C'est un premier exemple de ces traductions et altérations successives, par similitude de consonance, dont il existe bien d'autres cas, dans ce pays de nomenclature géographique bilingue transmise oralement de génération en génération, et d'un idiome à l'autre, par des métis et des « voyageurs » illettrés.

Arrivés à notre nouveau gîte, nous apprenons qu'un « parti » de la commission des frontières se trouve campé dans le voisinage. Nous sommes cordialement reçus, sous la tente, par M. East, ex-officier de l'artillerie royale, et par ses aides. Faute de mieux, nous nous décidons à tuer le temps d'une manière toute britannique en organisant un whist, qui absorbe bientôt notre attention au point de nous faire oublier les ennuis et les fatigues de la journée.

La frontière qui sépare les États-Unis de la « Puissance » du Canada — frontière naturelle s'il en fut, depuis l'île de Cornwall (sur le Saint-Laurent) jusqu'au lac des Bois — n'est plus, à partir de ce lac jusque vis-à-vis l'île de Vancouver, qu'une simple ligne astronomique — le 49ᵉ degré de latitude — n'admettant aucune inflexion, ne suivant aucun accident naturel de terrain, et qui, par conséquent, ne peut être déterminée rigoureusement que par une série minutieuse d'observations et un jalonnage d'une précision absolue. C'est ainsi que les habitants métis de Pembina, sur la Rivière-Rouge, dont le village avait été longtemps regardé comme partie intégrante du territoire britannique, se trouvèrent un beau jour, de par une détermination astronomique plus exacte, bien et dûment transformés de sujets anglais en citoyens des États-Unis.

Il a été noirci bien du papier, échangé bien des protocoles entre John Bull et son cousin Jonathan, à propos de cette question des frontières. Mais, il faut le reconnaître, la diplomatie anglaise, si clairvoyante et en général si heureuse toutes les fois qu'elle a eu pour adversaires la France, l'Espagne et les autres puissances coloniales de l'Europe, a rencontré plus fin qu'elle par delà l'Atlantique. Pour arracher pacifiquement à leur ancienne métropole quelque lambeau de territoire, les Américains n'ont point reculé devant l'emploi de ces subterfuges peu délicats que les financiers « *smart* », les malins de la bourse de Wall street ont rendus fameux sous le nom de *Yankee tricks,* — ce qui pourrait à la rigueur se traduire en français par l'expression faubourienne de « truc américain ».

Le plus célèbre de ces « tricks » est celui dont se servit Webster lors de la négociation du traité de 1842. Puisque nous faisons halte un moment en compagnie de la commission des frontières, on me pardonnera bien, en faveur de l'à-propos, une petite digression qui aura d'ailleurs le mérite de faire entrevoir sous un jour des plus édifiants un chapitre assez peu connu de l'histoire contemporaine.

En 1782, lorsque fut signé à Versailles le traité qui sanctionnait à jamais l'indépendance des États-Unis d'Amérique, on avait encore fort peu exploré le pays montagneux couvert de lacs et de forêts qui s'étend entre le littoral du Maine et la vallée du Saint-Laurent. Il fut convenu que, de ce côté, la ligne de partage des eaux servirait de frontière entre les possessions anglaises et la République américaine, depuis les sources du Connecticut jusqu'à un point resté indéterminé d'où l'on irait rejoindre un signal en maçonnerie élevé sur l'un des affluents du fleuve Saint-Jean et appelé le « Monument ». Franklin, plénipotentiaire des États-Unis, traça sur une carte, en présence des diplomates assemblés, une ligne approximative au crayon rouge ; et la carte fut déposée aux archives de Washington. Plusieurs années après, des difficultés s'étant élevées entre les bûcherons du Canada et ceux du Maine au sujet de quelques forêts, et l'Angleterre ayant projeté de relier par un chemin de fer le Bas-Canada au Nouveau-Brunswick, il devint nécessaire d'arrêter définitivement le tracé des limites internationales. Il se trouva qu'en remontant vers le Nord la ligne de faîte se bifurquait en deux chaînes de hauteurs ; l'une, séparant les affluents de droite du fleuve Saint-Jean des petits tributaires de la Penobscot qui va se jeter dans l'Atlantique après avoir traversé le Maine, l'autre, courant entre les affluents de gauche du même fleuve Saint-Jean et ceux de droite du bas Saint-Laurent. Les États-Unis soutinrent obstinément que la chaîne la plus septentrionale était la seule frontière conforme à l'esprit des traités, et quand, pour trancher le débat, on parla de recourir à la ligne rouge de Franklin, la carte délimitée par le grand patriote fut absolument introuvable. Fatigué de difficultés sans cesse renaissantes, le cabinet de Londres envoya en Amérique un plénipotentiaire. Ce fut lord Ashburton qu'on choisit pour cette mission épineuse. Les États-Unis lui opposèrent le plus habile de leurs hommes d'État, le célèbre orateur Webster. Après de longues et brillantes discussions, le diplomate américain parvint à réfuter un à un les arguments purement théoriques de lord Ashburton et à lui arracher un traité qui, sauf quelques légères rectifications, consacrait les prétentions des États-Unis. Ces concessions de détail parurent cependant trop importantes encore à certains rigoristes qui manifestèrent hautement l'intention d'attaquer le traité lorsqu'il serait soumis à la ratification du Sénat. Au jour fixé pour la discussion, le sénateur Webster

demanda le « comité secret », et là, il supplia ses collè-
gues d'approuver son œuvre, leur déclarant que, s'ils lais-
saient passer cette occasion unique, les Anglais pouvaient
d'un moment à l'autre mettre la main sur certains documents dont la découverte modifierait entièrement la situation et ferait perdre à l'Amérique tous les avantages obtenus à grand'peine. Le Sénat se laissa persuader, le traité
fut ratifié, mis à exécution, et quelques semaines après,
la carte de Franklin retrouvée *par hasard* permettait
de constater que le tracé de la fameuse ligne rouge attribuait à l'Angleterre tout le territoire contesté — plus de
quinze cent mille hectares; autrement dit, l'étendue de
trois départements français !

Toute récrimination était inutile, il était trop tard ! La
plus grande·partie du bassin du fleuve Saint-Jean était
perdue, bien perdue pour le Canada, et l'exécution du
chemin de fer intercolonial en fut retardée de trente ans.
Quant au document dont Webster craignait qu'un nouveau
délai n'amenât la découverte, c'était tout simplement la
copie exacte de la carte du congrès de Versailles — y
compris la. ligne au crayon rouge — que le négociateur
yankee savait avoir été déposée aux archives diplomatiques
françaises avec toutes les pièces produites pendant la discussion du traité, et dont, heureusement pour les États-
Unis, lord Ashburton ne s'était point rappelé l'existence.

Sans avoir.été réglée avec une loyauté aussi franchement..... punique, la délimitation des frontières à l'ouest
du lac Supérieur a donné lieu, elle aussi, à de curieux
incidents où la diplomatie anglaise n'a guère brillé davantage. Ainsi, à l'époque où d'un commun accord le quarante-neuvième degré de latitude — « la ligne quarante-
neuvième », comme disent les Canadiens, — fut admise
comme démarcation à partir du lac des Bois, on attribuait
à ce lac une latitude beaucoup plus méridionale qu'elle ne

l'est en réalité. Dans cette croyance on stipula que la ligne frontière partant de l'embouchure de la rivière la Pluie traverserait le lac jusqu'à l'angle *nord-ouest* pour aller ensuite rejoindre par le chemin le plus court le quarante-neuvième parallèle, supposé un peu plus au nord. Aussitôt le traité conclu, les Américains, en témoignage de leur droit de possession, érigèrent une sorte de borne-frontière à l'angle nord-ouest; mais, vérification faite, il apparut qu'une ligne tirée de l'embouchure de la rivière de la Pluie au quarante-neuvième parallèle aboutissait précisément à l'angle *sud-ouest* du lac. La désignation *nord-ouest* était une erreur évidente, et devait être en bonne justice considérée comme un *lapsus* des négociateurs.

Chacun parut l'admettre ainsi, et longtemps les cartographes s'en tinrent à la délimitation rationnelle que suggérait la configuration géographique des lieux. Mais un poteau ou un tas de pierres — je ne sais au juste lequel des deux — constatait les droits des États-Unis, et ceux-ci n'admettaient point de recul, même devant la logique et le sens commun. S'en tenant à la lettre stricte du traité, ils revendiquèrent tout l'espace compris à l'est d'une perpendiculaire — le plus court chemin, disait le texte, — menée de North West Angle au quarante-neuvième parallèle. L'espace en question n'est qu'un marécage entièrement séparé du territoire américain par le bras méridional du lac. Mais qu'importe ! c'est un petit coin de plus, enfoncé dans la chair des voisins, et cela peut, à l'occasion, gêner leur navigation sur le lac des Bois. C'est pourquoi, de par la volonté du gouvernement de Washington, cette absurde ligne de démarcation est restée et restera probablement la seule frontière officiellement reconnue entre les deux pays.

Plus à l'ouest, un territoire bien autrement important a été arraché à la domination anglaise par un concours de

circonstances non moins singulières. Le bassin du fleuve
Orégon ou Colombia, découvert par des traficants canadiens, exploité commercialement par la Compagnie de la
baie d'Hudson longtemps avant qu'un Yankee eût franchi
les Montagnes-Rocheuses, fut un beau jour revendiqué
par la République comme une dépendance... de la Louisiane. C'était hardi. Jamais sans doute le premier consul
Bonaparte ni Barbé-Marbois son négociateur n'avaient
supposé que le territoire vendu par eux pour soixante-
quinze millions de francs s'étendît aussi loin. Comme de
juste l'Angleterre s'émut de ces prétentions insolites. On
était en 1846, et la guerre parut un moment inévitable.
Mais il advint que vers cette époque un frère du premier
ministre britannique faisait partie de l'état-major d'un
navire de guerre en station sur les côtes du pays contesté.
Grand amateur de pêche, il ne trouvait que déceptions
dans l'exercice de son sport favori. Les saumons de la
Colombie, peu faits aux nouveautés de la civilisation, se
refusaient obstinément à mordre aux hameçons perfec-
tionnés. De dépit, le noble pêcheur écrivit à Londres
que tout ce pays ne valait pas la peine qu'on se quere-
rellât pour le conserver, et son frère le premier ministre
s'empressa de suivre ce conseil désintéressé. *Se non è vero
è ben trovato* ; ce qui est certain, c'est qu'aujourd'hui
encore tous les habitants de la Colombie anglaise sont
convaincus de l'authenticité de cette histoire. Si le grand
fleuve Orégon n'est point la limite méridionale de leur
province au lieu de la ridicule ligne quarante-neuvième,
si les colonies naissantes de Puget Sound et tout le territoire actuel de Washington ont passé sous la bannière
étoilée ; tout cela, disent-ils, tient uniquement à ce que
les saumons du pays n'ont point su comprendre tout
l'honneur que leur faisait le frère du *premier* d'Angleterre en daignant les prendre de sa propre main. On sait

que depuis la récente décision arbitrale de l'empereur Guillaume, dans l'affaire de l'île San Juan, les Anglais n'ont même plus la possession exclusive du détroit le plus rapproché des côtes de leur colonie de Vancouver.

Quoique les Canadiens aient encore assez de terres inhabitées pour ne savoir qu'en faire, ces petites amputations territoriales consommées sans leur intervention, presque à leur insu, et par des négociateurs le plus souvent ignorants de leurs intérêts, ont piqué au vif leur amour-propre national. La métropole l'a senti, et, lors du traité de Washington où la question des pêcheries du golfe Saint-Laurent devait être débattue en même temps que le règlement des déprédations de l'Alabama, elle adjoignit un homme d'État canadien, sir J. A. Macdonald, à son plénipotentiaire ordinaire. C'est un précédent important, et un pas de plus vers la reconnaissance formelle du droit des colonies anglaises à intervenir avec voix délibérative dans toute négociation internationale où leurs intérêts seraient mis en question.

La rencontre de la commission des frontières nous a menés un peu loin. Nous avons couru des confins de l'État du Maine aux rives du Pacifique. Il n'est que temps de reprendre, pour ne plus nous en écarter, le chemin de Fort-Garry.

Le 5 septembre de bon matin nous quittons la station de la Terre ou de la Bouche-Blanche. Nous traversons d'abord une région de terres sablonneuses semées çà et là de blocs rocheux. La route est détestable, ce n'est à proprement parler qu'une piste ébauchée, décorée du nom de chemin, les cahots deviennent effrayants. Notre véhicule résiste ; plus délicat, je suis prêt à crier merci, dût M. Pithers, endurci par ses vingt-cinq ans de vie semi-indienne, me traiter de poule mouillée. Cependant aux deux tiers du chemin le pays s'améliore, le bois semble repousser plus vigoureusement dans les « brûlés », l'herbe drue et fine des clairières fait pressentir le voisinage des prairies. Au dix-septième mille nous descendons, pour déjeuner, devant une modeste habitation. C'est le relais de la rivière Tête-Cassée (*Broken Head River*) que l'on appelle aussi quelquefois « rivière Tête-de-Vache ». La prétendue rivière n'est guère qu'un ruisseau coulant entre deux berges argileuses et assez bien boisées. Elle va se jeter directement dans le lac Winnipeg, après avoir traversé plusieurs grands maskegs. La station est tenue par une famille de métis anglais, qui, n'ayant pas d'enfants, ont adopté un petit Sioux abandonné. Ce jeune Indien, le premier de sa nation que j'aie rencontré sur ma route, a tout à fait bonne tournure et sa figure médiocrement cuivrée respire l'intelligence. Le maître de céans nous fait les honneurs de sa maison, de son petit champ, de son jardin potager, où la nuit précédente une légère gelée — la première de l'automne — a déjà jauni quelques feuilles. Dans les bas-fonds, nous dit-il, au bord des ruisseaux et des marécages, les gelées blanches sévissent parfois jusqu'au commencement de juillet, et l'on voit que leur retour ne se fait guère attendre. Les terres modérément élevées, sèches et exposées aux vents, souffrent beaucoup plus rarement de ces météores précoces ou tardifs.

Depuis le portage de la Hauteur des Terres, frontière d'Ontario, notre voyage s'était effectué en entier sur le territoire non encore organisé des anciennes possessions de la Compagnie de la baie d'Hudson. Au delà de la rivière Tête-Cassée commence la province de Manitoba.

Encore seize milles à faire jusqu'à la Pointe-des-Chênes, trente-deux jusqu'à Winnipeg! Un peu de courage et un coup de collier. Hélas! cette maudite route n'en finit pas. Et quels ressorts, bon Dieu! Il faudrait avoir la carapace d'un caïman du Sénégal pour braver l'effet de leurs soubresauts. Il faut en prendre son parti, notre course n'est plus qu'un cahot-continu, c'est un supplice à l'état chronique. A peine m'aperçois-je que les arbres se font plus rares, que le chêne rabougri, parfois broussailleux, se substitue au pin cyprès. Tout à coup l'horizon s'ouvre ; des deux côtés une longue lisière de bois, dont nous venons de dépasser les derniers bouquets, semble marquer l'ancien rivage où venaient jadis expirer les flots d'un grand lac. Devant nous, l'Océan : un océan d'herbes et de fleurs, c'est la prairie dans son immensité.

Une petite maison s'élève non loin de la route, nous nous y arrêtons un moment pour nous désaltérer. On nous invite cordialement à entrer, nous sommes chez des métis français [1]. Ces braves gens sont bien trop discrets et polis pour interroger un hôte ; M. Pithers leur décline ses qualités et les miennes. Alors on entoure le « França de France », on cause familièrement, les enfants s'en mêlent, et une bonne femme me dit, non sans un grain de naïve fierté :

« Ah m'sieu, chez nous, c'est pas du monde des vieux pays. Dans c'pays *cite*, nous sommes des pauv' Franças sauvages. Mais voyez-vous, nous sommes de ben bons Franças tout de même. »

Oui vraiment, ce sont des Français, par le cœur aussi bien que par l'idiome, ces rudes sang-mêlés du Nord-Ouest ; et notre race n'a point à rougir des enfants perdus qui la représentent dans ces immenses solitudes.

A la Pointe-des-Chênes, petite paroisse métisse française, la première agglomération d'habitations depuis Thunder Bay, nous nous arrêtons quelques instants pour dîner à la station de la Compagnie de la baie d'Hudson et nous re-

---

1. A la Rivière-Rouge et dans tout le Nord-Ouest, on écrit « *métis* », mais on prononce *métif* et au féminin *métive*.

partons aussitôt. En temps ordinaire, la dernière partie de
l'étape eût été des plus agréables ; le sol uni de la prairie
peut rivaliser, quand il est sec, avec la route la mieux
macadamisée. Mais la pluie de la veille nous poursuit de
ses fatales conséquences ; elle a transformé toute la contrée en un immense marécage ; les roues enfoncent jusqu'à l'essieu dans cette boue noire qu'on pourrait appeler ici comme en Pologne le « cinquième élément », et le
supplice de la charrette recommence, aussi intolérable
que dans la forêt. La nuit est déjà survenue, lorsque l'apparition d'un rideau d'arbres nous annonce enfin l'approche de la Rivière Rouge. Nous sommes à Saint-Boniface, faubourg de Winnipeg, sur la rive droite de la
rivière. Nous demandons à notre attelage et à notre
patience un dernier effort ; et bientôt, moulu, harassé,
mais heureux d'être au port, je saute ou plutôt je me laisse
tomber du haut de l'exécrable charrette, devant la porte
hospitalière de M. Buchanan, l'adjoint du surintendant de
cette section de la route Dawson. Là nous trouvons un
accueil cordial, quelques aliments solides et liquides dont
j'avais grand besoin, et, ce que je souhaitais plus ardemment encore, un bon matelas sur lequel je m'endormis du
sommeil des justes... et des gens éreintés.

XIV

Une rivière de cent vingt à cent cinquante mètres de large, aux eaux d'un blanc sale, serpentant à travers une prairie sans fin, entre deux berges argileuses d'une vingtaine de pieds d'élévation; de l'autre côté de ce cours d'eau, un amas de constructions en bois ou en briques, éparpillées çà et là, le long de larges avenues rectilignes; à gauche, entre les dernières habitations et le confluent d'une autre rivière moins large des deux tiers que la première, un mur en maçonnerie percé de meurtrières, cachant à demi un vaste ensemble de bâtisses peu élevées : tels sont les principaux traits du paysage qui s'offre à nos yeux, lorsque le 6 septembre au matin nous quittons l'hospitalière demeure de M. Buchanan.

Le plus grand des deux cours d'eau est la Rivière Rouge, ainsi nommée, non d'après la couleur de ses eaux, mais à cause des combats sanglants que Sioux et Saulteux se livraient jadis sur ses bords ; son tributaire se nomme l'Assinibòine ; les maisons en bois constituent la ville, ou plutôt l'embryon de ville, qu'on a baptisée du nom de Winnipeg, et le mur bastionné entoure les bâtiments du fort Garry, propriété de la Compagnie de la baie d'Hudson.

Quant à la future ville canadienne et métisse-française de Saint-Boniface où nous venions de passer la nuit, elle ne se composait guère alors que de quelques constructions largement espacées sur la rive droite de la Rivière Rouge. Du moins on y voyait des arbres dont la rive opposée est à peu près dépourvue, et parmi les édifices quelques-uns étaient de beaucoup supérieurs à tout ce que possédait la « capitale » voisine. Tels étaient l'église catholique, l'archevêché, le pensionnat des sœurs, monuments bien modestes sans doute, mais dont la maçonnerie avait pourtant fort grand air au milieu des baraques en bois du voisinage. L'église catholique a été plus belle autrefois, elle avait alors deux tours qui la signalaient de loin aux voyageurs arrivant de la prairie ; mais elle a été consumée par un incendie il y a une dizaine d'années, et n'a pu encore être rétablie dans son ancienne splendeur. Il est bien entendu que ce tableau s'applique uniquement à 1873, année de ma visite, car si j'en crois les journaux de ce jeune pays, qu'un ami complaisant m'envoie de temps à autre, Winnipeg et Saint-Boniface font des progrès de géants et méritent déjà le surnom de « villes-champignons » appliqué par les Américains à ces localités privilégiées du grand Ouest, dont la croissance s'effectue avec la phénoménale rapidité des végétations cryptogames.

En attendant qu'un pont réunisse les cités jumelles, leurs communications dépendent du bac établi sur la Rivière Rouge. Dès les premiers pas que je fis pour m'y rendre, je dus constater l'absence regrettable de tout macadam ou pavage dans les avenues de Saint-Boniface.

Winnipeg. (Page 260.)

L'un et l'autre sont remplacés fort désavantageusement par le terreau des prairies que les roues des voitures, le piétinement des hommes et des animaux ont privé de son revêtement de gazon, et que la moindre averse a bientôt transformé en ce cinquième élément dont nous avons déjà fait la connaissance à la Pointe-des-Chênes. Ce fut donc en pataugeant dans la boue la plus noire et la plus gluante que M. Pithers et moi fîmes dans Winnipeg une entrée fort peu triomphale.

Mon premier soin, après avoir fait choix d'un gîte, fut de me mettre en quête du commissaire des affaires indiennes, pour qui j'avais en portefeuille une demi-douzaine de lettres de recommandation écrites par des amis communs de Paris, Québec, Montréal et Ottawa. Dans une capitale de deux mille habitants une telle recherche n'avait rien de bien compliqué. Aussi ne tardai-je pas à rencontrer ce haut fonctionnaire. Aux premiers mots de ma « self-presentation » il me surprit fort en m'annonçant que la nouvelle de mon arrivée m'avait devancé de plusieurs jours et qu'il entendait me recevoir avec tous les honneurs dus à ma qualité de voyageur français et d'ami de ses nombreux amis. Vingt minutes plus tard, mon léger bagage quittait l'abri provisoire où je l'avais déposé, à l'hôtel Davis, pour venir s'installer en compagnie de son maître au domicile de l'hospitalier commissaire.

C'était jouer de bonheur : du premier coup je tombais sur l'hôte le plus accommodant, le plus gai, le moins gêné et le moins gênant qui se pût trouver dans toute l'étendue de la Confédération canadienne, de la pointe de Gaspé aux fiords de la Colombie britannique. J. M. Provencher était presque un confrère : journaliste à vingt ans, il n'avait pas tardé à conquérir un renom mérité dans la presse de son pays ; toutefois il est permis de croire que la fatalité lui

a fait manquer sa vocation. Il aurait dû naître entre Loire
et Garonne, et, au lieu d'élaborer de solennels « Premiers-
Montréal » dans la grave *Minerve* de l'endroit, devenir un
des plus gais coryphées de quelque joyeuse rédaction du
boulevard. Après un long stage dans le journalisme mili-
tant, il était enfin parvenu à se caser dans le fromage de
Hollande des fonctions officielles. C'est ainsi qu'un beau
jour, abandonnant la littérature, il fut envoyé à la
Rivière Rouge avec le premier gouverneur parti d'Ottawa
pour administrer les territoires nouvellement annexés à la
« Puissance ». J'aurai bientôt à raconter les péripéties
émouvantes de ce voyage avorté.

Dans cette expédition, qu'arrêta court l'opposition des
métis, Provencher avait payé de sa personne, et certes il
ne pouvait être rendu responsable de l'échec mérité subi
par son chef hiérarchique. On lui devait une compensation, il l'obtint, et fut nommé agent d'émigration du Canada en France. Je l'ai déjà dit, il était né pour le boulevard; aussi s'y naturalisa-t-il avec une surprenante facilité; il ne me démentira point si j'affirme qu'il a voué un
culte fervent au souvenir de son séjour à Paris. Il y a eu
des amis en foule et des aventures à souhait. C'est lui qui,
en 1872, dans une réunion où l'on parlait à tort et à travers de son pays, a mystifié de la bonne manière un grave
personnage plus gonflé de suffisance et d'écus que de connaissances géographiques.

« Mon cher, disait un complice à ce personnage, en lui
désignant Provencher, nous vous présentons un Canadien
qui vient d'arriver à Paris dans le costume de sa nation,
des peaux de cerf et une houppe de plumes. Comme il
nous était recommandé, nous lui avons fait comprendre,
et non sans peine, qu'il n'était point possible de se promener ainsi dans la grande ville. Nous nous sommes em-
pressés de le conduire à la *Belle-Jardinière*, où on l'a

habillé de pied en cap, et vous voyez que pour un sauvage il n'a pas trop mauvais air.

— Vraiment, répond le quidam ahuri, monsieur porte nos modes à ravir ; mais comment diable a-t-il pu traverser la France dans son costume primitif? j'aurais cru que la police...

— La police ! interrompt Provencher de son air le plus iroquois, apprenez, monsieur, que je suis sujet britannique, que mon passe-port est en règle, et je voudrais bien voir qu'on me molestât à propos du costume de mes ancêtres !

— Fichtre ! je n'y pensais plus, mille pardons ! Nous avons bien assez d'ennemis en ce moment sur les bras sans nous brouiller encore avec l'Angleterre... »

Là-dessus, le grave personnage prit congé de la compagnie ; et nul doute que, depuis, il n'ait souvent raconté cette mémorable entrevue avec un compatriote de l'*Ingénu*, aussi primitif en l'an 1872, dans ses idées sur le costume et le reste, que l'était il y a deux cents ans le héros du conte de Voltaire lorsqu'il retrouva ses parents de Basse-Bretagne.

Tout en sacrifiant aux plaisirs de la capitale, Provencher n'a point négligé les affaires sérieuses que comportait sa mission officielle. Il a trouvé le temps d'adresser d'excellents rapports à son gouvernement et de participer à la réouverture d'un courant d'émigration française vers ce Canada si complètement oublié depuis plus d'un siècle. Je crois qu'il aurait volontiers prolongé son séjour parmi nous, mais les ministres, ses protecteurs, en avaient décidé autrement. Un beau matin, il reçut un ordre de départ accompagné de sa nomination de commissaire des affaires indiennes dans la province de Manitoba. Tomber de Paris à Winnipeg était bien dur : il se résigna pourtant et repassa l'Atlantique, non sans emporter dans ses bagages ce fond de philosophie sans souci qui permet de vivre gaiement n'importe où, comme si tout était vraiment pour le mieux dans le meilleur des mondes possibles. La verve des caricaturistes, ses anciens confrères en journalisme, s'est quelquefois exercée à ses dépens ; il a fait aussitôt photographier les caricatures et il les distribue à ses amis de préférence à son portrait authentique.

Sans vouloir aucunement flatter mon nouvel hôte, je mentirais si je ne comptais point les quelques semaines qu'il m'a fait passer à Winnipeg parmi les plus amusantes et les mieux remplies de ma vie nomade. Il est vrai qu'il croyait à la vertu apéritive des *cocktails* et qu'il adorait les calembours, mais nos divergences de vues sur ces deux points importants n'empêchèrent jamais la plus parfaite harmonie de régner parmi les hôtes du commissariat des sauvages.

Moins de huit jours après, j'avais fait connaissance avec toute la société canadienne-française de Winnipeg, petit cénacle composé de quatre ou cinq officiers du bataillon de volontaires qui constituait la garnison régulière, d'autant de fonctionnaires fédéraux ou provinciaux, et de quelques commerçants immigrés de la province de Québec. Plusieurs ont amené leur famille, et dans cette minuscule et nouvelle capitale, *ultima Thule*, on peut assister à des réunions charmantes qu'envieraient bien des petites villes de nos départements. Bientôt je fus au courant de tout ce qu'il m'importait d'apprendre sur la politique locale, les personnalités en vedette, les passions et les intérêts qui faisaient mouvoir les principaux acteurs de ce petit théâtre. Dans nos soirées tantôt chez l'un, tantôt chez l'autre, tout cela était passé en revue, commenté, discuté avec une intarissable bonne humeur, et le plus souvent avec un esprit mordant qui n'excluait aucunement une appréciation très éclairée des hommes et des choses. Grâce

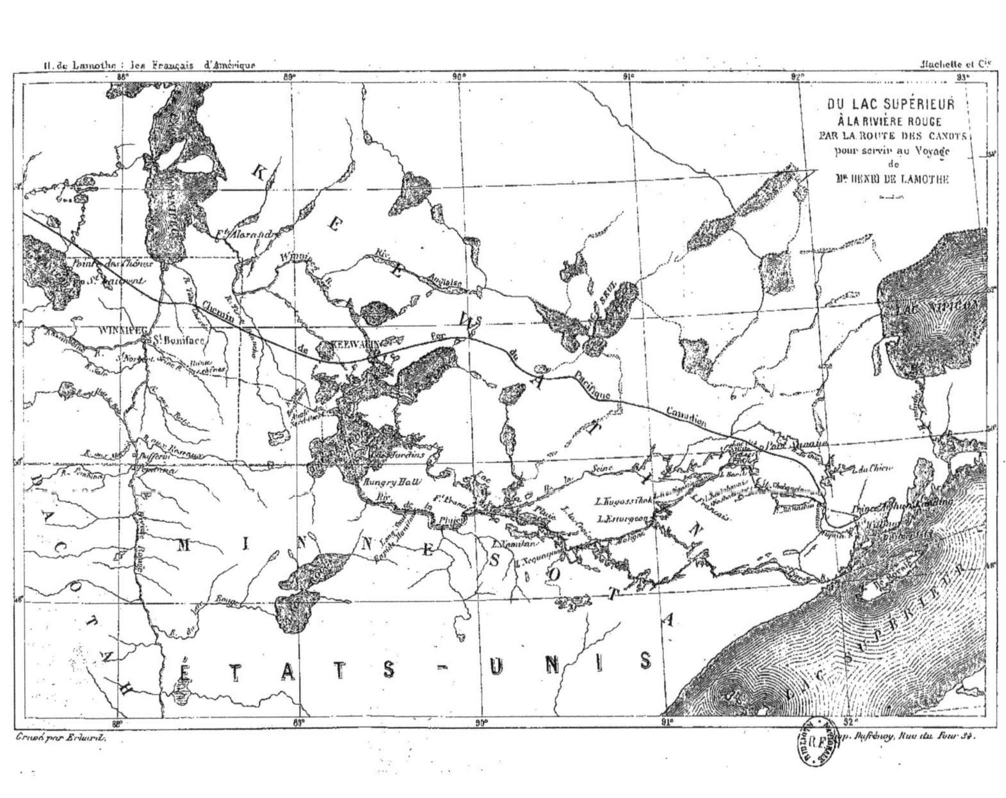
DU LAC SUPÉRIEUR
À LA RIVIÈRE ROUGE
PAR LA ROUTE DES CANOTS
pour servir au Voyage
de
Mr HENRI DE LAMOTHE
KEEWATIN
WINNIPEG
St Boniface
Ft Alexandre
Pointe des Chênes
St Laurent
Chemin de KEEWATIN
Rivière Anglaise
Hungry Hall
Ft Frances
Rivière à la Pluie
Lac des Jardins
L. Kagassikok
L. Esturgeon
L. Seine
LAC NIPIGON
Chemin du Pacifique Canadien
MINNESOTA
ÉTATS-UNIS
DACOTAH
Rivière Rouge
LAC SUPÉRIEUR
Prince Arthur's Landing
Fort William

à cet enseignement de tous les jours, je ne tardai pas à devenir un franc Manitobain, et l'écho lointain des nouvelles du vieux monde qu'apportait deux fois par semaine le « stage » ou diligence venant des États-Unis par Pembina, finissait par m'intéresser beaucoup moins que les vicissitudes de ce curieux petit pays, berceau probable d'un des grands peuples de l'avenir.

A Québec et à Montréal, on m'avait remis des lettres « d'introduction » pour l'un des membres canadiens-français du cabinet provincial, le secrétaire de l'intérieur. Venu de Montréal après l'annexion du Nord-Ouest, M. Royal, — encore un ancien journaliste — est sans contredit une individualité fort remarquable. Son habileté reconnue, sa connaissance des usages et des traditions parlementaires de la Grande-Bretagne et du Canada, en ont fait le chef politique incontesté de la population de langue française. Il est l'homme de la période légale, de la lutte pacifique, mais persévérante, comme son prédécesseur Louis Riel avait été l'homme de la résistance à main armée. Parmi les personnes qui me firent également un excellent accueil, je citerai M. Donald Smith, gouverneur de la Compagnie de la baie d'Hudson; M. Girard, l'un des deux représentants de la province au Sénat fédéral; M. Dubuc, député au Parlement local; M. Jones, du chemin de fer du Pacifique, etc. Je pourrais allonger de beaucoup cette énumération; mais, réflexion faite, j'y renonce. Pour remercier ici nominativement tous ceux de qui j'ai eu à me louer durant ce séjour de deux mois, tous ceux qui m'ont aidé de leurs conseils, de leurs sympathies ou de leur influence dans l'accomplissement de la mission qui m'avait été confiée, il me faudrait dresser la liste de presque toute la population canadienne-française et de bon nombre des résidants anglais ou écossais de Winnipeg.

L'archevêque catholique romain de Saint-Boniface, M#gr# Taché, frère du *deputy minister* de l'agriculture et de l'immigration à Ottawa, ne se trouvait point alors à la Rivière Rouge. Je l'avais vu à Montréal et à Ottawa, où il était allé rétablir une santé ébranlée par vingt et quelques années de missions dans la région du Nord-Ouest. A mon sentiment, — et ceci, je le dis en dehors de toute préoccupation religieuse, — ce prélat, dont l'influence s'étend sur toute la population canadienne et métisse-française, ainsi que sur une bonne partie des Indiens de son immense diocèse, est un de ces hommes vraiment supérieurs dont la rencontre laisse une impression aussi durable que profonde. Si notre nationalité représentée par douze ou quinze mille métis, hier encore sans cohésion, sans instruction, sans vues d'avenir, parvient à se maintenir entre la rivière Winnipeg et les Montagnes-Rocheuses, l'histoire dira sans doute un jour dans quelle large mesure l'archevêque de Saint-Boniface aura contribué à ce résultat. Ce qu'il a conçu, tenté, opéré pour l'amélioration morale et matérielle du pays au temps où gouvernait la Compagnie de la baie d'Hudson; ce qu'il a dépensé d'énergie, pendant et après les troubles occasionnés par l'annexion, pour maintenir sur le terrain de la légalité une résistance que des provocations insensées pouvaient d'un moment à l'autre faire dégénérer en lutte ouverte ; tout cela demanderait, pour être exposé fidèlement, plus d'espace que n'en comporte ce livre. Peu d'hommes connaissent aussi complètement que lui l'immense réseau de forêts et de prairies dont se compose son diocèse et eeux de ses deux suffragants, l'évêque de Saint-Albert sur la Saskatchewan et le vicaire apostolique du fleuve Mackenzie. Le petit opuscule d'une grande simplicité de forme qu'il a publié en 1868, sous le modeste titre d'*Esquisse sur le Nord-Ouest de l'Amérique*, est très certainement le recueil le plus complet

et le plus exact de renseignements hydrographiques, ethno-
logiques, botaniques, zoologiques, sur cette vaste région,
qui ait jamais été publié dans notre langue, et je doute que,
parmi les nombreux ouvrages anglais sur le même sujet,
il en existe qui lui soient réellement supérieurs. Ajoutons
que dans son ministère M⁹ʳ Taché a pour collaborateurs
des hommes d'un zèle et d'un savoir remarquables. Tels
sont, entre autres, M⁹ʳ Grandin, un oblat français, aujour-
d'hui évêque de Saint-Albert ; le Père Lacombe, auteur de
travaux consciencieux sur les idiomes des diverses tribus
indiennes ; M⁹ʳ Faraud, vicaire apostolique de la Rivière
Mackenzie ; le Père Petitot, du même vicariat, l'un
des derniers lauréats de la Société de géographie de
Paris, etc.

Quelques jours après mon arrivée, j'eus l'occasion de
lier connaissance avec l'un des membres les plus mar-
quants du clergé canadien du pays. Messire (1) Ritchot,
curé de Saint-Norbert, appelé aussi quelquefois le Père
Ritchot, bien qu'il n'appartienne à aucune congrégation
régulière, est connu dans toute la « Puissance », grâce au
rôle qu'il a joué dans les événements de 1869-1870 ; aussi
m'en avait-on beaucoup parlé à Québec et à Ottawa. La
paroisse de Saint-Norbert, ou plutôt le centre de la longue
ligne d'habitations qui la composent, n'étant qu'à une dizaine de milles de Winnipeg, nous nous y rendîmes un
beau matin en voiture, Provencher et moi. Après avoir
passé l'Assiniboine sur une sorte de pont-radeau en bois,
dont les talus rapides des deux berges rendent l'accès peu
commode aux véhicules de toute sorte, surtout lorsque les
eaux sont basses, on suit à une courte distance à travers
la prairie la mince lisière de bois qui borde la Rivière

---

1. Messire est le titre dont on fait précéder, au Canada, le nom des
curés de paroisses.

Rouge. De loin en loin, nous rencontrons une habitation entourée de clôtures à claire-voie. Les lots de terres des anciens colons font tous front sur la rivière, sur une étendue de 150 à 200 mètres ; leur profondeur est uniformément de deux milles (3200 mètres), ce qui donne une surface de 450 à 600 hectares par propriété. En outre, les métis revendiquaient le droit exclusif de couper le foin sur deux autres milles de profondeur en arrière de leur lot, et la question a fini, je crois, par être tranchée en leur faveur. C'est environ un sixième de la province qui a été ainsi réservé aux anciens habitants par l'acte de Manitoba (1870). Ce sixième se compose de deux bandes de terrains de quatre milles anglais (six kilomètres et demi) de largeur le long des deux rives de la Rivière Rouge et de l'Assiniboine. Le reste du pays a été régulièrement divisé, comme toutes les terres publiques des anciennes provinces, en *townships*, *rangs* et *lots* d'une régularité géométrique, destinés à recevoir de nouveaux colons. Toutefois, ceux-ci ne peuvent guère s'éloigner des bords des petits cours d'eau qui se jettent dans l'une ou l'autre des deux principales rivières. Ce n'est que là, et sur la lisière de la région forestière, qu'on trouve le bois nécessaire pour les constructions, les divers usages domestiques et surtout pour le chauffage durant les froids excessifs d'un hiver de six à sept mois. D'ailleurs, une partie des terrains éloignés des rivières sont marécageux et très exposés aux gelées blanches du printemps et de l'automne. Le drainage et les plantations d'arbres à croissance rapide—le tremble, par exemple,— devront nécessairement précéder dans beaucoup de ces *townships* tout essai sérieux de culture.

L'un et l'autre de ces procédés d'amélioration sont d'ailleurs d'un emploi facile et donneront des résultats presque immédiats. Le sol a presque partout une pente, faible il est vrai, mais assez sensible cependant pour que, dégagé des herbes qui favorisent la dispersion des eaux, il s'y forme rapidement des lits d'écoulement permanent. Un sillon de charrue, de deux pieds de profondeur, suffit souvent pour donner, en peu d'années, naissance à un ravin considérable, qui s'élargit et se creuse chaque printemps, en raison de la quantité d'eau provenant de la fonte des neiges qui s'y précipite, entraînant au loin le limon délayé. Ainsi desséchée sur une grande étendue, la terre mûrit sûrement les récoltes qu'on lui confie, et les gelées ne s'y font plus sentir qu'à de rares intervalles.

Quant aux plantations, il n'y aurait qu'à suivre l'exemple d'un des États de prairie de la République américaine, où le reboisement est tellement en honneur que la législature est allée jusqu'à consacrer un jour de fête nationale — *Tree planting day* — au semis en grand des essences forestières. Convaincus de cette vérité que le bois est aussi indispensable à l'homme jeté au milieu des prairies, que l'eau douce au marin voguant sur l'Océan, les deux ou trois cent mille habitants du Nebraska ont planté ou semé, en une seule année, plus de treize millions de pieds d'arbres de diverses essences, et ils ont reconnu que les espèces les plus précieuses pour la construction poussaient encore mieux dans le limon des prairies que parmi leurs roches natales du Wisconsin et du Michigan. Dans le Minnesota et le Dacotah des primes en argent et en terre sont depuis longtemps accordées à tout individu qui plante en arbres une superficie d'au moins 40 acres (16 hectares), et tout récemment une loi du Congrès a édicté des dispositions analogues pour toutes les terres publiques des territoires de l'Ouest.

Manitoba ne tardera pas, je pense, à suivre l'exemple de ses voisins, et, de proche en proche, la colonisation européenne parviendra jusqu'au pied des Montagnes-Rocheuses. Ce ne sera point, il est vrai, avec la rapidité rêvée

par quelques optimistes, car, en dépit des progrès de
l'industrie humaine, les forêts ne sauraient croître en un
jour, et, quand elles auront grandi, il faudra un soin inces-
sant pour les soustraire aux atteintes des redoutables feux
de praïries, qui, chaque automne, ravagent d'immenses
étendues de pays.

Le presbytère de Saint-Norbert se cache sur la rive
gauche de la Rivière Rouge, au milieu d'un joli massif de
trembles et de bouleaux presque tous plantés il y a une
dizaine d'années par le P. Ritchot. Non loin de là, sur un
pont de bois branlant, on franchit la rivière *Sale*, petit
cours d'eau, dont les changements de nom semblent avoir
été imaginés tout exprès pour dérouter un cartographe.
Primitivement, les explorateurs français l'appelèrent très
justement la rivière *Salée*, à cause des nombreuses sources
saumâtres qui l'alimentent. De ce nom, les Anglais firent
« Salt River », qui en est la traduction exacte. Plus tard,
vinrent de nouveaux voyageurs canadiens-français, qui,
ignorant à la fois l'anglais et l'appellation donnée auparavant par leurs compatriotes, et se guidant sur le son plutôt que sur la linguistique, changèrent *Salt River* en « *Rivière Sale.* » Des Anglais plus érudits retraduisirent
encore par à peu près l'appellation nouvelle, et le cours
d'eau devint, dans leur langue, *Stinking River*—la rivière
puante. — Maintenant l'arpentage et les cartes officielles
ont fixé les noms des accidents physiques de la province,
sans quoi on ne sait vraiment où se serait arrêtée cette
série de transformations.

Nous fûmes reçus cordialement par le P. Ritchot et ses
deux nièces, jeunes et jolies personnes venues depuis un
an seulement de leur paroisse du Bas-Canada. Il nous fit
les honneurs de son jardin, de sa maison et de sa petite
église, et nous retint à déjeuner. Il est difficile d'imaginer
une physionomie plus énergique que celle de ce prêtre

aux sourcils épais, au regard hardi, porteur d'une barbe
longue et bien fournie. En Espagne il eût dignement figuré
en tête de quelque guerilla. Comme patriote, il est
quelque peu radical, les transactions, les habiletés, les
sous-entendus ne sont pas son fort. Quand les intérêts de
ses chers métis sont en jeu, il monterait volontiers à cheval pour soutenir leurs droits envers et contre tous. Aussi
jouit-il d'une grande popularité parmi eux. Il fut délégué
à Ottawa pendant les troubles de 1870, et depuis il n'a
pas hésité à entreprendre plusieurs fois ce long et pénible
voyage pour rappeler énergiquement leurs promesses
d'alors à certains hommes d'État de mémoire légère.
Tout en déjeunant il demanda à Provencher, avec un petit
sourire moqueur, si le repas du jour lui paraissait préférable à celui qu'il avait fait dans l'église même, quatre ans
auparavant. L'allusion, je le sus plus tard, s'appliquait à
une aventure tragi-comique dont mon hôte ordinaire avait
été le héros, alors qu'il faisait partie de l'expédition du
gouverneur canadien Mac-Dougall. En septembre 1873 il
était permis d'en rire, mais Provencher m'avoua que la
chose ne lui avait point paru si plaisante en 1869. Cet épisode trouvera naturellement sa place quand nous arri-
verons à faire l'historique des événements qui l'occasion-
nèrent.

Ce jour-là, je fis une autre rencontre importante en la
personne d'un troisième convive qui survint d'une façon
tout à fait inopinée. Un grand jeune homme aux allures dé-
gagées, à la figure ouverte, intelligente et sympathique,
entra pendant que nous conversions, et, après avoir échangé
quelques mots avec lui, le P. Ritchot me présenta, selon
la formule sacramentelle, « M. Louis Riel, ancien président
du gouvernement provisoire de Manitoba ». J'avais devant
moi l'homme qui avait tenu un moment tout le Nord-Ouest
sous son autorité et dont la constance opiniâtre avait valu

à la population d'origine française la part d'influence dont elle jouit dans la nouvelle province. Mais, par une application de cette maxime déjà citée, le *sic vos non vobis* du poète, le premier auteur de ces conquêtes était le dernier à en bénéficier. L'exécution d'un Canadien-anglais accomplie sous son administration, les délais apportés à la proclamation de l'amnistie générale promise au nom de la couronne d'Angleterre, lui faisaient une situation à part, pleine d'équivoque et d'insécurité, et d'autant plus dangereuse, qu'il comptait, depuis peu, parmi ses ennemis le chef du département de la justice provinciale. Quelques jours avant mon arrivée un individu qui avait appartenu à la police locale avait cherché à organiser contre lui une tentative d'enlèvement. Une rixe s'en était suivie à laquelle plusieurs métis avaient pris part, et l'agent désavoué allait comparaître devant la cour. Quoique absent au moment de cette algarade, Riel avait reçu la sommation d'aller porter son témoignage à Winnipeg. Dans cette ville, centre de l'organisation orangiste et antifrançaise à laquelle avait appartenu Scott, le fusillé de 1870, il savait que sa venue provoquerait des troubles, probablement prévus, si non préparés, par l'auteur de la citation.

Il se sentait donc pris d'une hésitation bien naturelle, se demandant s'il devait venir au rendez-vous sous bonne escorte d'amis bien montés et armés jusqu'aux dents, ou s'il ne ferait pas mieux de s'abstenir. On tint conseil, et il fut décidé que ce serait de sa part une imprudence insigne d'aller se mettre volontairement dans la gueule du loup. En vérité, celui de nous qui employa cette métaphore ne croyait pas si bien dire, les événements ne se chargèrent que trop tôt d'en démontrer la justesse.

J'ai dit que Louis Riel avait une figure intelligente, ouverte et sympathique; il ne coule dans ses veines qu'un seizième de sang indien, aussi, à moins d'être prévenu d'a-

Louis Riel. (Page 272.)

vance, ne devinerait-on jamais en lui un métis. Nous causâmes longuement du passé, du présent et de l'avenir de son pays, et quoique notre entrevue n'ait duré que quelques heures, j'en ai conservé le plus vif et le meilleur souvenir.

Rentré à Winnipeg, je ne restai pas longtemps oisif, les parties de plaisir se succédaient sans relâche. Un jour c'était une expédition de chasse aux poules de prairie, les *Prairie Chicken »* des Anglais (*Tetras Phasianellus*) qui abondent de l'Arthabasca au Texas, dans les hautes herbes des plaines. Dernièrement, dans une de ses lettres, un ami de là-bas me rappelait un plaisant épisode de cette partie faite en compagnie de plusieurs officiers de la garnison canadienne. On avait fait une chasse acharnée non seulement aux gallinacés, mais aussi à certaines fioles apportées par surcroît de précaution dans les fontes des selles et les caissons des voitures ; aussi la soirée avait-elle été extraordinairement animée et les conversations aussi bruyantes que possible. A vingt milles de Winnipeg, on campa sous une tente fort artistement dressée ; mais les discussions se prolongèrent de telle sorte qu'à un moment donné, soit malice, soit hasard, un mouvement un peu brusque de l'un des officiers renversa tout l'édifice de toile et de piquets à la fois sur les causeurs et sur les dormeurs, ce dont ces derniers, réveillés en sursaut, témoignèrent naturellement une mauvaise humeur bien caractérisée. Craignant une seconde chute de notre maison provisoire, j'allai philosophiquement me coucher dans un fourré situé à quelque cent mètres de là, et, enveloppé dans une couverture, je laissai mes turbulents amis me demander aux échos d'alentour. — Echo est ici par pure métaphore, car cette nymphe n'a pas, que je sache, beaucoup de domiciles au milieu des prairies. — Je me donnai donc la satisfaction de me laisser chercher au clair de lune pendant une bonne demi-heure, et, cette occupation ayant calmé les esprits, il nous fut permis ensuite de dormir sous la tente à demi restaurée, d'un sommeil que rien n'interrompit plus jusqu'à l'aube.

Le retour s'effectua sans autre incident qu'un violent accès de colère du lieutenant T..., colère provoquée par certaines velléités d'indépendance de son cheval. T..., un Bas-Canadien doué d'une force athlétique, empoigna l'animal récalcitrant entre ses bras de fer, le souleva et le porta tout penaud à quelques mètres de là. Ensuite il enfourcha sa monture qui se garda bien de broncher davantage. Plein d'admiration pour une pareille exhibition de force physique, j'ai cru devoir noter avec tout le respect voulu cette démonstration péremptoire de la vigueur musculaire d'un Français d'Amérique.

Un autre jour, c'était un dîner à Silver Heights, résidence d'été de M. Donald Smith, le très hospitalier gouverneur de la Compagnie de la baie d'Hudson. Je m'y rencontrai avec M. Mac-Tavish de la même Compagnie, neveu du précédent gouverneur, et avec lord Dunraven, un pair du Royaume-Uni, qui commençait en ce moment un grand voyage de chasse et d'instruction dans les prairies de l'Ouest.

A ce propos mes amis canadiens et métis de Manitoba m'exprimaient souvent leur regret et leur étonnement de ne point voir quelques jeunes gens des familles riches de France imiter l'exemple de leurs pairs d'outre-Manche. Pourquoi ces chasseurs enthousiastes qui consument des jours entiers à la poursuite d'un gibier fantastique, dans les bois et les bruyères dépeuplés de nos pays, ne chercheraient-ils pas, au moins une fois dans leur vie, à se procurer, comme l'ont fait lord Milton, le docteur Cheadle, lord Southesk, et tant d'autres Anglais de marque, les émotions de la véritable grande chasse, en compagnie de nos métis français du Nord-Ouest, ces intrépides tueurs de bisons. Là ils trouveraient un accueil cordial, des plaisirs fortifiants, et ils apprendraient sans doute à connaître et à aimer cette nouvelle France de l'Amérique du Nord dont si peu d'entre eux soupçonnent même l'existence.

Quoique Winnipeg fût, à proprement parler, le terme de mon voyage, on tenait à me faire voir complètement le pays. Provencher parlait déjà d'organiser une excursion jusqu'au fort Alexandre sur le lac Winnipeg, d'autres m'engageaient à remonter le long de l'Assiniboine jusqu'à Portage-la-Prairie centre des nouveaux établissements fondés par les émigrants d'Ontario. Mais vers ce moment la bonne étoile qui avait présidé jusque-là à toutes mes entreprises entra dans une période de déclin manifeste. L'automne, ordinairement fort beau dans ces régions, ne fut cette année, à partir de la mi-septembre, qu'une succession d'averses qui rendirent les routes de la prairie presque impraticables aux voitures. D'autre part, Provencher, en sa qualité de commissaire des sauvages, fut prévenu d'avoir à accompagner le lieutenant gouverneur à l'angle nord-ouest du lac des Bois pour la signature du fameux traité auquel les Indiens avaient fini par se résigner. Enfin, des événements politiques imprévus vinrent tout à coup remettre en question la paix intérieure dont la province jouissait depuis plus de trois ans.

Ainsi qu'on le lui avait conseillé, Riel n'était point venu à Winnipeg, et bien lui en avait pris, car le jour même un mandat d'arrestation avait été lancé contre lui. La citation n'était qu'un piège au moyen duquel on espérait opérer une capture en pleine ville, au milieu d'une population en majorité anglaise et toute disposée à prêter main-forte à ses ennemis. On apprit bientôt que, prévenu à temps, il s'était mis en lieu sûr, quelques-uns affirmaient qu'il avait déjà passé la frontière américaine. Moins heureux, son ancien lieutenant pendant les troubles, Ambroise Lépine, fut arrêté à domicile, amené à Winnipeg et incarcéré au fort sous l'inculpation d'avoir participé au meurtre de Scott exécuté en 1870 par ordre du gouvernement provisoire, en vertu d'un jugement d'une cour martiale composée de métis français. La nouvelle de ces faits mit en un instant tout Winnipeg en émoi. On eût dit que toutes les antipathies, toutes les défiances nationales des deux races se réveillaient d'un assoupissement momentané pour éclater de nouveau avec une irrésistible violence. On entendait de tous côtés stigmatiser, comme traîtres de la pire espèce, deux Irlandais, Clarke et O'Donnell, redevables tous deux de leur position officielle à l'appui des métis français. On les accusait hautement de s'être distribué les rôles dans une indigne comédie imaginée pour écarter des prochains « hustings » — assemblées électorales — un rival devenu gênant, et peut-être aussi pour détourner l'attention publique des graves imputations qui commençaient à se faire jour contre le premier d'entre eux.

Mais ce qui me reste à raconter serait fort peu intelligible à la plupart des lecteurs français, si je ne le faisais précéder d'un résumé de l'histoire antérieure du pays. Laissant donc encore une fois de côté le rigoureux enchaînement des dates d'un journal de voyage, nous allons faire un saut rétrospectif de deux siècles, sans toutefois nous arrêter trop longtemps sur des souvenirs d'une antiquité déjà fort respectable pour un continent qui s'appelle le Nouveau-Monde.

XV

Les premiers Français qui dépassèrent vers l'ouest les rives du lac Supérieur furent des coureurs des bois et des missionnaires. En 1654, deux jeunes traitants en fourrures, dont le nom ne paraît pas avoir été conservé, pénétrèrent pour la première fois jusqu'au pays des Sioux. Le missionnaire Mesnard suivit bientôt leurs traces et périt dans des circonstances restées inconnues. Dès lors se succédèrent les expéditions qui amenèrent la découverte du Mississipi et du cours supérieur de la Rivière Rouge.

‑ D'autre part, en 1670 le roi Charles II, l'avant-dernier des Stuarts, avait octroyé à son frère le prince Rupert et aux « aventuriers d'Angleterre », ses associés (ce sont les termes de la charte de concession), le privilège de la traite des fourrures sur les côtes de la grande baie — ou plutôt de la mer — découverte par le navigateur Hudson; ce fut l'origine de la puissante Compagnie de la baie d'Hudson. Le territoire actuel du Nord-Ouest canadien se trouva ainsi entamé au nord comme au sud par les explorations des Visages-Pâles, mais il ne paraît pas que jusqu'en 1771 la Compagnie anglaise ait étendu fort avant dans l'intérieur ses opérations de traite, et ce n'est qu'en 1731 qu'un gentilhomme canadien[1], M. de Varennes de la Vérandrye, accompagné de ses fils, de son neveu, d'un missionnaire, le P. Messager, et d'une cinquantaine d'hommes, franchit pour la première fois la *Hauteur des terres* au nord-ouest du lac Supérieur. Dans une première expédition qui dura quatre années, il reconnut le cours de la rivière Winnipeg, les bords du lac du même nom, le cours inférieur de la Rivière Rouge et de l'Assiniboine. Le besoin de renouveler ses provisions et munitions de toute nature le contraignit à revenir sur ses pas en 1735; et il dut attendre près d'un an, dans la région du lac des Bois, qu'on lui expédiât du Canada tout ce qu'il lui fallait pour continuer son entreprise. C'est pendant cette période d'inaction forcée, en 1736, qu'un des fils de l'intrépide explorateur fut tué par les Sioux, dans une île du lac Lacroix, l'une des nappes d'eau traversées aujourd'hui par la route Dawson. Vingt de ses compagnons et un missionnaire, le P. Arnaud ou Arneau, périrent avec lui.

Les provisions arrivées, la Vérandrye reprit le chemin de l'ouest. Il remonta la Saskatchewan (rivière du Pas des « voyageurs ») et la rivière Souris, traversa en 1742 le Missouri supérieur, puis la rivière Pierre-Jaune (aujourd'hui *Yellowstone river*) et arriva enfin aux Montagnes-

---

1. M. de la Vérandrye, né à Trois-Rivières, était un ancien officier qui avait servi en Flandre pendant la guerre de la succession d'Espagne.

Rocheuses, dont, le premier parmi les blancs, il fit l'ascension en 1743. En 1745 il rentrait enfin au Canada, après une absenee de *quatorze années* passées en plein pays indien, au milieu de dangers de toutes sortes. Créé chevalier de Saint-Louis, et autorisé à entreprendre de nouvelles explorations, il se disposait à repartir, malgré son âge avancé, lorsque la mort vint le surprendre.

Quel voyage contemporain, même parmi les plus fameux, pourrait entrer en comparaison avec cette odyssée de quatorze ans, couronnée dignement par la découverte du grand massif central de l'Amérique du Nord? Et cependant quel est l'écolier français qui ait jamais trouvé dans ses livres, ou entendu citer par ses professeurs, ce nom de la Vérandrye, bien digne cependant de prendre place à côté de ceux des la Pérouse et des Bougainville?

L'itinéraire de la Vérandrye dut être utilisé de bonne heure par une foule de traitants et de coureurs des bois, car, en 1763, lors de la cession du Canada à l'Angleterre, il y avait déjà sur la Rivière Rouge et la Saskatchewan plusieurs établissements français, appelés fort Bourbon, fort Dauphin, fort la Reine, en l'honneur d'une dynastie qui en ce moment même consommait l'abandon du pays découvert par ses sujets.

Suivant leur coutume, les chasseurs canadiens ne tardèrent pas à contracter de nombreuses unions parmi les tribus indiennes du nouveau territoire. Au commencement du dix-neuvième siècle nous trouvons déjà l'expression de « Bois-Brûlés » employée pour désigner les métis issus de ces alliances, race de vigoureux chasseurs qui dès lors forment une population à part, et jouent un rôle important dans tous les conflits allumés par la rivalité des grandes compagnies commerciales du « Nord-Ouest » et de la « baie d'Hudson ».

C'est en 1783 que fut fondée à Montréal la Compagnie

du Nord-Ouest. Une partie de ses actionnaires étaient
Canadiens, d'autres Écossais, mais les derniers finirent
bientôt par dominer dans le conseil d'administration. La
Compagnie du Nord-Ouest déniait énergiquement à celle
de la baie d'Hudson le droit d'étendre le monopole concédé par le roi Charles II au delà des limites, assez vagues
du reste, que le traité d'Utrecht assignait aux possessions
anglaises. Or, la Rivière Rouge et la Saskatchewan avaient
toujours été reconnues comme des dépendances de la
Nouvelle-France, et le traité de Paris conclu en 1763
garantissant aux Canadiens leurs droits, leurs privilèges,
avec promesse de n'être pas soumis à d'autres impôts que
ceux établis sous la domination française, le commerce
dans la région de ces deux fleuves devait leur appartenir
sans entraves.

Conséquente avec ce principe, la Compagnie du Nord-
Ouest se donna comme représentant exclusivement l'intérêt canadien, même après que la direction eut passée
entre des mains écossaises. «Elle imposait à ses membres,
dit Mgr Taché, l'obligation de parler la langue française,
et tous les employés subalternes étaient Canadiens d'origine française, en sorte que cette Compagnie semblait la
continuation de celle qui s'était formée dans la Nouvelle-
France. Les sauvages la désignaient toujours sous ce nom
« les Français ». La Compagnie de la baie d'Hudson, au
contraire, avec ses officiers aussi Écossais, pour la plupart, et ses employés orcadiens, était universellement
connue sous le titre « les Anglais ». Les intérêts commerciaux amenèrent de déplorables rivalités, au point que le
mot « Anglais » appliqué à un Écossais de la baie d'Hudson
devenait un terme de mépris dans la bouche d'un autre
Écossais de la Compagnie du Nord-Ouest. Les inférieurs,
sans être plus zélés que leurs supérieurs, ce qui arrive
quelquefois mais qui n'était pas facile alors, partageaient

l'animosité de leurs chefs, aussi on se détestait cordialement et l'on se méprisait largement. Néanmoins, qu'on
veuille bien le remarquer, ce n'était pas une rivalité nationale, quoique les noms pussent le faire soupçonner ; mais
tout simplement une rivalité commerciale. Cette rivalité a
fini par l'union des deux sociétés qui la fomentaient, et
depuis, Français, Anglais, Écossais et autres, ne forment
plus qu'un peuple, vivant dans une parfaite « entente cor-
diale ». Ceci n'empêche pas les petites jalousies ni les
petites accusations, mais ce sont de ces accusations et de
ces jalousies comme entre frères [1]. »

Ce fut pendant ces querelles entre compagnies, querelles souvent vidées à main armée à l'ombre des grands
bois ou au milieu de la morne solitude des prairies, qu'eut
lieu un épisode dont j'aurai à reparler ailleurs, le combat
des « Sept-Chênes » — *Seven Oaks* — livré le 19 juin 1816,
dans lequel le gouverneur Semple envoyé à la Rivière
Rouge par lord Selkirk, alors directeur de la Compagnie de
la baie d'Hudson, fut tué par un parti de gens de la Compagnie du Nord-Ouest presque tous Bois-Brûlés français.
Comme on le verra plus loin, ce combat inspira le premier
poème du genre lyrique — à la manière des anciens
bardes — qui ait été composé dans ces régions.

En 1821, toutes les discussions cessèrent enfin par la
fusion des deux Compagnies rivales. Ainsi renforcée et
reconstituée, l'« honorable » Compagnie de la baie

---

1. Mgr Taché écrivait ces lignes en 1868. Depuis lors, sous l'influence des événements politiques et des excitations du dehors, les
relations entre les habitants des deux races ont momentanément
beaucoup perdu de la cordialité à laquelle il rendait un hommage si
justement mérité. On pourrait dire en quelque sorte que la lutte
pour l'existence, entre les éléments anglais et français, apaisée au
Canada par une série de compromis successifs, s'est transportée dans
les prairies du Nord-Ouest avec un esprit d'intolérance qui rappelle
le premier demi-siècle de la conquête.

d'Hudson put exercer sa souveraineté pendant près d'un demi-siècle sur une portion du continent américain presque égale en surface à l'Europe entière.

Quant à la colonie agricole de la Rivière Rouge, — le *Red River* ou *Selkirk Settlement* des Anglais, — elle avait été fondée, vers 1813 ou 1814, par le même lord Selkirk qui y amena plusieurs familles de Highlanders, expulsées des domaines de la duchesse de Sutherland, dans le nord de l'Écosse, par suite d'une application du « *clearing of Estates* ». On sait que cette opération aussi lucrative que peu humaine, pratiquée par la plupart des grands propriétaires britanniques, consiste à vouer à l'élevage du bétail d'immenses espaces enlevés aux maigres cultures des pauvres tenanciers. La descendance de ces immigrants de la première heure occupe encore aujourd'hui la plus grande partie des paroisses qui s'étendent de la « fourche » (confluent) de l'Assiniboine au lac Winnipeg. Un certain nombre d'entre eux, ainsi que beaucoup des Orcadiens employés au service de la Compagnie de la baie d'Hudson, s'allièrent avec des Indiennes, donnant naissance aux « métis écossais » ou « anglais » deux ou trois fois moins nombreux dans tout le Nord-Ouest que les métis français, et que leur caractère plus sédentaire, leur goût plus prononcé pour les occupations agricoles, ont fixés pour la plupart dans le district de la Rivière Rouge.

De 1814 à 1868, la petite colonie ne s'était guère accrue que par l'adjonction d'anciens serviteurs de la Compagnie de la baie d'Hudson, presque tous Écossais des îles Orcades, et de quelques rares immigrants du Haut-Canada. Cet accroissement lui-même était compensé par les départs de métis français que leur esprit aventureux et l'éloignement progressif des grands troupeaux de buffalos ou bisons d'Amérique entraînaient plus à l'ouest. En 1868, la Rivière-Rouge, appelée officiellement colonie d'Assini-

Indiens Saulteux des environs de Winnipeg. (Page 285.

boia, comptait à peu près onze mille habitants, dont un peu moins de la moitié d'origine métisse française, le reste Anglais, Écossais, métis anglais et Indiens de différentes nations indigènes, occupant un territoire d'environ quatre millions d'hectares d'étendue nominale, mais où il n'y avait guère d'habitations que le long des deux cours d'eau que j'ai nommés plus haut.

Presque tous les Français occupaient entre Pembina et Fort-Garry les deux rives de la Rivière Rouge, formant les paroisses de Sainte-Agathe, Saint-Norbert, Saint-Vital et Saint-Boniface, et aussi quelques paroisses sur l'Assiniboine. Les métis anglais étaient massés sur la rive septentrionale de l'Assiniboine inférieure, jusqu'à la Prairie-du-Cheval-Blanc à mi-chemin de Fort-Garry au Portage. On en trouvait aussi vers le lac Manitoba, et près du groupe purement écossais installé sur le cours inférieur de la Rivière Rouge, jusqu'à son embouchure dans le lac Winnipeg. Enclavés au milieu des paroisses écossaises, un millier de Maskégons (Saulteux des marais), catéchisés par les ministres de l'Église d'Angleterre, et devenus agriculteurs, formaient la paroisse de Saint-Peters. Enfin, les émigrés du Canada anglais s'étaient massés autour de Portage-la-Prairie dans le haut de la rivière Assiniboine, où ils avaient créé de fort belles fermes. Portage-la-Prairie fut un moment, en 1868, le centre d'un gouvernement provisoire, soutenu par tous les adversaires de la Compagnie de la baie d'Hudson. Mais le président élu de cette quasi-république, M. Thomas Spence, ayant notifié son élection au ministère des colonies d'Angleterre, reçut avis de l'illégalité de son entreprise et se retira aussitôt. C'est dans cette circonstance que, pour la première fois, on désigna la colonie sous le nom de *Manitoba*. Ce nom était celui du grand lac situé à l'O. du lac Winnipeg, et son étymologie indienne, *Manitowapaw*, signifie « détroit de Manitou », ou détroit extraordinaire, surnaturel, à cause de l'agitation souvent très violente des eaux, attribuée par les Indiens à l'influence des esprits.

Sous la Compagnie de la baie d'Hudson, le gouvernement était en quelque sorte une domination patriarcale, tempérée par le respect des droits individuels qui découlent de la Constitution britannique. Théoriquement, la Compagnie possédait tous les droits souverains; pratiquement, la liberté était illimitée ; et, dans leur isolement, ces pauvres chasseurs demi-nomades jouissaient d'un ensemble d'institutions (il serait peut-être mieux de dire : d'une absence d'institutions) parfaitement en harmonie avec leur organisation sociale. Ils s'en montraient généralement fort satisfaits, et presque personne dans la petite colonie, à l'exception de quelques personnages remuants venus du Canada anglais, n'avait l'idée qu'un changement pût être bien désirable. En dehors de l'influence de la Compagnie, toute-puissante au point de vue économique, la seule autorité reconnue dans ce pays si peu gouverné était une autorité volontairement acceptée et d'ordre purement moral, celle du clergé des différentes confessions religieuses qui se partageaient la population.

En 1867, aussitôt après la Confédération des provinces du Haut et Bas-Canada, de la Nouvelle-Écosse et du Nouveau-Brunswick, les hommes d'État de la nouvelle « Puissance » du Canada pensèrent à s'ouvrir de plus vastes perspectives. Au dire de certains explorateurs, les territoires de chasse de la Compagnie de la baie d'Hudson, situés à l'ouest du lac des Bois, renfermaient une zone fertile de plusieurs centaines de millions d'hectares, destinée à rivaliser avec le *Far West* américain. — Ces évaluations étaient exagérées ; néanmoins le rachat du privilège territorial de la Compagnie fut bientôt l'objet de négociations qui aboutirent à la cession au Canada, contre

une indemnité de 7 500 000 francs, de cet immense domaine de sept millions de kilomètres carrés, dont plus de
la moitié n'est malheureusement qu'un amas stérile de
rochers arides et de terres toujours gelées, tandis que la
partie plus ou moins utilisable ne renfermait en 1871
que 75 000 habitants, dont 2 000 individus de race
européenne, 15 ou 16 000 métis et le reste Indiens
nomades. La Compagnie se réservait, du reste, tous ses
postes commerciaux, ce qui lui laissait la certitude de réaliser encore de beaux profits dans un pays où elle est installée de façon à défier de longtemps toute sérieuse concurrence.

C'était principalement l'opinion publique de l'ancien
Haut-Canada, devenu province d'Ontario, qui avait poussé
le gouvernement canadien à cette acquisition. Entreprenants, énergiques, âpres au gain, comme leurs voisins les
Yankees, mais imbus d'un fanatisme religieux et national
fomenté et entretenu par les nombreuses sociétés orangistes, les habitants de cette province voyaient, dans la
colonisation du Nord-Ouest par leur race, le moyen
d'asseoir définitivement la prépondérance de l'élément
anglais et protestant dans la Confédération. Aussi les chefs
politiques du Haut-Canada, maîtres de la majorité dans le
ministère fédéral, affectaient-ils un profond dédain pour
les droits, les sympathies, les intérêts des anciens habitants,
les *french half breeds* ou métis français. Une opposition
sérieuse de la part de ces « demi-sauvages » leur paraissait la plus invraisemblable des éventualités. Avant même
que l'arrangement conclu avec la Compagnie de la baie
d'Hudson ne fût ratifié à Londres, on envoya à la Rivière
Rouge, sous le commandement d'un colonel de milices,
M. Dennis, des arpenteurs canadiens chargés de désigner
l'emplacement des *settlements* futurs. De consulter les
gens du pays sur l'opportunité du transfert, il n'en avait

jamais été question ; mais ce qui devenait plus grave, c'est qu'on ne paraissait pas vouloir les consulter davantage sur l'installation des nouveaux colons pour lesquels on arpentait des terres dont les métis prétendaient avoir la jouissance de temps immémorial. La Compagnie de la baie d'Hudson ne s'était jamais préoccupée de faire un cadastre, chose fort peu nécessaire dans un pays où tout le monde se sentait au large et où nul n'éprouvait l'envie d'empiéter sur son voisin. Tout changeait d'aspect avec l'arrivée des arpenteurs du colonel Dennis. Les réclamations des anciens habitants méritaient certainement d'être prises en considération ; mais, loin de là, l'attitude insolente et les propos imprudents des gens de la troupe canadienne donnaient à penser aux métis que, dans l'opinion des « annexants », les droits sans titres écrits ne seraient que des droits sans valeur. Une inquiétude sourde d'abord, bruyante ensuite, se manifesta dans le pays. Des conciliabules furent tenus, dans lesquels Louis Riel, jeune métis de vingt-six ans, élevé au collège de Montréal, ne tarda pas à se faire remarquer par la vivacité de son langage. Tout enfin faisait prévoir une vive agitation, lorsqu'une nouvelle imprudence du gouvernement canadien vint précipiter l'explosion.

Au mois d'octobre 1869, alors que le transfert du Nord-Ouest au Canada n'était point encore officiellement proclamé, la nouvelle se répandit qu'un gouverneur canadien allait arriver par la voie des États-Unis (à cette époque la route Dawson n'était pas encore ouverte). Ce gouverneur était M. W. Mac-Dougall, connu de longue date comme un adversaire déclaré de l'élément français. Avec M. George Brown, il avait fait partie du ministère de coalition qui prépara l'acte de 1868 pour la confédération des provinces. C'était un bien mauvais choix, pour une mission aussi délicate, que celui de cet ancien ministre des travaux publics. M. Mac-Dougall était un homme présomptueux, cassant, plein de préventions nationales et religieuses contre les métis. De plus, il était complètement dominé par l'influence des chefs de la bruyante minorité ultra-canadienne de la Rivière Rouge, tous gens qui comptaient trouver leur lot dans le gouvernement et l'administration du Nord-Ouest. Le docteur Schultz, aujourd'hui député aux Communes du Canada, était le chef de ce petit parti, aussi hostile aux métis qu'à la Compagnie de la baie d'Hudson.

M. Mac-Dougall arrivait escorté de tout un personnel administratif dans lequel figurait un seul Canadien français, notre ami Provencher. On avait embarqué l'ex-journaliste montréalais sur cette galère, dans l'espoir que sa parenté avec le premier évêque catholique romain de Saint-Boniface, Mgr Provencher, dont le souvenir vivait encore parmi les métis, exercerait une influence salutaire sur l'esprit des populations de langue française. Mais, s'il faut en croire un mémoire publié plus tard par Louis Riel, le principal titre du gouverneur au respect de ses futurs administrés était un chargement considérable de cartouches et de carabines qui devait le suivre de près. Ce matériel de guerre était destiné à armer les gens du parti anglais ainsi que les hommes venus d'Ontario avec l'arpenteur général M. Dennis. De cette façon on comptait mettre promptement à la raison les anciens occupants du pays.

A la nouvelle d'une nomination qu'ils considérèrent comme une menace et une provocation, les métis, déterminés à s'opposer, même par la force, à toute tentative de changement, tant qu'on n'aurait pas nettement défini et consacré leurs droits, constituèrent un *Comité national*. Un Bois-Brûlé écossais, nommé John Bruce, en fut acclamé président avec Louis Riel pour secrétaire. On dépêcha à

Pembina, au-devant de M. Mac-Dougall, un messager qui remit à l'aspirant gouverneur une notification rédigée en français, dont voici la teneur textuelle.

« Datée à Saint-Norbert, Rivière Rouge,
ce 21° jour d'octobre 1869.

» Monsieur,

» Le comité national des métis de la Rivière Rouge intime à M. William Mac-Dougall l'ordre de ne pas entrer sur le territoire du Nord-Ouest sans une permission spéciale du comité.

» Par ordre du président John Bruce,

» Louis RIEL, secrétaire.

» A monsieur Mac Dougall. »

A la lecture de l'« ordre » du comité, M. Mac-Dougall parut fort étonné et s'exprima en termes très méprisants sur cette impertinence de « sauvages »; toutefois, ses compagnons lui ayant proposé d'aller s'assurer de la réalité des dispositions hostiles manifestées par les métis, il laissa MM. Provencher et Cameron partir en avant. Ces honorables précurseurs du nouveau régime arrivèrent jusqu'à la rivière Sale, à 50 milles anglais au nord de Pembina; mais là ils trouvèrent la route barricadée et gardée par 400 métis à pied ou à cheval, bien armés et d'allures fort peu conciliantes. Provencher, arrêté sans autre forme de procès, passa vingt-quatre heures enfermé dans l'église de Saint-Norbert, s'attendant à tout-moment à être fusillé, ce qui heureusement n'entrait d'aucune façon dans le programme des insurgés. C'est dans cette situation critique qu'il fit la connaissance du R. P. Ritchot, ainsi que celui-ci le lui rappelait malicieusement le jour où nous déjeunâmes ensemble au presbytère de Saint-Norbert, à deux pas du théâtre de ces événements. Relâché le lendemain, il retourna annoncer au gouverneur *in partibus* l'insuccès de sa mission, et celui-ci dut s'installer, en attendant mieux, dans une masure située sur le territoire américain où, tout ex-ministre qu'il fût, il passa l'hiver si rigoureux de cette région dans des conditions de confort qui le firent surnommer par les journaux du Minnesota, généralement favorables aux métis, « *The frozen William* — Guillaume le Morfondu ».

Les Canadiens immigrés ayant alors essayé de soulever la population de langue anglaise, les métis, pour les prévenir, occupèrent Fort-Garry, siège de l'administration de la Compagnie de la baie d'Hudson, et s'y fortifièrent (3 novembre 1869), tout en protestant de leur respect pour le gouverneur Mac-Tavish qui représentait encore l'autorité de la Compagnie. Le 16 novembre, le comité national convoqua à Fort-Garry une convention de vingt-quatre délégués de toutes les paroisses, choisis en nombre égal parmi les habitants des deux origines, anglaise et française. Les *halfbreeds* écossais, sans vouloir aller aussi loin dans leur résistance que leurs cousins les métis français, se montrèrent absolument sourds aux excitations de ceux qui les sollicitaient de prendre les armes contre le comité.

Réduit à ses propres forces, le parti canadien anglais tenta une première échauffourée qui se termina par le siège de la maison du docteur Schultz et l'emprisonnement de ses partisans. Ce fut alors que M. Mac-Dougall, de plus en plus circonvenu par la portion exaltée de son entourage, se laissa entraîner à un acte d'une haute gravité, acte qui lui attira par la suite le plus humiliant des désaveux. De sa propre autorité et sans attendre de nouvelles instructions. d'Ottawa, il lança au nom de la reine une proclamation qui mettait fin au gouvernement de la Com-

pagnie de la baie d'Hudson, et réunissait tout le Nord-
Ouest au Canada. En même temps il chargeait le colonel
Dennis de prendre le commandement des partisans de
l'annexion, organisés en force militaire. Il alla, dans son
aveuglement, jusqu'à solliciter, contre des sujets britanniques, le concours des plus sanguinaires d'entre les sauvages, les Sioux, auteurs des massacres du Minnesota, dont
une bande réfugiée depuis 1862 sur le territoire britannique vivait près de Portage-la-Prairie. Fort heureusement,
des circonstances indépendantes de la volonté de l'im-
prudent gouverneur empêchèrent cette monstrueuse
alliance d'aboutir.

La mesure était comble : aussi le comité national réitéra-
t-il son refus de reconnaître les pouvoirs de M. Mac-Dougall; et, le 8 décembre, considérant que la dépossession
du gouvernement de la baie d'Hudson, jusqu'alors la seule
autorité légale dans le Nord-Ouest, laissait le pays exposé
à tous les dangers de l'anarchie, il se constitua en un
gouvernement provisoire. Louis Riel fut proclamé président le 27 décembre, à la place de John Bruce. Un Irlandais
nommé O'Donohue, quelque peu suspect de fénianisme,
fut son ministre de l'intérieur; un métis, Ambroise Lépine,
son adjudant général. Comme à tout gouvernement, même
provisoire, il faut un drapeau, on décida d'adopter des
couleurs rappelant l'origine du peuple métis et l'on choisit... le drapeau blanc fleurdelisé, au milieu duquel, sans
doute pour complaire à O'Donohue, on plaça la harpe
d'Irlande; et voilà comment, en l'an de grâce 1870, le
drapeau blanc et les fleurs de lis devinrent, dans un coin
reculé de l'Amérique du Nord, l'emblème d'un mouvement révolutionnaire. Notons cependant que le pavillon
britannique ne cessa point de flotter sur le bastion principal de Fort-Garry.

Au Canada, la nouvelle de ces événements produisit la

plus vive émotion. M. Mac-Dougall fut réprimandé, et des commissaires, parmi lesquels deux Canadiens français, MM. Thibault et de Salaberry, furent envoyés pour s'aboucher avec le nouveau gouvernement dont on reconnaissait par là implicitement l'existence *de facto*. M. Donald Smith, de la Compagnie de la baie d'Hudson, obtint qu'une assemblée plénière — un *mass meeting* — des habitants du pays serait convoquée à Fort-Garry. Cette assemblée eut lieu le 18 janvier 1870. M. Donald Smith prit la parole au nom du gouvernement canadien, promettant que tous les droits des anciens habitants seraient respectés, et qu'aucune poursuite ne serait intentée à l'occasion des troubles précédents. Les conditions de l'entrée du Nord-Ouest dans la Confédération furent discutées point par point entre les commissaires et quarante délégués élus par l'assemblée. Riel fut confirmé provisoirement dans ses pouvoirs par une majorité des trois quarts des délégués, et une députation de trois membres, le juge Black, messire Ritchot et M. A. H. Scott, fut chargée d'aller présenter à Ottawa les revendications, la « déclaration des droits » des colons de la Rivière Rouge.

Tout allait être arrangé sans effusion de sang ; mais cela ne faisait point le compte du parti dont la complète impuissance venait d'être mise en lumière par les événements. Le docteur Schultz, qui s'était évadé de prison, tenta encore une fois de renverser par la force le gouvernement que venait de confirmer le suffrage populaire. Il parvint à rassembler à Saint-André, à 10 milles environ en aval de Fort-Garry, cinq à six cents blancs et métis anglais avec deux cents sauvages, et donna l'ordre de commencer la guerre à outrance contre les Français sur toute l'étendue du pays. Un de ses émissaires fut arrêté et condamné à mort ; mais la sentence ne fut point exécutée, grâce aux efforts de deux des chefs métis, Ambroise Lépine et Goulet. Quant à la troupe de Schultz, son avant-garde, commandée par un ex-major de milice nommé Boulton, fut dispersée par Ambroise Lépine à la tête d'une trentaine de cavaliers métis. Boulton fut pris, le reste de « l'armée » du docteur se débanda, et lui-même s'enfuit par un froid terrible jusqu'à la frontière des États-Unis. Le major Boulton, condamné par une cour martiale, dut la vie aux instances de M. Donald Smith qui fit les plus louables efforts pour amener la pacification du pays.

Ce fut alors que les chefs métis commirent une faute, très explicable sans doute dans les circonstances difficiles où ils se trouvaient, mais qui n'en devait pas moins avoir pour quelques-uns d'entre eux et pour le pays tout entier. les plus déplorables conséquences.

Les prisonniers faits lors des deux tentatives de soulèvement du parti anglais étaient enfermés au Fort-Garry. Il paraît que l'un d'eux, ce Th. Scott dont nous avons déjà parlé, parvint un jour à forcer les portes de sa prison et se livra à des voies de fait sur les hommes chargés de sa garde. Une première fois on se contenta de le menacer, mais à la suite de nouveaux actes de violence il fut traduit devant une cour martiale composée de sept chefs métis, présidée par Ambroise Lépine, condamné à mort le 3 mars et exécuté le lendemain.

Cette mort causa une énorme sensation dans le pays et au Canada. L'exécution avait été entourée d'un certain mystère ; le corps lui-même avait disparu, — on croit généralement qu'il fut jeté de nuit à la rivière, — et le bruit se répandit bientôt que des incidents d'une regrettable barbarie avaient marqué la fin de ce triste drame. Dans la province d'Ontario, dont Scott était natif, l'exaspération fut telle, que l'un des délégués de la Rivière Rouge — le P. Ritchot — fut arrêté en arrivant à Ottawa. On dut le relâcher presque aussitôt; mais le lieutenant-gouverneur d'Ontario lança une proclamation promettant une récompense de plusieurs milliers de dollars pour l'arrestation et la capture de Riel et de ses complices. Ceux-ci prétendirent de leur côté que, gouvernement de fait en l'absence de toute autre autorité, ils avaient le droit et le devoir de maintenir la tranquillité publique en punissant avec toute la rigueur des usages militaires tout acte de rébellion et d'excitation à la guerre civile.

Cependant, le gouvernement canadien, blâmé par le ministère métropolitain pour son imprudente précipitation et les actes encore plus imprudents de M. Mac-Dougall, se trouvait par sa faute dans le plus grand embarras. L'Angleterre lui refusait des troupes régulières tant qu'il n'aurait pas fait droit aux justes réclamations des métis, et les États-Unis refusaient à ses volontaires et à son matériel de guerre le droit de passer par le canal du Sault-Sainte-Marie ou par tout autre point du territoire américain. On avait fait en toute hâte revenir de Rome, où il assistait au concile de 1870, l'évêque — aujourd'hui archevêque — de Saint-Boniface, Mgr Taché, dont la grande influence sur les métis pouvait contribuer puissamment à l'apaisement des esprits. L'évêque arriva malheureusement à Fort-Garry quelques jours trop tard pour prévenir l'exécution de Scott, à laquelle il se fût très certainement opposé. Néanmoins rien ne fut retiré des promesses que lui avait faites le gouvernement d'Ottawa. Les délégués furent reçus, traités comme les envoyés d'un gouvernement régulier ; on leur renouvela la promesse d'une amnistie complète. Enfin, les conditions posées par eux au sujet de l'entrée du Nord-Ouest dans la Confédération furent acceptées par le Parlement canadien lui-même, et formèrent la base des dispositions de « l'acte de Manitoba ».

Au lieu d'être gouverné comme un territoire absolu-

ment dépendant du pouvoir central, le district de la
Rivière Rouge était érigé en province autonome sous le
nom de Manitoba. Un lieutenant gouverneur, des ministres
responsables, deux Chambres, l'une à vie, l'autre élective,
y devaient assurer le fonctionnement du régime parlementaire. Une subvention prise sur les finances de la
Confédération devait pourvoir à la plus grande partie des
dépenses provinciales jusqu'à ce que la population comptât
un minimum de quatre cent mille âmes. Les langues française et anglaise étaient placées sur un pied de parfaite
égalité dans la législature et devant les tribunaux. Après
le vote de cet acte, la métropole ne s'opposa plus au départ de l'expédition composée de troupes régulières et de
milices, que devait conduire à la Rivière Rouge le colonel
sir Garnet Wolseley[1].

Quant à l'amnistie, c'était une prérogative royale que la
couronne n'exerce d'ordinaire que sur l'avis du gouverneur général et de ses ministres responsables. Il paraît
que ceux-ci hésitèrent devant l'impopularité qu'une démarche de ce genre devait forcément leur faire encourir
dans le Haut-Canada, tout entier à l'indignation et au désir
de venger la mort de Scott. L'amnistie promise ne fut
donc point proclamée, mais confidentiellement on faisait
assurer Mgr Taché qu'elle ne pouvait manquer de l'être à
bref délai. Aussi l'évêque s'opposa-t-il de toutes ses
forces à la résolution prise un moment par les métis de
combattre l'expédition canadienne, si l'avant-garde de
celle-ci n'était précédée de l'amnistie. Il réussit, et sir
Garnet Wolseley arriva devant Fort-Garry sans rencontrer
aucune résistance. Cependant une partie des soldats

1. Sir Garnet Wolseley a commandé plus tard l'expédition anglaise
contre les Aschantis. Il est actuellement (1878) gouverneur de l'île
de Chypre.

appartenant aux milices d'Ontario manifestaient de tels
sentiments de vengeance, les dispositions du chef de
l'expédition lui-même paraissaient si peu conciliantes,
que les principaux chefs du gouvernement provisoire ju-
gèrent prudent de se retirer à l'approche des troupes, les
uns dans l'intérieur, les autres aux États-Unis.

Il y eut bien alors un mouvement de réaction qui se
traduisit par quelques actes de violence individuelle sur
des personnes connues pour leur attachement à la cause
insurrectionnelle, mais aucune poursuite judiciaire ne fut
commencée. Bien plus, lorsque, l'année suivante, les
fénians rassemblés dans le Minnesota menacèrent la nouvelle province, le lieutenant-gouverneur Archibald, homme
conciliant et modéré, successeur de M. Mac-Dougall, —
lequel avait été rappelé au Canada avant d'avoir pu remplir ses hautes fonctions autrement qu'*in partibus
infidelium,* — demanda et obtint pour repousser l'invasion le concours de tous les éléments de la population.
Les métis français répondirent à son appel, et l'on vit le
lieutenant-gouverneur serrer publiquement la main de
l'ancien chef du gouvernement provisoire. Riel donna
encore une autre preuve de son abnégation en renonçant
au mandat de représentant aux communes fédérales que
voulaient lui conférer les électeurs d'un des comtés français de Manitoba, celui de Provencher [1]. Il désigna lui-

1. La province de Manitoba nomme quatre députés au Parlement
fédéral. Elle a été, par conséquent, divisée en quatre districts électoraux ou comtés. Deux portent des noms anglais : *Selkirk* a reçu le
nom du fondateur de la colonie; *Lisgar*, celui du gouverneur général
du Canada au moment de l'annexion. Deux ont des dénominations
françaises : *Marquette*, en l'honneur du religieux qui, au dix-
septième siècle, explora le premier, avec le Canadien Joliet, les bords
du lac Supérieur, le haut Mississipi et la Rivière Rouge ; enfin *Provencher* perpétue le souvenir du premier évêque catholique de Saint-
Boniface. Ces comtés ont été subdivisés eux-mêmes par des lois pos-
térieures en plusieurs sous-comtés parmi les noms desquels nous

même aux suffrages de ses partisans le ministre fédéral
de la milice, sir George Cartier, qui venait d'être rejeté
par la ville de Montréal, passée depuis peu à l'opposition.

Malgré ces preuves de bon vouloir mutuel, on attendait
toujours l'acte si longtemps promis qui devait cimenter
l'accord et la bonne harmonie entre toutes les classes
d'habitants de la nouvelle province et effacer les dernières
traces des discordes passées. Par crainte de donner des
armes à l'opposition, le gouvernement d'Ottawa reculait
devant la proclamation d'une amnistie formelle. Scott
avait été orangiste, et cette proclamation eût tourné contre
le parti au pouvoir toute l'influence de la puissante association des protestants irlandais. Des poursuites pouvaient donc surgir d'un moment à l'autre, car, d'après la
loi anglaise, il suffit d'un « warrant » d'arrêt signé par un
magistrat sur la déposition assermentée d'un citoyen se
portant partie civile, pour engager un procès criminel;
c'est ce qui arriva en septembre 1873.

Aussitôt après la mise en vigueur de l'acte de Manitoba, on avait vu tomber à Winnipeg une véritable nuée
de « politiciens » des provinces de l'Est en quête de positions sociales. Plusieurs d'entre eux étaient Irlandais,
entre autres, un médecin, le docteur O'Donnell, et un avocat
nommé Clarke. Ces deux personnages affichèrent tout d'a-
bord d'exubérantes sympathies pour la cause des métis.
Le premier entra bientôt à la Chambre haute (Conseil

remarquons ceux de *la Vérandrye* et d'*Arneau*, premiers explorateurs
du Nord-Ouest, de *Plessis*, l'évêque catholique de Québec qui orga-
nisa les missions du Nord-Ouest, de *Dufferin* et de *Morris*, le gouverneur général et le lieutenant-gouverneur d'alors. Quatre de ces
sous-comtés ont gardé les noms des comtés primitifs, les trois derniers ont tiré leurs noms : ceux du *Portage* et de *Westbourne*,
de deux bourgades déjà existantes, et celui de *la Montagne*, d'une
série de collines se rattachant au petit massif de Pembina. Ces
sous-comtés deviendront des comtés lorsque leur population aura
atteint un certain chiffre fixé par la loi.

législatif) et le second se fit élire à la « Chambre d'assemblée » par une paroisse française. Clarke, homme ambitieux, énergique, parlant assez bien les deux langues officielles et dont l'existence passée fourmillait d'aventures, était un de ces légistes comme on en rencontre parfois dans le Nouveau-Monde, qui du jour au lendemain accomplissent les transformations les plus surprenantes, aujourd'hui juges, demain chefs de flibustiers. On assurait même qu'il avait exercé concurremment les deux professions dans l'une des républiques de l'Amérique centrale. C'était, en un mot, le type du *Border Man*, l'homme des frontières, et j'ai dit ailleurs ce qu'il faut entendre par cette expression.

A peine député, il se posa si bien, qu'il devint membre du cabinet en qualité de procureur général de la province, — un ministre de la justice au petit pied ; — puis, suivant un usage assez répandu, il pensa à se débarrasser des anciens amis qui pouvaient lui porter ombrage et retarder sa marche ascensionnelle. Sir George Cartier venait de mourir, les électeurs du comté de Provencher allaient être prochainement appelés à élire son successeur à la Chambre des communes du Canada. Riel était sur les rangs, et il s'agissait de l'en exclure. On trouva facilement un ami de Scott pour demander un « warrant » contre Riel et Lépine. O'Donnell, magistrat du district, signa la pièce préparée par Clarke, et la police de ce dernier, où figurait un ancien sous-officier français, fort triste personnage que je me contenterai de désigner par son initiale, se mit aussitôt en campagne. Le constable D... trouva Lépine, manqua Riel, et dès le lendemain le pays put se croire à la veille d'un nouveau soulèvement.

XVI

On sait que la loi criminelle anglaise accorde au prévenu le bénéfice d'une instruction faite publiquement avec
l'assistance d'un défenseur et la confrontation de tous les
témoins. C'est de plus un jury, le « grand jury », qui
décide si les faits relevés dans ces débats préliminaires
sont suffisamment établis pour motiver le renvoi du « pri-
sonnier » — c'est l'expression technique pour désigner
l'accusé détenu — à une session des jurés ordinaires. Je
pus donc assister à quelques-unes des séances de cette
instruction.

Lépine avait choisi pour défenseur M. Royal, secrétaire
provincial, et collègue au ministère de celui qui avait pro-
voqué l'arrestation de son client. M. Royal se fit seconder
dans cette tâche par M. Dubuc, son associé dans l'exercice
de sa profession légale. Ceux-là mêmes qui connaissent
la démarcation absolue qui est censée exister en pays
anglais entre les devoirs professionnels et les fonctions

politiques, pourraient s'étonner de ce qui chez nous semblerait la plus singulière des inconséquences, c'est-à-dire de voir un membre du gouvernement se charger de défendre contre son propre collègue un accusé politique. Il est vrai que Manitoba ne possédait pas alors, à proprement parler, un gouvernement strictement parlementaire. Le gouverneur Archibald avait surtout cherché à réunir dans le cabinet une représentation à peu près exacte des différentes fractions nationales ou politiques qui se partageaient le pays. C'était, pour employer un mot devenu fameux, le système de la « trêve des partis ». Le lieutenant-gouverneur Morris qui lui avait succédé n'avait rien eu à changer à un régime qui semblait fonctionner d'une façon suffisamment satisfaisante pour les intérêts de tous; et, lorsque les circonstances que je viens de rappeler rompirent brusquement l'harmonie établie à grand'peine, il devint manifeste que, pour les chefs du parti français, abandonner le cabinet en résignant leurs fonctions serait donner carte blanche à leurs adversaires et jouer le jeu de ceux-ci. Clarke d'ailleurs se dérobait momentanément; il ne poursuivait pas lui-même, mais faisait soutenir l'accusation, au nom de la partie civile, par un compère nommé Cornish, avocat retors, mais fort peu estimé, qui tout récemment avait été mis à la porte, par les officiers de la milice, d'un bal donné au Fort, auquel il s'était présenté absolument ivre. C'était, on le voit, un autre « homme de frontière » digne en tous points de seconder son ami.

Le magistrat chargé de l'interrogatoire était un Canadien français, le juge Bétournay, ancien avocat du barreau de Montréal et associé de sir George Cartier. Son attitude en cette occasion ne laissa pas que de surprendre les meilleurs et les plus anciens de ses amis. On eût dit que la crainte de paraître partial en faveur de l'accusé le faisait tomber dans l'excès contraire. Aussi fut-il attaqué avec la dernière violence dans presque tous les journaux français de la province de Québec. Les plus modérés accusaient l'honorable juge de mettre une sorte de passion à repousser toutes les exceptions présentées par la défense, et dont l'une — fort ingénieusement développée par M. Royal — eût permis d'arrêter court ce malencontreux procès. Pour cela il eût suffi de faire déclarer que les Cours établies par le Canada ne pouvaient exercer aucune juridiction à raison de faits antérieurs à l'annexion officielle de la Rivière Rouge. Ce moyen admis, la cause eût été renvoyée de droit devant les tribunaux de la métropole, et de fait aux calendes grecques. Mais le juge Bétournay en décida tout autrement, au prix de sa propre popularité parmi ses compatriotes, et Lépine fut maintenu en arrestation pour être traduit devant le grand jury à la prochaine session.

L'instruction préliminaire dont je viens de parler avait été conduite à la fois en français et en anglais, l'accusé et la partie civile étant de nationalités différentes. Quelques jours auparavant j'avais assisté à une séance de la Cour d'assises, — la « Cour du banc de la Reine », comme on l'appelle, — où les débats étaient encore plus compliqués de difficultés linguistiques. Plusieurs des accusés dont on jugeait le procès étaient des Indiens et des métis des paroisses en haut de l'Assiniboine, beaucoup plus familiers avec la langue crie qu'avec aucun des idiomes civilisés de la province. Les accusations, dépositions, interrogatoires et réponses étaient donc traduits du cri en français et réciproquement par un métis interprète, et le tout l'était ensuite en anglais à l'usage de ceux des jurés qui n'entendaient que cette langue. Les avocats, le procureur et le juge débitaient également leurs harangues en partie double, et, malgré tant de complications, les causes me

parurent assez promptement expédiées et fort bien com-
prises par ce jury entièrement composé cependant de
métis peu lettrés. Le jugement par jury est un des droits
primordiaux de tout sujet britannique d'origine européenne, et ce n'est pas en Angleterre que sous des prétextes plus ou moins spécieux on songerait jamais à enlever à des colons une aussi précieuse garantie, leur pays
fût-il la plus reculée comme la plus humble des possessions de la reine Victoria.

Enfin, ce fut encore pendant mon séjour que se dénoua
à Manitoba une petite « cause célèbre » qui parut un
moment, sinon compromettre, du moins refroidir les
relations amicales existant entre la Confédération canadienne et les États-Unis. Un assez mauvais drôle qui se
faisait nommer « lord Gordon », après avoir commis de
nombreuses escroqueries aux États-Unis, cherchait, comme
on dit vulgairement, « à se donner de l'air », lorsqu'il fut
atteint, un peu au delà de la ligne quarante-neuvième, par
des *detectives* du Minnesota envoyés à sa poursuite.
Avant d'avoir pu regagner la frontière avec leur prison-
nier, ceux-ci furent eux-mêmes arrêtés par des constables,
comme coupables de violation du territoire britannique.
Conduits à Winnipeg, ils furent poursuivis par le procureur général Clarke, qui montra dans toute cette affaire
une singulière animosité. De son côté, la presse du Minnesota s'emporta jusqu'à menacer les Manitobains d'une
invasion sommaire à la manière des anciens flibustiers.
Le tout se termina, après une longue détention préventive
des accusés, par une condamnation *pro forma* à vingt-
quatre heures de prison. Le gouverneur Austin, du Minnesota, avait fait tout exprès le voyage de Winnipeg pour
conférer personnellement sur cette affaire avec le lieutenant-gouverneur canadien, et rétablir la bonne harmonie
entre les deux pays limitrophes. Officiellement tout était

arrangé, mais la rumeur publique parlait de « transactions intimes » dans lesquelles le procureur général
Clarke avait joué, disait-on, un rôle peu compatible avec
la dignité de sa charge. Qu'y avait-il de vrai dans ces accusations ? Comme dit le proverbe, on ne prête généralement
qu'aux riches. Toujours est-il qu'après avoir remué ciel
et terre à propos de Gordon et l'avoir fait mettre en liberté,
Clarke changea tout à coup d'allures à son égard et le fit
arrêter une seconde fois à plus de 100 lieues de Winnipeg,
sur la route des Montagnes Rocheuses. Quant aux detectives minnesotiens, ils retournèrent chez eux, nourrissant
contre leur persécuteur une vigoureuse rancune dont ils
lui firent sentir les effets un an plus tard en le bâtonnant
d'importance dans les rues de Saint-Paul.

Comme on le voit, tout ne marchait pas à Manitoba, en
l'an 1873, d'une façon absolument irréprochable, et je vois
d'ici les critiques me demander si ce sont là les beaux
résultats du *self government* et de la politique coloniale
anglaise. A cela je me bornerai à répondre qu'il ne faut
pas juger d'un système par ses débuts, et que les enfants
n'apprendraient jamais à marcher si on ne leur ôtait les
lisières. C'est sans doute pour avoir été trop régentées
que les colonies de certaines nations semblent être toujours restées en nourrice. Manitoba passe forcément par
les phases qu'ont subies tous les États nouveaux de la
République voisine. L'extrême liberté, le peu de population, la fièvre de spéculations et de profits faciles qui
s'empare de toutes ces petites sociétés à leur origine,
donnent d'abord beau jeu aux aventuriers ; mais bientôt la
réaction se produit ; les faibles, les timides apprennent à
se grouper, à lutter, à discerner par eux-mêmes les intri-
gants et les fripons. De nouveaux arrivages, dus au courant régulier qui ne tarde pas à succéder à l'invasion
désordonnée des premiers jours, renforcent sans cesse

l'élément honnête, et bientôt l'écume est repoussée au loin par la marée montante de l'immigration paisible, ne laissant d'autre trace de son passage qu'une énergique impulsion donnée au progrès matériel par l'intervention momentanée de gens peu scrupuleux sans doute, mais doués d'une énergie et d'une activité vraiment « dévorantes ».

Ailleurs, une « sage réglementation » évite les inconvénients de ces débuts orageux, mais c'est au prix du développement et de la croissance des colonies qu'une tutelle énervante condamne à une perpétuelle enfance. En présence des résultats de ces deux systèmes, comment ne pas adopter l'avis de ce vieux Romain qui préférait les orages de la liberté à la tranquillité de la servitude?

Je suis d'autant plus à l'aise pour émettre cette opinion, que moi-même, pendant mon séjour à Manitoba, je me suis souvent impatienté, emporté même, en voyant la marche des choses. Mon tempérament gallo-romain était choqué parfois de cette complication de règles parlementaires anglaises transportées sur un aussi petit théâtre, et dont semblaient profiter exclusivement les plus audacieux et les moins recommandables des « politiciens » aux prises. « Patience! me disaient parfois Royal et Provencher, patience! attendons la fin. » Deux années se sont écoulées [1], et de fait, les aventuriers ont fini par succomber

1. Ce chapitre a été écrit en 1875. Depuis ce temps l'ordre et la paix n'ont cessé de régner à Manitoba. L'immigration de familles canadiennes françaises venant des vieilles paroisses de Québec et des districts manufacturiers des Etats-Unis a pris de grandes proportions, enfin c'est un Canadien français, M. Cauchon, homme d'Etat et journaliste (il a fondé le *Journal de Québec*), qui a succédé comme lieutenant-gouverneur à M. Morris. Cela n'empêche pas, bien entendu, l'antagonisme des races et des idées de subsister, mais la lutte s'est transportée sur le terrain pacifique et légal. Les Canadiens français ne pourraient désormais s'en prendre qu'à eux-mêmes, si, négligeant de renforcer leurs frères du Nord-Ouest, ceux-ci venaient jamais à

devant le mouvement presque unanime de l'opinion.
Clarke a disparu, de sages réformes s'accomplissent tous
les jours, les immigrants affluent, l'élément français a
conservé sa place dans le gouvernement, et la question
d'amnistie a été réglée, sinon à l'entière satisfaction de
tous, du moins de façon à prévenir toute occasion nouvelle
de troubles. Tout cela en deux ans, et grâce à la liberté,
à la violence même avec laquelle a pu se manifester le
sentiment public.

Je connais d'autres colonies — ce ne sont pas des possessions anglaises — que j'ai longtemps habitées et que
j'ai revues à mon retour d'Amérique ; j'y ai retrouvé les
mêmes hommes, ou peu s'en faut, continuant à discuter
académiquement en petit comité — en serre-chaude,
pourrait-on dire — les mêmes questions que j'avais déjà
vues figurer à l'ordre du jour longtemps avant mon départ.
La presse, les corps élus, continuaient à battre vainement
en brèche l'invincible routine des immuables dépositaires
de l'autorité, et l'écrivain, pour attaquer un abus vivace,
pouvait exhumer de ses souvenirs quelque vieil article
écrit avec aussi peu de fruit, sur le même sujet, huit ou
dix ans auparavant. C'était l'image de l'écureuil tournant
dans sa cage sans avancer jamais, le mouvement perpé-
tuel appliqué au néant. A la longue, conscient de son impuissance, le mécontentement lui-même tournait au sommeil, à l'inertie du découragement.

Alors seulement j'ai compris tout ce que renfermaient
de germes de virilité ces agitations fébriles de la première
heure qui m'avaient quelquefois froissé dans mes sentiments les plus intimes ; et je me suis pris à demander

être noyés dans une invasion de l'élément britannique et germain,
représenté par les colons d'Ontario, les Mennonites de Russie, et
et enfin par les Islandais qui abandonnent aujourd'hui leur pays de
glaces pour les bords plus fertiles du lac Winnipeg.

pour les colonies dont je parlais tout à l'heure le *self government*, l'autonomie, la liberté « comme à Manitoba ».

Dans un pays où les questions politiques et nationales passionnent les esprits, la presse est le grand instrument de lutte, de propagande ou de résistance. On ne s'étonnera donc point de trouver à Winnipeg un nombre de journaux beaucoup plus considérable que ne le ferait supposer la faible population de la nouvelle province. En 1873, on y comptait quatre journaux anglais et un français, tous hebdomadaires. Depuis, deux journaux anglais sont devenus quotidiens. La plus ancienne feuille périodique du pays était le *Nor-Wester*, fondé en 1859, et qui a eu jadis, entre autres directeurs, M. O'B..., le comique personnage que se rappelleront sans doute tous les lecteurs du voyage de lord Milton et du docteur Cheadle.

Le journal français s'intitule *le Métis*, et porte en sous-titre la fière devise des rois d'Angleterre : « Dieu et mon droit. » C'est incontestablement le journal le plus septentrional qui soit publié dans notre langue sur le continent américain. Tout d'abord on pouvait craindre que cette petite feuille n'eût qu'une existence éphémère, l'instruction élémentaire n'étant point le fort de tous ces braves chasseurs de bisons dont elle allait défendre les intérêts. Mais les écoles se multiplient aujourd'hui avec rapidité dans chaque paroisse, et puis, maint Bois-Brûlé qui ne sait point lire n'en a pas moins souscrit un abonnement à l'organe fondé pour la défense des droits de sa race. — Somme toute, le *Métis* est un petit journal très passablement fait, je dirai même infiniment mieux fait que la plupart de ses confrères des comtés ruraux du Bas-Canada. C'est peut-être parce qu'à la Rivière Rouge, la lutte étant nationale plutôt que politique, l'esprit peut s'élever au-dessus des mesquines questions des personnes, qui forment le plus souvent le fond des polémiques des journaux de l'Est; il y a tel article du *Métis*, publié à propos de l'arrestation et du jugement de Lépine, qui pourrait, comme style et comme chaleur de sentiment, soutenir la comparaison avec bien des morceaux publiés en France dans des feuilles autrement renommées.

Cependant les articles du *Métis* ne sont pas les premiers monuments de la jeune littérature française du Nord-Ouest. De tout temps, les Bois-Brûlés, grands amateurs de musique et de danse, — la plupart jouent fort passablement du violon, — ont eux-mêmes composé leurs chansons de guerre, de chasse et de voyage. Ces chansons, œuvres de poètes illettrés, comme les anciens bardes d'Irlande et les premiers rapsodes de l'antiquité, ne brillent point sans doute par la précision rigoureuse du rythme, ni par la richesse de la rime ; elles n'en sont pas moins curieuses à plus d'un titre. C'est pourquoi je reproduis ici la plus célèbre, celle du combat des Sept-Chênes, composée le jour même de l'affaire par un métis, qui, m'a-t-on dit, vit encore aujourd'hui à la Rivière Rouge, entouré de l'estime de tous ses compatriotes, et qui, bien que ne sachant ni lire ni écrire, a rempli pendant longtemps, dans sa paroisse, les fonctions de « magistrat », quelque chose comme juge de paix et arbitre. Les procès d'alors n'étaient pas assez compliqués pour que le bon sens et la droiture ne pussent suppléer à la connaissance approfondie du *Digeste*.

J'ai fait allusion, dans un précédent chapitre, à ce combat des Sept-Chênes; il est raconté de diverses manières dans les traditions anglaise et française du pays. Je donne ici la version française. Il n'y a d'ailleurs de divergence sérieuse, dans les deux récits, que sur la question de savoir qui a tiré le premier coup de feu, acte dont les deux partis se renvoient mutuellement la responsabilité.

En 1815, la récolte ayant été fort maigre dans le district

de la Rivière Rouge, le gouverneur Semple, agissant au
nom de la Compagnie de la baie d'Hudson, rendit une
ordonnance prohibant l'exportation des denrées alimentaires hors des limites de la colonie. A cette époque, la
Compagnie du Nord-Ouest avait plus de soixante postes de
traite situés à l'occident de la Rivière Rouge, et ses marchandises comme ses approvisionnements devaient nécessairement passer par le territoire acheté aux Indiens par
lord Selkirk, au nom de la Compagnie de la baie d'Hudson.
Informés de cette prohibition, les agents de la Compagnie
du Nord-Ouest, qui descendaient le long de l'Assiniboine
pour venir chercher les approvisionnements de l'année,
firent halte en dehors du territoire de la colonie, et envoyèrent une troupe de soixante à soixante-dix métis à cheval vers l'embouchure de la Rivière Rouge, pour attendre
et escorter, au besoin, le convoi de provisions annoncé.
Bien qu'ils eussent fait un long circuit pour passer au
large du Fort-Douglas, situé à environ un kilomètre et demi
au nord de l'emplacement actuel du Fort-Garry, ces cavaliers furent aperçus. Le gouverneur sortit.avec un certain
nombre de gens armés, dont plusieurs soldats licenciés du
régiment suisse « de Meuron » et deux pièces de campagne, pour aller au-devant de ceux qu'il considérait
comme des intrus, des envahisseurs du territoire de sa
Compagnie. De leur côté, les Bois-Brûlés firent halte, et
envoyèrent en parlementaire, vers la troupe du gouverneur, un Bas-Canadien nommé Boucher. Celui-ci, loin
d'être écouté, essuya, paraît-il, des reproches injurieux de
la part du gouverneur Semple, et un coup de fusil fut
même tiré contre lui, sans l'atteindre, par quelqu'un du
parti de la baie d'Hudson. Boucher revint à toute bride
vers les siens, et le combat s'engagea aussitôt. Quelques
heures plus tard, les métis français avaient couché par
terre le gouverneur et dix-neuf hommes de son détache-

ment, tandis qu'eux-mêmes n'avaient perdu qu'un des leurs.

Ce combat fit grand bruit à l'époque. Un auteur anglais que j'ai sous les yeux prétend même que Chateaubriand voyageant alors en Amérique (?) voulut établir un rapprochement entre ces deux dates (18 juin 1815 et 19 juin 1816) et faire ressortir la coïncidence de ce succès remporté par des Français sur des Anglais, un an et un jour après Waterloo. Je n'ai point eu le loisir de vérifier le fait; mais, s'il est exact, il justifierait quelque peu la réflexion ajoutée par l'auteur anglais en question, que « du sublime au ridicule il n'y a souvent qu'un pas ».

Quoi qu'il en soit, la « bataille » des Sept-Chênes est restée populaire parmi les Franco-Indiens du Nord-Ouest, et voici textuellement la ballade qui se chante encore sur les canots et dans les expéditions de chasse, de la Rivière Rouge aux Montagnes-Rocheuses, par les descendants des acteurs de ce drame :

> Voulez-vous écouter chanter
> Une chanson de vérité !
> Le dix-neuf de juin les Bois-Brûlés sont arrivés
> Comme des braves guerriers.
> En arrivant à la Grenouillère,
> Nous avons fait trois prisonniers,
> Des Orcanais ! Ils sont ici
> Pour piller notre pays.
>
> Étant sur le point de débarquer,
> Deux de nos gens se sont écriés
> « Voilà l'Anglais qui vient nous attaquer ! »
> Tous aussitôt nous nous sommes dévirés
> Pour aller les rencontrer.
>
> J'avons cerné la bande de grenadiers,
> Ils sont immobiles ! Ils sont démontés !

J'avons agi comme des gens d'honneur,
Nous envoyâmes un ambassadeur :
« Gouverneur, voulez-vous arrêter
Un petit moment, nous voulons vous parler. »

Le gouverneur, qui est un enragé,
Il dit à ses soldats : « Tirez! »
Le premier coup l'Anglais le tire,
L'ambassadeur a presque manqué d'être tué.
Le gouverneur, se croyant l'empereur,
A son malheur agit avec trop de rigueur.

Ayant vu passer les Bois-Brûlés,
Il est parti pour nous épouvanter.
Étant parti pour nous épouvanter,
Il s'est trompé; il s'est bien fait tuer
Quantité de ses grenadiers.

J'avons tué presque toute son armée ;
De la bande, quatre ou cinq se sont sauvés.
Si vous aviez vu les Anglais
Et tous les Bois-Brûlés après !
De butte en butte les Anglais culbutaient.
Les Bois-Brûlés jetaient des cris de joie! [1]

Qui en a composé la chanson?
C'est Pierre Falcon, le bon garçon!
Elle a été faite et composée
Sur la victoire que nous avons gagnée!
Elle a été faite et composée :
Chantons la gloire de tous ces Bois-Brûlés!

Je soumets humblement ce morceau à l'appréciation des
critiques, me bornant à faire remarquer qu'un instrument
aussi perfectionné que la langue française actuelle, transporté au milieu d'une civilisation embryonnaire, et servant

1. Prononcez : *jouaie*.

d'organe à un peuple de chasseurs nomades, imprime à priori un certain cachet de vulgarité à des compositions populaires dont le fond vaut mieux que la forme. Ces pauvres chansons seraient traitées, j'en suis sûr, avec infiniment plus de bienveillance, si quelque savant les exhumait du répertoire des Klephtes de Thessalie ou des guerriers monténégrins, probablement tout aussi incorrects dans leur idiome que nos métis le sont dans le leur.

Tout dans ce monde est sujet à transformation, même le goût pour la poésie héroïque. Aussi trouvons-nous à cinquante-quatre ans d'intervalle une autre production poétique également inspirée par les événements du jour, mais dont le ton et la forme accusent une modification sensible dans le critérium littéraire du pays. C'est à la suite des infortunes du gouverneur Mac-Dougall, et sous la dictature de Riel, que fut répandue dans les paroisses de langue française la complainte suivante chantée sur l'air connu du « pauvre Juif-errant ».

CHANSON DES TRIBULATIONS D'UN ROI MALHEUREUX.

> Est-il rien sur la terre
> De plus intéressant
> Que la tragique histoire (pr. *histouère*)
> D'Mac Dougall et ses gens;
> Je vous la conterai,
> Veuillez bien m'écouter.
>
> Sur notre territoire (pr. *touère*)
> Devenu ses États,
> Il venait, ce bon père,
> Régner en potentat.
> Ainsi l'avait réglé
> Le ministre Cartier.

Le cœur gros d'espérance,
Partant du Canada,
Il dit : « J'ai confiance
Qu'on vivra bien là-bas.
Ah! quel bonheur, ma foi,
Je suis donc enfin roi. »

Comptant sur les richesses
Qu'il trouverait chez nous,
Il eut la maladresse
De ne pas prendre un sou,
Même pour traverser
Un pays étranger.

Le Juif-errant, plus sage,
En avait cinq au moins
Dont il faisait usage
Dans un cas de besoin.
C'était plus sûr, on dit,
Que de prendre à crédit.

Il paraît que l'orage,
Dans son gouvernement,
Durant tout le voyage
Éclata fort souvent;
L'union qui rend plus fort
Etait loin de ce corps.

Déjà de son royaume
Le sol il va toucher,
Quand tout à coup un homme
Lui défend d'avancer;
Lui disant : « Mon ami,
C'est assez loin ici. »

Étonné de l'audace
De ces hardis mortels,
Il emploie la menace
Pour vaincre les rebelles;

> Mais cela fut en vain,
> Il ne put gagner rien.

> Obligé de reprendre
> La voie du Canada,
> Il lui faudra attendre
> De l'argent pour cela ;
> Car pour manger ici
> Il prend tout à crédit.

> Aujourd'hui sa couronne
> Est un songe passé ;
> Le trône qu'on lui donne
> Est un trône... percé ;
> Mais il dit qu'à présent
> Il est bien suffisant.

Lé lecteur excusera la crudité un tant soit peu rabelaisienne de cette dernière strophe. Bannie de son pays natal, la gauloiserie a encore droit de cité sur les bords de la Rivière Rouge.

Maintenant voici la morale :

> Adieux châteaux d'Espagne
> Déjà si bien bâtis ;
> Beau pays de Cocagne
> Acheté à grand prix,
> Il faut laisser les plans
> Tirés depuis longtemps.

> Trouver de riches mines,
> Ouvrir un long chemin
> Pour pénétrer en Chine,
> Voire même au Tonkin,
> Était pour tous ces gens
> De petits jeux d'enfants.

Aujourd'hui que va dire
Mon sieur gouvernement ;
Sera-t-il *noir de rire* [1]
Quand il verra ses plans
Déjà tout culbutés
Par tous ces Bois-Brûlés.

En somme, on voit que la « forme » littéraire est en progrès dans le Nord-Ouest américain. Les descendants des métis d'aujourd'hui, grâce à la multiplication des écoles primaires, grâce surtout aux institutions d'un ordre plus élevé qui existent déjà à Saint-Boniface, aussi bien pour les jeunes gens que pour les jeunes filles, seront bientôt, sous le rapport de l'instruction, au niveau de leurs cousins du Bas-Canada. Je suis persuadé qu'avec leur esprit vif, ouvert, disposé à une franche gaieté et dont le défaut principal, l'insouciance, est en définitive moins défavorable au développement intellectuel que l'instinct trop calculateur et la gravité affectée légués à leurs voisins, les métis de langue anglaise, par leurs ancêtres écossais, nos *Bois-Brûlés* français verront un jour éclore parmi eux des talents dont la renommée traversant l'Atlantique sera la bienvenue dans la vieille métropole.

Physiquement, les métis sont une race de fort beaux hommes, grands, forts, bien faits, au teint plus ou moins foncé suivant la proportion de sang indien qui coule dans leurs veines. Ce sont d'intrépides et infatigables voyageurs, ils étonnent les étrangers par leur force et leur agilité. « Ils semblent, dit Mgr Taché, posséder à un haut degré une faculté propre au sauvage et que les autres peuples n'acquièrent presque jamais : c'est la faculté de se guider à travers les forêts et les prairies sans autre donnée

---

1. Locution canadienne.

qu'une connaissance d'ensemble qui est insuffisante à tout autre, et dont ils ne savent pas toujours se rendre compte à eux-mêmes. Presque tous sont doués d'une grande puissance d'observation, rien n'échappe à leurs sens, et l'on peut dire que tout ce qu'ils ont. vu reste gravé dans leur mémoire en caractères ineffaçables. Que de fois, en voyageant, j'ai été étonné d'entendre mes compagnons s'écrier, par exemple, au milieu d'une forêt épaisse : « Je suis passé ici il y a trois ou quatre ans, et sur cet arbre il y avait une branche de telle forme qui a disparu. » Ou bien, arrivés sur les bords d'un rapide qu'ils n'ont vu qu'une fois ou deux : « Prenons garde, il y avait ici une pierre aiguë ; comme l'eau est basse cette année, cette pierre pourrait endommager notre embarcation. » Dans les immenses prairies ils semblent reconnaître jusqu'au moindre accident de terrain. Si on leur demande des informations, ils vous donnent de ces explications qu'un propriétaire peut à peine fournir sur son petit domaine, et, après être entrés dans une grande minutie de détails, ils complètent votre étonnement en ajoutant : « Je ne connais pas beaucoup cet endroit-là, je n'y suis passé qu'une fois, il y a bien longtemps. » Un coup d'œil leur suffit pour connaître tous les chevaux d'une bande nombreuse qui ne leur appartient point, et après un laps considérable de temps ils se souviendront de ce qu'il peut y avoir de différence entre un animal de cette bande et un autre qu'ils auraient vu ou non. Ceci prouve assez combien ils sont observateurs ; aussi, sans paraître y faire attention, ils toisent souvent un homme et le jugent avec une facilité et une justesse surprenantes...

» Cette facilité d'observation est pour nos métis une source de jouissances véritables, lorsque, surtout, il leur arrive un étranger qui a l'air d'avoir besoin de se contenir pour ne pas laisser éclater le mépris que le sentiment de sa propre dignité lui inspire à l'endroit de tout ce qu'il croit tenir du sauvage (tel est le cas pour bon nombre de voyageurs de la race anglo-saxonne). La curiosité de nos hommes se saisit de sa personne; avec des dehors calmes et insouciants, ils étudient cet étranger qui ne se défie de rien, puis, le dépouillant de son vernis de civilisation, ils l'habillent à leur guise. J'avoue que bien des fois il m'a fallu éclater de rire en entendant les plaisanteries pleines de sel que le pédantisme inspirait à cet esprit d'observation.

» Ce qu'on appelle l' « esprit » ne fait donc pas défaut à nos bons enfants du Nord, on peut ajouter qu'ils sont très intelligents. Ceux des métis qui ont eu l'occasion de s'instruire ont montré en général des talents remarquables, et dans les divers rangs de la société on les a vus remplir avec honneur les emplois qui leur étaient confiés. Ils apprennent les langues avec une facilité étonnante. Comme règle générale, ils ont plus de dextérité et d'aptitudes diverses que le plus grand nombre des hommes de même condition avec lesquels ils se trouvent en contact. »

A ces lignes si caractéristiques de l'archevêque de Saint-Boniface j'ajouterai un détail curieux, qui m'a été souvent raconté, et dont je trouve la confirmation dans un ouvrage anglais sur le district de la Rivière Rouge. Presque tous les métis, qu'ils soient de race anglaise ou française, connaissent, outre l'idiome de leurs ancêtres européens, une ou plusieurs langues indiennes. Mais beaucoup d'entre eux éprouvent une véritable répugnance à se servir de celle des deux langues civilisées qui n'est point la leur. Aussi un métis anglais et un métis français se rencontrant au milieu des prairies se serviront-ils de préférence, comme moyen de communication verbale, de la langue des Cris ou de celle des Saulteux, plutôt que de condescendre, l'Anglais à parler français et le Français à parler anglais.

Nous avons déjà évalué à environ quinze ou seize mille
le nombre des métis du département du Nord-Ouest. De
ce nombre les deux tiers environ sont des métis français
et l'on en compte au moins autant sur le territoire américain, où plusieurs vivent de la vie des tribus indiennes.
L'un des signataires d'un récent traité conclu entre une
fraction des Sioux et le gouvernement des États-Unis, un
chef par conséquent, et un chef d'importance, s'appelait
Joseph Laframboise.

Il ne faudrait pas croire toutefois que la désinence du
nom soit un indice absolument sûr pour distinguer les métis
des deux races. La classification se fait surtout en raison
de la langue parlée, qui, par suite d'intermariages, n'est
pas toujours celle que ferait supposer le nom de famille.
Ainsi on trouve des « Sutherland » et des « Grey » parmi
les métis canadiens, tout comme il y a des « Lambert »
et des « Parisien » parmi les métis anglais. Les circonstances rangent parmi l'une ou l'autre classe les métis
d'autre origine. Mgr Taché en cite un curieux exemple :
« Une petite colonie d'Iroquois, dit-il, était venue du Canada
dans les Montagnes-Rocheuses — probablement comme
employés de la Compagnie du Nord-Ouest ou de celle
de la baie d'Hudson. — Là ils se sont alliés avec des femmes de tribus indigènes, et, chose assez étrange, les enfants
nés de ces alliances sont classés parmi les métis français.
Pas une goutte de sang blanc ne coule dans leurs veines,
et les descendances des farouches guerriers qui faisaient
trembler nos ancêtres, lors des premiers établissements
du Canada, sont aujourd'hui considérés comme des métis
canadiens. » La communauté de religion a bientôt amené
la communauté du langage, et fait oublier la différence
d'origine. Un des traits saillants du caractère des métis
français, c'est leur extrême politesse. Il me souvient avoir
maintes fois remarqué à Winnipeg la différence d'attitudes

des métis français et des métis écossais sur les trottoirs parfois assez étroits de la nouvelle capitale. Le métis écossais poursuivait son chemin en ligne droite, comme un boulet de canon, sans s'inquiéter si ses coudes pouvaient incommoder le passant qu'il croisait ou dépassait ; le métis français saluait, murmurait un mot d'excuse, et plutôt que de bousculer un promeneur s'effaçait contre le mur, ou descendait sur la chaussée.

Une autre de leurs vertus est celle de l'hospitalité : « Il est impossible, disent-ils, de manger auprès de quel-qu'un sans lui offrir de partager, n'eût-on qu'une bouchée. » Ils sont d'une patience à toute épreuve et ont à un haut degré l'amour de leurs familles. Leurs défauts principaux sont l'imprévoyance, une certaine instabilité de caractère, le peu de goût pour tout travail sédentaire et la passion du plaisir, que celui-ci s'appelle le jeu ou l'ivrognerie. L'« eau de feu » produit malheureusement sur eux les mêmes effets que sur leurs cousins de la race rouge. Elle leur fait perdre en un instant leur douceur ordinaire de caractère. « L'ivresse, a dit leur historiographe, chez le plus grand nombre de ceux d'entre eux qui s'y livrent, c'est la furie. » La plupart des actes de violence qui se produisent dans le Nord-Ouest doivent être imputés à cette fatale passion.

XVII

Pendant toute la dernière quinzaine de septembre, et tandis que le lieutenant-gouverneur Morris négociait longuement à North West Angle, en compagnie de Provencher, avec les Saulteux de la rivière de la Pluie, je demeurai à Winnipeg, compulsant les documents, remuant les bouquins des rares bibliothèques de l'endroit, discutant, complétant, vérifiant dans les limites du possible tous les renseignements qu'il m'importait de recueillir. Je fis en même temps connaissance avec presque tous les membres de la petite colonie française de Winnipeg, car il y a des Français de France à Winnipeg comme il y en a dans les recoins les plus reculés de l'Idaho, du Montana, du Wyoming ou de l'Arizona. Si nos compatriotes affluent en moins grand nombre que les Allemands sur le continent d'Amérique, ils n'en sont pas moins disséminés un peu partout, jusque dans les régions les plus récemment envahies par la colonisation blanche. Partout on en rencontre quelques-uns, réussissant tant bien que mal — plutôt

bien que mal — en dépit de la concurrence cosmopolite de
leurs voisins de toutes races et de toutes couleurs. Ceci
prouve — soit dit entre parenthèses — que nous sommes
moins casaniers qu'on le prétend ou que nous le croyons
nous-mêmes.

Il y avait donc à Manitoba un ancien brasseur de Saint-
Avold, devenu propriétaire de plusieurs milliers d'acres
sur la frontière du Dacotah, un Bourguignon établi à
Saint-Norbert, un hôtelier franc-comtois, un ex-lieutenant
corse qui avait préféré donner sa démission plutôt que de
subir une rétrogradation prononcée par la commission
des grades. Il avait ensuite émigré au Canada, et après
quelques vicissitudes s'était engagé comme volontaire dans
la batterie d'artillerie active que commandait un Canadien français, le capitaine Taschereau; enfin trois ou
quatre Parisiens, les uns simples ouvriers, les autres
volontaires dans le bataillon d'infanterie de la milice canadienne. J'allais oublier le beau sexe, représenté par
une modiste parisienne qui pendant mon séjour nous
arriva des États-Unis. Ajoutons-y, pour être complet, le
policeman D... qui faisait, il est vrai, peu d'honneur à
son pays natal.

Plusieurs de ces Français, quoique ayant expérimenté
déjà le rude hiver de la Rivière Rouge, semblaient s'y plaire
et vouloir s'y fixer définitivement. L'ex-officier corse, entre
autres, était déjà admis dans l'intimité de plusieurs familles métisses, et comptait bien, en se retirant sur les
320 acres (128 hectares) auxquels il aurait droit à l'expiration de ses deux années de service, épouser quelque
jolie fille du pays et faire souche de Bois-Brûlés. Il en
était de même du charpentier Jacques V*** que nous avons
laissé à Kashabowie sur la route Dawson, et qui vint nous
rejoindre vers la fin du mois, ainsi que d'un brave ouvrier parisien que je rencontrai pour la première fois

aidant le passeur du bac de Saint-Boniface, et qui depuis,
à ce que j'appris un an plus tard à Paris de la bouche de
ses parents, est arrivé à s'associer comme entrepreneur
· avec un architecte canadien français.

Règle générale, au bout de quelques mois de fréquentation, Français de France et Canadiens ou métis finissent
par s'entendre cordialement ou se prendre irrémissible-
ment en grippe. Il n'y a point de milieu, et cela se comprend. J'en ai assez dit pour montrer que la manière
de voir des Canadiens sur une foule de points est ex-
trèmement différente de celle des Français du dix-neuvième siècle. Dès lors ceux-ci, lorsqu'ils débarquent dans
la Nouvelle-France, restée moralement, par un curieux
caprice du sort, la France des anciens jours, se divisent
tout d'abord en deux grandes catégories. Les premiers,
sans se croire obligés de se mettre tout à fait au diapa-
son du milieu où ils se trouvent, ont du moins le bon
esprit de prendre les choses comme elles viennent et les
gens comme ils sont ; aussi sont-ils reçus, choyés et poussés de l'avant par leurs nouveaux compatriotes. Les se-
conds, au contraire, comme l'ex-musicien devenu maître
d'école, dont j'ai raconté ailleurs les mésaventures, prétendent retrouver Besançon, Nancy, ou le faubourg Saint-Antoine de l'autre côté de l'Atlantique ; ils critiquent amèrement les usages, les opinions, les croyances, les préjugés
de leurs hôtes, et finissent tôt ou tard par quitter le pays
en le maudissant. Dans ce dernier cas, la communauté de
langage, bien loin d'être une cause de rapprochement, devient l'agent le plus actif de l'irritation mutuelle et de la
discorde. Si vous en doutez un moment, faites un voyage à
Metz et à Strasbourg. Le Messin ne sait pas l'allemand et
croise chaque jour dans la rue ses conquérants sans avoir
avec eux le moindre rapport verbal ; l'Alsacien, au contraire, comprend trop et se fait trop bien comprendre.

Aussi est-ce précisément à Strasbourg que les relations
entre habitants et nouveaux venus sont le plus tendues
et le plus empreintes d'hostilité personnelle.

Cette inégalité d'aptitude à ce que l'on pourrait appeler
l'« acclimatement moral », tous ceux qui se sont occupés,
en pays lointains, du sort de leurs compatriotes émigrés,
ont pu la constater et en reconnaître les déplorables conséquences pour les individus de la seconde catégorie. Que
celui qui veut s'expatrier se tâte donc consciencieusement le pouls avant le départ, et s'il ne se sent pas cette
disposition naturelle à l'éclectisme qui seule permet de
s'approprier la devise : *Ubi bene ibi patria*, qu'il reste
chez lui. Cela vaudra toujours mieux que de végéter tris-
tement au milieu d'étrangers.

Ces considérations, vraies en général, s'imposent plus
impérieusement encore quand il s'agit de porter ses pénates
dans un pays où l'inconstance et l'âpreté du climat multiplient les besoins. Avec un caractère moyennement
trempé, on supportera assez aisément, assez philosophiquement, quelques mois de misère dans un de ces paradis terrestres de l'Amérique méridionale où, en attendant
une occupation quelconque, on peut à l'exemple de Zafari,
l'ami de Don César :

Dormir la tête à l'ombre et les pieds au soleil.

Cette existence de lazzarone n'est même pas sans avoir
des charmes, et la preuve c'est que les habitants de ces
heureuses contrées en usent un peu plus que de raison.
Mais la misère dans les boues de New-York ou la neige de
Montréal est chose trop navrante pour qu'on s'y expose à
la légère.

Et cependant, dès à présent, il est facile de prévoir
que dans cent ans le degré d'influence, de prospérité

commerciale, de rayonnement au dehors des grandes
nations du globe, se mesurera au chiffre qu'aura atteint
leur émigration pendant la période que nous traversons.
Je parle du moins de celles d'entre ces nations dont les
colons peuvent espérer de sauvegarder au loin leur individualité nationale. Allemands et Italiens peuvent émigrer en foule, ils ne formeront point des peuples nouveaux
au delà des mers :

Ils sont venus trop tard dans un monde trop vieux.

Aujourd'hui, les Anglo-Saxons, les Hispano et Lusi-
tano-Américains, les Slaves, et, sur une moindre échelle,
les Français eux-mêmes, ont occupé ce qu'il y avait de
plus fertile et de plus habitable pour la race caucasienne
sur la surface de notre planète ; les émigrants des autres
peuples ne pourront que se fondre dans les masses déjà
fixées au sol. Le Germain deviendra, aux États-Unis, un
Anglo-Saxon de langue, d'éducation et d'idées ; l'Italien,
transplanté à la Plata, n'est plus, au bout d'une ou deux
générations, qu'un créole espagnol. Aux Français, il reste
l'Afrique du Nord et le Canada. Puissent-ils ne pas l'oublier au milieu de leurs discordes intestines !

Et qu'on ne vienne pas dire que nous n'avons point à
nous intéresser à des pays peuplés jadis par notre race,
mais dont les destinées échappent aujourd'hui au contrôle direct de la France européenne. Qui sait les surprises que peut nous réserver l'avenir relativement au
groupement des peuples, et qui ne voit quelle influence
exercent sur la marche des événements contemporains les
questions de langage et de nationalité ? Mieux que nous,
les Slaves semblent avoir compris combien les destinées
d'une branche quelconque de la race intéressent la race
tout entière. Les luttes soutenues au nom de l'idée na-

tionale, qn'elles aient pour théâtre Alger ou Montréal, Winnipeg ou l'île Maurice, Strasbourg et Metz ou Haïti, devraient réveiller dans la mère patrie un écho sympathique. Volontiers je dirais en changeant un des termes du proverbe que je citais tout à l'heure : « Là où est la race, là surtout où est la langue, là est la patrie. »

Je ne veux point parler ici de l'Afrique du Nord, dont on commence enfin à apprécier l'importance, et que le pauvre Prevost Paradol, dans un livre écrit à la veille de nos désastres, signalait avec une intuition en quelque sorte prophétique comme le dernier espoir de la race française, en face de la menaçante croissance des nations rivales, comme le vrai terrain sur lequel il nous fallait chercher à rétablir l'équilibre rompu à notre détriment. Mais je puis, sans sortir de mon sujet, signaler à mes compatriotes l'immense débouché qu'offrent dès aujourd'hui à notre nationalité les immenses dépendances occidentales de la Confédération canadienne. Sans doute ces pays rudes d'aspect et de climat ne conviendront point aux natures méridionales. Le Provençal, l'homme du Languedoc et de la Guyenne, se trouveraient mal à l'aise au milieu des frimas de la Rivière Rouge ou de la Saskatchewan. Mais l'enfant des Alpes de la Savoie ou du Dauphiné, le bûcheron des Vosges, le pâtre et le paysan de l'âpre massif de la France centrale, trouveront dans la fertilité du sol d'un pays nouveau une ample compensation à des hivers dont leur patrie leur a appris à supporter la rigueur et la durée. L'homme des plaines du Nord et de la Belgique n'aura lui-même point de peine à s'habituer à ces froids secs et fortifiants, bien préférables à la pénétrante humidité de son climat natal. Historiquement, l'adaptation de la race française au climat et au sol de l'Amérique du Nord est aujourd'hui démontrée, en dépit de quelques théoriciens fantaisistes. Parmi les 1 700 000 descendants des

10 000 Normands, Bretons, Saintongeois et Angevins transportés, de 1608 à 1763, dans la Nouvelle-France, il y a eu progrès physique et non dégénérescence. Parmi ces métis eux-mêmes qu'une certaine école voue à la destruction comme des hybrides condamnés d'avance à l'infécondité, on me montrait naguère des familles de douze à quinze enfants, issues de deux générations de parents Bois-Brûlés mariés entre eux au même degré de croisement, et certes, je n'aurais pas voulu voir l'un des doctes personnages qui ont prononcé le verdict que je viens de rappeler, aux prises, pour un moment, avec le plus débile de ces rejetons d'« hybrides improductifs ».

Plaisanterie à part, l'anthropologie est, sans contredit, une science des plus utiles et d'un immense avenir, mais il ne faudrait pas discréditer ses débuts par des généralisations trop hâtives de faits partiels et insuffisamment observés. Parce que dans quelques localités des États-Unis on a remarqué des êtres maladifs, épuisés par les excès de toute sorte, vivant comme des parias entre deux races qui les reniaient également, il n'est pas nécessaire d'en conclure l'échec complet, sur tout un continent, du croisement entre la race blanche et les Peaux-Rouges. Tout au moins, je voudrais que les professeurs fissent, au préalable, un voyage d'expérimentation jusqu'aux rives du lac Winnipeg ; peut-être découvriraient-ils que leur système pèche par quelque endroit, sinon par la base elle-même, et que nos métis ne manifestent aucune tendance à disparaître ; — bien au contraire.

En résumé, le climat du Nord-Ouest canadien est éminemment sain. L'hiver y est, il est vrai, d'une rigueur excessive. A Winnipeg, situé sous la latitude de Paris, pendant plus de quatre mois, de novembre à la fin mars, il n'y a pas un seul jour de dégel, et il ne se passe guère d'années où le thermomètre ne descende au moins trois

Métis « traitant des plaines. » (Baptiste Charrette.) (Page 524.)

ou quatre fois, sinon plus fréquemment, au point de la congélation du mercure [1]. Toutefois il tombe dans toute cette région beaucoup moins de neige qu'à Québec ou Toronto, et cette neige reste sèche et grenue, ce qui explique comment, jusqu'à l'Arthabasca, par 55 degrés de latitude nord, on peut voir les chevaux hiverner en plein air. Le cheval peut, en piochant du pied la neige, dégager le foin de prairie qu'elle recouvre, tandis qu'il périrait infailliblement de faim dans un pays où une série de dégels et de regels successifs auraient durci la croûte glacée. Le printemps est une saison bâtarde durant laquelle les vents du nord et les vents du sud se livrent de furieux combats ; mais, dans la dernière quinzaine de mai, les chaleurs prennent définitivement le dessus, la végétation se développe avec une vigueur inconnue dans nos climats tempérés, et un été de quatre mois mûrit non-seulement nos céréales ordinaires, mais le blé d'Inde, les melons d'eau, les tomates, et bien d'autres plantes annuelles que nous

---

1. Voici quelques-uns des *maxima* et *minima* de la température à Winnipeg, d'après les relevés météorologiques officiels publiés annuellement par le gouvernement canadien. *Maximum :* en août 1872 (à l'ombre), 99°,5 Fahrenheit ou 37 degrés et demi centigrades. *Minima :* 24 décembre 1872 : — 41 degrés Fahrenheit ou — 40 degrés centigrades. 25 janvier 1874 : — 43°,5 Fahrenheit ou — 41°,9 centigrades. La moyenne annuelle relevée pour 1873 et 1874 a oscillé entre quelques dixièmes de degré au-dessous et au-dessus de 0° centigrades. Mais tandis que la moyenne de l'hiver s'abaissait jusqu'à — 17 degrés centigrades, celle des trois mois d'été s'élevait (en 1874) à + 17 degrés centigrades donnant ainsi une différence de 34 degrés entre les moyennes des deux saisons. Si l'on compare les moyennes mensuelles, on trouve dans la même année + 19 degrés et demi centigrades pour le mois le plus chaud (juillet) et — 21 degrés 4 dixièmes centigrades pour le mois le plus froid (janvier). On voit que le climat de Manitoba peut être regardé à bon droit comme un type des climats dits « excessifs » qui règnent, on le sait, sur toute la portion orientale du continent Nord-Américain. En 1877, le plus grand froid a été de — 42°,4 centigrades, la plus grande chaleur de + 35 degrés, et la moyenne de l'année + 3°,6.

demandons d'ordinaire à la Provence et à l'Italie. L'automne, réduit aux mois de septembre et d'octobre, est calme, serein, peu ou point pluvieux d'ordinaire ; — celui dont j'ai éprouvé les intempéries en 1873 a été, au dire de tous les habitants du pays, une exception unique en son genre. — C'est une saison généralement fort agréable, du moins jusque vers la dernière semaine d'octobre, et surtout pendant la période qui correspond à notre été de la Saint-Martin, appelé là-bas « été indien » ou « été sauvage ».

Quant à la prodigieuse fertilité du sol limoneux des Prairies, elle se démontre par ce seul fait, que sur un terrain voisin de la réserve de l'archevêché, à Saint-Boniface, on a semé et récolté du blé depuis plus de quarante années consécutives, sans engrais d'aucune sorte. Il a suffi, pour que le rendement ne diminuât point, de défoncer de temps en temps le sol à une certaine profondeur à l'aide de fortes charrues. Aujourd'hui encore, sur tous les bords de la Rivière Rouge et de l'Assiniboine, les colons brûlent leur fumier d'étable, ou le jettent à la rivière, comme un produit sans valeur. Un sondage effectué aux environs de Winnipeg a donné la succession suivante de terrains : quatre pieds d'un riche terreau noir reposant sur une couche de quarante-trois pieds de sable blanc mêlé d'argile; enfin un calcaire compact d'une épaisseur inconnue.

L'agriculture, dans le territoire de la Rivière Rouge, a sans doute de nombreux ennemis : gelées, sécheresses, sauterelles, inondations, incendies, — une énumération bien faite pour décourager les pionniers les plus audacieux. — Mais; parmi ces fléaux, les uns sont d'un caractère tout local; d'autres ne reviennent qu'à de longs intervalles ; quelques-uns, enfin, sont destinés à disparaître devant les progrès croissants de la population, des cul-

tures, et surtout devant les grands travaux d'utilité publique que ces progrès permettront bientôt d'entreprendre.
Nous avons déjà vu que les gelées précoces ou tardives,
fort à craindre dans les endroits bas, marécageux, voisins
des petits cours d'eau ou des petits lacs, le sont beaucoup
moins au bord des grands et des moyens lacs, ou des
rivières un peu considérables. « Tous les petits lacs, dit
M⁹ʳ Taché, gèlent profondément en hiver ; le soleil de mai
et une partie de celui de juin dépensent, à les dépouiller
de leur épais manteau de glace, une chaleur que le sol
voisin utiliserait abondamment, et cela sans compensation
contre les gelées précoces qui, même au milieu de l'été,
sont plus fréquentes et plus intenses auprès de ces petits
lacs et surtout des marécages. Le voisinage des grands
lacs a un effet tout contraire : les récoltes y sont bien plus
sûres, même aux latitudes élevées. Ils gardent les produits
de la terre contre la destruction du froid. Cela, au reste,
se comprend facilement. Quand la masse de leurs eaux est
réchauffée, elle ne subit pas, dans une nuit, les changements auxquels l'air atmosphérique est exposé ; les vapeurs
chaudes qui s'exhalent de ces lacs neutralisent les courants d'air froid qui arrivent d'ailleurs. A l'île de la Crosse,
à Arthabaska même, en défrichant les bords des lacs on
est certain de la récolte du froment et des légumes, tandis que l'éloignement du rivage rend ces récoltes très
précaires. Dans les endroits bas et marécageux, il gèle tous
les mois de l'année ; par conséquent la culture est impossible. Ceci établi, on doit considérer les bords des moyens
lacs, là où le sol est naturellement productif et élevé,
comme beaucoup plus avantageux à la colonisation que les
Prairies elles-mêmes. »

L'expérience acquise dans d'autres contrées semble
d'ailleurs démontrer que le défrichement, et surtout le
desséchement des grands marécages, finit à la longue par

exercer une influence salutaire sur le progrès des cultures et la certitude de leur rendement. C'est ainsi qu'en Suède le blé se cultive aujourd'hui bien au nord de Stockholm, qu'il ne dépassait pas autrefois. Le seigle et l'orge réussissent à Tornéa, sous le 66° degré de latitude, et les grains provenant de ces localités situées sur la limite septentrionale de leur culture, quand ils sont ensuite semés dans le midi du pays, y mûrissent plus promptement que les autres et donnent de plus abondantes moissons. Il est donc permis de croire que la marche progressive de la colonisation, secondée par un choix judicieux parmi les différentes variétés de chaque espèce de céréales, augmentera dans d'importantes proportions les facultés productrices non-seulement du district de la Rivière Rouge, mais de toute la région du Nord-Ouest.

Les années de grande sécheresse, qui ne reviennent d'ailleurs qu'à d'assez longs intervalles, produisent un effet plus désastreux que partout ailleurs, à cause de la difficulté des communications, qui ne permet guère de réparer le déficit des récoltes par des importations faites en temps opportun. C'est de la prompte construction des chemins de fer que viendra le remède.

Les grandes inondations ont eu lieu en 1825, 1852, 1861. Ce fléau survient lorsque, l'hiver ayant été neigeux et le printemps tardif, le passage d'une saison à l'autre s'effectue brusquement. Le soleil, déjà très élevé sur l'horizon, fond alors avec rapidité de grandes masses de neige répandues sur la vaste surface d'un bassin peu incliné. Les eaux remplissent les lits d'écoulement formés par la Rivière Rouge et ses affluents, puis se répandent à une hauteur plus ou moins grande, sur les prairies situées sur leurs rives. On a vu, en 1825, la Rivière Rouge passer ainsi, de 150 ou 200 mètres, à douze et treize kilomètres de largeur. La crue est d'autant plus forte que le lac Win-

La rivière Rouge, pendant les hautes eaux. (Page 329.)

nipeg, étant encore entièrement gelé au moment où commence la fonte des neiges dans le haut de la Rivière Rouge, — à 50, 60 et 100 lieues plus au sud, — oppose un barrage de glace à la masse liquide que lui apporte son tributaire.

« Nos inondations, remarque toutefois, Mgr Taché, ont un caractère bien différent de celui qu'elles revêtent dans les pays montagneux. Ici nous ne sommes point envahis par un torrent qui se précipite avec fracas et rapidité. Dans notre plaine presque horizontale, la crue des eaux, rapide à son début, est très lente ensuite pendant plusieurs jours ; puis elle devient comme insensible ; c'est alors la stagnation complète pendant quelque temps ; enfin la décroissance se fait graduellement dans les mêmes proportions. »

. . . .

« La Rivière Rouge, comme la Saskatchewan, n'a que des eaux bourbeuses. Elle dépose à son embouchure les masses d'argile qu'elle tient en dissolution, formant ainsi son delta. Ces dépôts, qui annuellement empiètent sur le lac Winnipeg, augmentent la vallée, et font, au sud du grand lac, le travail opéré à l'ouest par la rivière de Saskatchewan. Ici aussi la terre n'est pas encore desséchée ; il y a des marécages de plusieurs milles d'étendue qui s'assainissent graduellement, se couvrent d'abord de roseaux, puis de foin, forment enfin de belles prairies, et nous font assister pour ainsi dire à la formation de la plaine que nous habitons. »

D'ailleurs, l'intensité de ces redoutables phénomènes paraît être en voie de décroissance. Chaque année les rivières creusent plus profondément leur lit dans les terres friables du sous-sol. Les berges argileuses de l'Assiniboine s'élèvent déjà, au-dessus des eaux, à une hauteur suffisante pour que, de mémoire d'homme, les prairies

riveraines n'aient pu être submergées. Et pourtant, à une
·époque relativement récente, le bassin presque entier de
la Rivière Rouge et de ses tributaires ne formait qu'une
immense nappe d'eau dont les lacs Winnipeg, Manitoba,
Winnipégous, Dauphin et autres représentent les parties
les plus profondes, aujourd'hui isolées par le desséchement graduel des terres environnantes. Il serait intéres-
sant de vérifier si la destruction lente mais continue, par
le puissant fleuve Nelson, des barrages de rochers qui
entravent sa course vers la baie d'Hudson, n'est pas la
cause déterminante du desséchement et de l'assainis-
sement progressifs de ce district, le plus important de
tout le Nord-Ouest au point de vue de la colonisation.

Les sauterelles, cette « plaie » des pays chauds de l'ancien monde, où elles ont si souvent dévoré les récoltes des
fellahs égyptiens et barbaresques, exercent leurs ravages
dans le nouveau jusqu'à des latitudes bien autrement
septentrionales. Écloses dans les immenses plaines inhabitées et privées de pluie qui s'étendent des *Llanos esta-
cados* du Texas à la branche sud de la Saskatchewan, elles
envahissent parfois en nombre immense les prairies de la
Rivière Rouge et de l'Assiniboine, dévorant tout sur leur
passage, et déposant dans le sol, sous forme d'œufs, une
progéniture qui, si les circonstances en favorisent l'éclo-
sion, renouvelle au printemps suivant les mêmes dévasta-
tions. Ces passages d'insectes adultes, suivis d'éclosions de
jeunes « criquets », — j'emploie ici l'expression dont on se
sert en Algérie pour désigner les jeunes sauterelles non
encore pourvues de leurs ailes, — peuvent se prolonger
pendant plusieurs années consécutives. Ainsi, d'après un
travail dû à M. Gunn, membre de la Chambre haute de
Manitoba, la première invasion de sauterelles qui suivit
l'établissement de la colonie de lord Selkirk eut lieu en
1818. En 1819, 1820, 1821, elles détruisirent entièrement

les récoltes ; puis trente-six ans s'écoulèrent avant qu'elles reparussent dans les limites de l'établissement. Dans l'été de 1857, un essaim s'abattit dans le district de l'Assiniboine et y déposa ses œufs. L'année suivante, les jeunes criquets détruisirent toute végétation, et repartirent pour sept ans. De 1864 à 1870 il y eut une succession alternative d'invasions et d'éclosions, qui fit de cette période de sept années une des époques les plus calamiteuses de l'histoire de la colonie. Fait curieux, il ne paraît pas que les sauterelles aient jamais paru dans les régions situées à l'ouest de la fourche de la Saskatchewan, au delà du Fort *à la Corne*.

Avec le progrès de la colonisation dans les territoires de l'Union américaine où sont procréées ces légions d'impitoyables ravageurs, avec l'accroissement de la population qui permettra d'employer, comme en Algérie, un grand nombre de bras à la destruction des œufs et des insectes adultes, on parviendra certainement, sinon à annuler complètement, du moins à circonscrire et atténuer le fléau.

Il nous reste à parler des feux de prairies, favorisés par les sécheresses persistantes de l'automne qui transforment en un océan de foin sec et jauni le tapis vert émaillé de fleurs qu'on admirait en juin et juillet. Qu'un Indien, qu'un chasseur, laisse tomber une étincelle de son briquet, que le vent emporte loin du foyer d'un bivouac un brin de paille en combustion, et des milliers d'hectares seront en quelques heures dévorés par la flamme.

Malheur au voyageur surpris dans la plaine par ces vagues brûlantes, s'il n'a pas eu la présence d'esprit ou les moyens d'allumer immédiatement un contre-feu. Quant aux bestiaux, aux chevaux surtout, qu'une sorte d'étonnement stupide semble empêcher de fuir, c'est par milliers qu'il faut compter chaque année ceux dont les propriétaires ne retrouvent que les os carbonisés gisant sur le sol dénudé des prairies.

Des pénalités sévères ont été édictées à Manitoba et ailleurs contre les auteurs, volontaires ou par imprudence, de ces vastes incendies. Mais, mieux que toutes les lois possibles, le morcellement des terres de culture et l'emploi chaque jour plus fréquent des faucheuses mécaniques, interrompant la continuité de l'épais manteau de foin qui servait d'aliment à la flamme, sont appelés à supprimer, dans un avenir prochain, cette dernière cause de ruine, au moins dans le voisinage immédiat des régions colonisées.

Maintenant que nous avons essayé d'exposer, sans parti-pris, les avantages et les inconvénients du district de la Rivière Rouge, examinons, à l'aide de chiffres précis, la valeur que représente pour le peuple canadien l'immense contrée qui formait, sous l'administration de la baie d'Hudson, le département du Nord-Ouest.

Ce territoire, qui s'étend du quarante-neuvième parallèle à la mer Glaciale, du quatre-vingt-dixième degré de longitude occidentale (méridien de Greenwich) aux Montagnes-Rocheuses, comprend environ dix-huit cent mille milles carrés, ou quatre cent soixante-cinq millions d'hectares. Mgr Taché, dans son *Esquisse*, que ses compatriotes ont parfois accusée de pessimisme, mais dont j'ai été à même de vérifier sur bien des points la remarquable exactitude, en retranche tout d'abord les deux tiers pour ce qu'on appelle les *Barren Lands*, terres glaciales, désolées, rocheuses et dénuées de végétation arborescente, destinées, selon toute vraisemblance, à rester le domaine des Indiens pêcheurs, des Esquimaux et des chasseurs de fourrures. Un fait curieux qu'il signale, c'est qu'une diagonale tirée de l'extrémité sud-est du pays, c'est-à-dire de la région des petits lacs jusqu'au mont

Trafic, situé vers l'intersection du soixante-quatrième
degré de latitude nord avec le cent vingt-huitième méridien à l'ouest de Greenwich, sépare à peu près exactement la portion utilisable du pays de celle qui est et
restera probablement stérile.

Dans la première portion elle-même, il y a lieu, suivant
lui, de distinguer trois parties bien distinctes : le *désert*, la
prairie, la *forêt*.

1° Le désert, zone sans pluies, continuation de la région
de même nature existant aux États-Unis, qui pénètre sur
le territoire britannique au point d'intersection du quarante-neuvième parallèle avec le centième degré de longitude, s'avance, en suivant une direction générale nord-
ouest, jusqu'à la rencontre du cinquante-deuxième parallèle et du cent treizième degré de longitude, et se replie
ensuite vers le sud jusqu'au pied des Montagnes-Rocheuses, formant, dit l'*Esquisse sur le Nord-Ouest*, une
superficie d'au moins soixante mille milles carrés (quinze
millions cinq cent mille hectares). Il y a là un désert, un
désert immense. Ce désert n'est sans doute pas un Sahara,
une plaine de sable mouvant tout à fait desséchée; il
est néanmoins parfaitement impossible de songer à y
former des établissements considérables. Presque partout
un sol aride ne voit croître que le foin de prairie (*Systeria
dyctaloides*). Une petite lisière de sol d'alluvion règne le
long des cours d'eau qui sont à sec durant presque toute
l'année.

« Le foin de prairie offre un excellent fourrage. Non-
seulement le bison en fait ses délices, mais les chevaux
et autres bêtes de trait en sont très friands. Cette herbe,
haute à peine de six pouces, dont les plants sont espacés
de façon à laisser voir partout le sol sablonneux ou le
gravier où elle croît, conserve sa saveur et sa force nutri-
tive, même au milieu des rigueurs de l'hiver, au point

que quelques jours en ces singuliers pâturages suffisent
pour remettre en bon état des chevaux épuisés par le
travail. En dehors de cet avantage et du gibier qui s'y
trouve, je ne connais rien dans cette immense plaine qui
puisse attirer l'attention des économistes. L'œil fatigué
cherche en vain un rivage à cet océan de petit foin. Le
voyageur altéré soupire en vain après un ruisseau ou une
source où il puisse étancher sa soif. Le ciel, aussi sec
que la terre, refuse presque constamment ses rosées et
ses pluies bienfaisantes. Cette sécheresse d'atmosphère
ajoute à l'aridité du sol ; certains endroits, dont la formation
géologique semblerait favorable à la végétation, ne produisent pas plus que les points naturellement stériles. A
travers ce désert, on voyage des jours, des semaines, sans
apercevoir le moindre arbuste. Le seul combustible au
service du voyageur et du chasseur est le fumier du bison,
que nos métis appellent *bois de prairie*. Puis ce désert a
ses hivers, hivers rigoureux, aux vents violents, à la
température souvent au-dessous de trente degrés centigrades. »

2° Les prairies, d'étendue à peu près égale à celle du
désert, s'appuient d'un côté sur celui-ci, de l'autre sur la
région des forêts. Elles sont susceptibles de culture ;
mais la colonisation n'y pourra marcher qu'à pas lents, de
conserve avec le reboisement. « Vue à la saison des fleurs,
la prairie est vraiment admirable, émaillée comme elle
l'est de couleurs diverses sur son fond de verdure. Malheureusement cette région si belle, surtout quand elle se
transforme en prairie ondulée (*rolling prairie*), participe
— au moins dans son état actuel — à quelques-uns des
inconvénients du désert. Les vents contraires s'y livrent
de rudes combats qui aboutissent à de brusques sautes de
température, à des averses d'énormes grêlons. Aussi, à
l'exception de la haute Saskatchewan où le voisinage des

Montagnes-Rocheuses assure.une partie de l'approvision-
ment de bois nécessaire aux futurs établissements, à l'exception des vallées situées comme celle de la Rivière
Rouge et de l'Assiniboine à proximité de la lisière des
forêts, il n'existe point — pour le moment du moins —
dans le reste des plaines les éléments nécessaires à l'établissement de colonies prospères. »

3° Vient enfin la forêt, comprenant de nombreuses
clairières créées par l'incendie. Cette région couvre une
surface de près de cent vingt-cinq millions d'hectares,
dont près d'un quart pourrait être avantageusement utilisé
pour la culture. Les bois sont loin d'y être aussi beaux,
aussi précieux qu'au Canada; ils n'en offrent pas moins
d'immenses ressources aux premiers colons qui s'établiront dans le voisinage.

. En résumé, nous trouvons dans l'ancien département du
Nord-Ouest près de cinquante millions d'hectares — l'étendue de la France — susceptibles de culture dans un avenir
plus ou moins rapproché. Si l'on réfléchit que ces cinquante millions d'hectares cultivables sont adossés à près
de quatre-vingt-cinq millions d'hectares de forêts; qu'ils
avoisinent, en outre, quinze millions de terres impropres
à la culture, mais éminemment favorables à l'élevage en
grand du bétail (le désert); qu'ils ont devant eux une
superficie égale à près de six fois la France (trois cents
millions d'hectares) de territoires de chasse, où des facilités de communication parviendront peut-être à créer
une certaine activité industrielle par la découverte et l'exploitation des divers minerais que recèlent les roches pri-
mordiales du terrain Laurentien; on ne trouvera pas exagérée la fixation du chiffre de population que peut faire
vivre la région du Nord-Ouest britannique à cinquante
millions d'habitants à peu près, — au prorata des portions
centrale et méridionale de la Russie d'Europe, situées à

peu près sous la même latitude et dans les mêmes conditions de climat et de production. Ajoutez à cela les cent millions d'hectares des deux Canadas et des provinces maritimes, les immenses étendues, encore inexplorées pour la plupart, de la terre de Rupert et du Labrador, au nord de la Hauteur-des-Terres, et l'on arrivera aisément au chiffre de cent millions d'êtres humains pour la population future de l'Amérique anglaise du Nord. Si notre race maintient, vis-à-vis de ses rivaux anglo-saxons, les proportions numériques d'aujourd'hui, c'est une nation néo-française de quarante millions d'âmes qui prospérera un jour au nord des grands lacs et du quarante-neuvième parallèle, si même, d'ici là, la loi mystérieuse qui préside aux migrations des peuples ne déplace point l'équilibre au profit de la race la plus féconde et la plus septentrionale.

De telles destinées valent bien la peine qu'on y songe et qu'on détourne un moment les yeux de cette Europe vieillie, où l'étendue si restreinte de notre territoire et le taux d'accroissement si faible de notre population semblent nous condamner désormais à un rôle essentiellement secondaire.

XVIII

Le 13 octobre étant le jour fixé pour l'élection du comté de Provencher, élection d'où pouvait sortir, suivant l'expression consacrée, la paix ou la guerre entre les partis religieux et nationaux du Nord-Ouest canadien, je n'avais garde de manquer à la cérémonie. Depuis quelques jours, d'ailleurs, il y avait du trouble dans l'air. On parlait d'individus embauchés à Winnipeg pour aller en armes influencer l'élection. La pratique n'était pas absolument nouvelle, elle n'était même que trop conforme à certains précédents datant d'une ou deux années à peine. Le constitutionnalisme anglais, pour son début à Manitoba, semblait avoir emprunté les allures et les mœurs électorales si souvent reprochées aux « Border » et « Mining States » (États de mines ou de frontières) de la république voisine. A Saint-Boniface, les « orangistes » avaient envahi, pistolet au poing, un bureau de vote (*poll*) présidé par un métis français, Émilien Genton. Le vieux chasseur de bisons, un hercule de force et de carrure, était froidement demeuré à son poste en dépit des décharges de revolver et malgré la déroute de ses assesseurs épouvantés, se contentant de répéter, avec un flegme imperturbable :

« Nous commencerons à compter les votes quand ces messieurs auront fini leur sabbat. »

Cette fois, ce n'était pas dans la banlieue immédiate de Winnipeg que se faisait l'élection, mais bien à une vingtaine de kilomètres, non loin de Saint-Norbert, dans une maison appartenant à un métis français nommé Joseph Turenne. Le matin, en partant de Winnipeg, en compagnie d'un négociant notable de l'endroit, Anglo-Saxon d'origine, mais que ses sympathies et son éducation rattachaient étroitement au parti français, j'avais remarqué, stationnant dans la rue principale, devant l'hôtel Davis, rendez-vous habituel des orangistes, une vingtaine de petits chars à bancs suspendus, ou *buggies*, dont le rassemblement eût été certainement qualifié de suspect par un détective quelque peu perspicace. Mon compagnon de voyage me confia que, d'après le bruit courant, le procureur général Clarke avait fait louer ces voitures pour transporter sur le lieu du *poll* une centaine de gaillards préalablement assermentés en qualité de constables auxiliaires, non, comme on pourrait le croire, pour assurer l'ordre, mais pour le troubler, suivant les formes les plus hypocritement légales dont il serait possible de se prévaloir. Ce qu'on voulait surtout, paraît-il, c'était gagner du temps. D'après un usage anglais importé au Canada, c'est seulement dans l'assemblée des électeurs, au jour fixé par l'ordonnance de convocation, que les candidatures sont officiellement proposées et discutées. Cette formalité s'appelle « la mise en nomination ». Lorsqu'un seul candidat est ainsi présenté au suffrage populaire, on le déclare séance tenante « élu par acclamation », sans passer par la formalité du vote individuel. Si, au contraire, deux ou plusieurs candidats ont été « mis en nomination » par leurs partisans respectifs, l'assemblée se sépare en renvoyant à huitaine le scrutin qui doit décider de l'élection, en un seul tour et à la majorité relative. Nos scrutins de ballottage sont inconnus là-bas.

On savait ou prétendait savoir à Winnipeg que l'assemblée des métis de Provencher, livrée à elle-même, ne permettrait pas la mise en nomination d'un rival quelconque de Louis Riel. Les constables devaient mettre bon ordre à ces velléités vraies ou prétendues, et assurer la présentation de Clarke par quelque compère plus ou moins électeur dans la circonscription. L'élection définitive étant ainsi ajournée, et profitant de la position particulière de Riel, réputé fugitif de la justice, on pourrait entre temps dénicher, dans l'inextricable fouillis des lois anglaises, une clause d'inéligibilité légale qui, écartant de la lutte l'ex-chef du gouvernement provisoire, assurât le mandat de député fédéral à son adversaire. N'oublions pas, pour bien comprendre la portée de cet expédient, que dans les pays de droit anglais, à l'inverse des usages généralement admis chez nous en matière d'annulation d'élections, la « disqualification » ou incapacité du candidat qui aurait réuni le plus grand nombre de suffrages n'entraîne pas nécessairement une nouvelle convocation des électeurs. Les suffrages exprimés en faveur de la personne frappée d'incapacité légale peuvent être et sont souvent considérés comme non avenus, et le premier en tête des concurrents éligibles se trouve investi du mandat disputé.

L'édifice choisi pour « polling place » était une maison de fort modeste apparence, un simple rez-de-chaussée de deux pièces, précédé d'une cour assez spacieuse, entourée par l'inévitable *fence* ou barrière en troncs d'arbres. Les électeurs, presque tous métis français et au nombre de plus de deux cents, autant que je pus en juger, formaient çà et là des groupes fort animés. Beaucoup de ceux qui n'avaient pas trouvé place dans la maison, trop petite pour une telle affluence, se pressaient aux portes afin de ne point perdre un mot des discours prononcés à l'intérieur. Tous étaient en costume de route : chapeau large, mocassins à l'indienne, ceinture de couleur serrant la taille. Le type dominant était bien celui des aborigènes Cris et Saulteux, dont le sang entrait certainèment pour les trois quarts, quelquefois pour les sept huitièmes, dans la complexion de la grande majorité des assistants. Toutefois, la filiation européenne se révélait dans la barbe, remarquablement forte chez le métis à n'importe quel degré de mélange, tandis qu'elle est, comme on sait, ou tout à fait absente, ou fort peu fournie chez l'Indien de race pure. Ils avaient dû faire, pour la plupart, un assez long trajet, car les circonscriptions électorales, dans ce pays encore si peu peuplé, dépassent de beaucoup l'étendue d'un grand département français. Les montures de ceux qui étaient venus à cheval étaient réunies à peu de distance, sous la garde de quelques jeunes gens. Point d'armes apparentes, — ainsi l'exigeait la loi, — mais il n'aurait pas fallu aller bien loin pour trouver tout un arsenal soigneusement dérobé aux yeux des profanes, dans un petit bois de trembles, près des berges de la Rivière Rouge.

« Vous comprenez ben, m'sieu, » me disait avec un air de bonhomie narquoise un vieux chasseur aux longs cheveux couleur d'aile de corbeau [1], encadrant une physio-

-----

1. La plupart des Indiens ne blanchissent pas avec l'âge comme les Européens et même les nègres. Entre autres exemples de cette particularité physiologique, je citerai un vieil Odjibouais, nommé Ignace,

nomie plus qu'à demi indienne, qui contrastait singulièrement avec son accent bas-normand, « dans cette saison
cite (*sic*), il y a tout plein de poules de prairies, et faut
ben *avouère* (avoir) un fusil pour se distraire en route. »

En attendant, ce n'était pas précisément pour signaler
l'arrivée d'une compagnie de ces pauvres gallinacés que
trois ou quatre guetteurs interrogeaient des yeux la route
de Winnipeg.

La mise en nomination devait être réglementairement
terminée à deux heures précises, et jusqu'à ce moment
aucun nom n'avait été présenté en opposition à celui de
Louis Riel. Circonstance digne de remarque, le premier
« parrain » de la candidature de l'ex-président métis avait
été un Écossais protestant, l'un des plus riches, des plus
notables et des plus anciens habitants de Winnipeg, M. Ban-
natyne, lequel, en s'excusant de ne pouvoir s'exprimer
avec toute la pureté désirable dans l'idiome de la majorité
des assistants, leur rappela en fort bons termes qu'à
défaut de l'accent il avait du moins le cœur d'un métis
canadien. Des applaudissements bien nourris avaient accueilli l'orateur, ainsi que les principaux membres du parti
français à Manitoba, MM. Royal, Dubuc, Larivière, etc.,
lesquels avaient pris ensuite la parole pour « seconder »
la motion. Dans un langage moins châtié, mais éloquent et
vigoureux à la fois, dans sa simplicité naïve, deux électeurs
métis exposent à leur tour les griefs de la vieille population du pays contre les fanatiques d'importation récente,
vrais perturbateurs de la paix publique. Puis M. Royal fait
à l'auteur de ces lignes l'honneur de le présenter à l'as-

employé comme domestique à l'Agence des sauvages à Winnipeg. Ses
cheveux étaient d'un noir de jais; et cependant il avait déjà, disait-il,
atteint l'âge d'homme à l'époque du combat des Sept-Chênes. Il avait
donc au moins soixante-douze à soixante-quinze ans. Les métis, ceux
surtout chez qui le sang indien prédomine, présentent quelquefois la
même particularité.

sistance comme un « Français du vieux pays » passionné
pour l'avenir et la prospérité des Français de la Rivière
Rouge ; mais, pour prix de cette gracieuseté, il a la cruauté
de réclamer un *speech*. Devant la tyrannie de l'usage et
l'expression bruyante de la volonté populaire, il fallait
s'exécuter et servir aux électeurs du comté de Provencher
la harangue demandée. Mon improvisation fut-elle bonne
ou mauvaise ? Faute d'un sténographe, je ne pourrais,
hélas ! soumettre cette grave question au jugement de mes
lecteurs et de la postérité. Ce qui est incontestable, c'est
que j'avais affaire à l'auditoire le plus indulgent et le plus
sympathique qu'un novice pût souhaiter pour ses débuts
oratoires. Aussi le « vieux pays » fut-il chaudement acclamé dans la personne de son très humble représentant.

Sur ces entrefaites, un certain mouvement se manifeste
au dehors. Les voitures suspectes du matin sont signalées ;
l'« officier rapporteur » du bureau électoral, un franc
Bourguignon transplanté depuis une dizaine d'années en
ces lointains parages, demande si personne ne propose
un autre candidat. Pour toute réponse : un tonnerre de
hourras en l'honneur de Louis Riel. L'horloge de la salle
marque l'heure réglementaire ; la séance est close, et
Louis Riel déclaré élu par « acclamation » à la Chambre
des communes du Canada pour le comté de Provencher.
Il me semble que le temps a passé bien vite ; mais il faut
croire que l'horloge de céans est une horloge intelligente, désireuse de protéger le bon droit contre l'intrigue
et la violence ; car, il faut bien l'avouer, ma montre,
moins soucieuse des intérêts nationaux, retarde de trois
bons quarts d'heure.

Deux ou trois minutes plus tard, vingt voitures, contenant environ quatre-vingts gaillards de fort mauvaise mine,
armés de revolvers et de gourdins, s'arrêtent devant la
barrière ; le policeman D... et deux de ses « constables

volontaires » se détachent du groupe, pénètrent sans obstacle dans la salle, fort surpris de ne rencontrer aucune
résistance, et plus surpris encore d'apprendre que tout
est fini sans qu'ils aient eu l'occasion de s'en mêler.
Pour se donner une contenance, ils prétendent avoir mission de rechercher le candidat placé sous le coup d'un
mandat d'arrêt (le *warrant* signé, on se le rappelle, par
le docteur O'Donnell). Mais le candidat, sans être bien loin
de là, s'était pourtant bien gardé de mettre un pied dans
la souricière. Aussi laissa-t-on nos gens chercher tout à leur
aise. Quelques mois plus tard, Riel se présentait à Ottawa,
en dépit d'un déchaînement inouï de la presse haut-cana-
dienne, et faisait acte de présence au Parlement, en si-
gnant son nom au registre de la Chambre. Mais, comme il
était, regardé légalement comme « fugitif de la justice »,
la prérogative de l'inviolabilité parlementaire, telle qu'elle
est définie par la loi canadienne, ne lui était point
acquise ; aussi ses amis le firent-ils promptement repasser
aux États-Unis. Son but d'ailleurs était atteint, la discussion si longtemps ajournée sur la liquidation définitive des
« troubles du Nord-Ouest » ne pouvait plus être évitée.
Riel fut, il est vrai, déclaré exclu de la Chambre, tandis
que Lépine déclaré « coupable » par le jury de Winnipeg
était condamné à mort. Mais le nouveau cabinet canadien dut ouvrir une enquête sur les promesses d'amnistie
faites aux métis par le ministère précédent. Quinze mois
plus tard, le gouverneur général du Canada, lord Dufferin,
obtenait de la reine une ordonnance d'amnistie, complète
pour tous es acteurs secondaires de la petite révolution
de 1869-1870, partielle pour trois personnes seulement
Riel, Lépine et O'Donohue, frappés d'un bannissement de
quelques années. Malheureusement pour le pauvre Riel,
son esprit, frappé par tous les événements dramatiques
auxquels il s'était trouvé mêlé d'une façon si inattendue,

n'avait pu supporter jusqu'au bout l'épreuve de l'exil. L'infortuné fut pendant plusieurs mois l'hôte de l'asile d'aliénés de Beauport, dans la province de Québec. Des soins dévoués lui ont cependant rendu la santé, et à la date des dernières nouvelles qui me soient parvenues sur son compte (fin de 1878), il cultivait paisiblement une ferme sur le territoire américain à une trentaine de kilomètres de Pembina.

Au sortir de la salle de vote, les métis s'étaient dispersés, s'en retournant par petites troupes de piétons et de cavaliers, et fredonnant, sur de vieux airs normands, des chansons de « voyageurs », composées pour la plupart par des poètes du cru. De son côté, le P. Ritchot, mis en bonne humeur par l'issue de la journée, emmenait les principaux acteurs, orateurs et invités de la cérémonie, y compris l'auteur, à son presbytère de Saint-Norbert, où ses deux nièces, jeunes et jolies Canadiennes de la province de Québec, nouvellement débarquées à la Rivière Rouge, nous avaient préparé un dîner à la hauteur de la circonstance. On en était au potage, la fameuse soupe au lait et aux huîtres de conserve, en haute faveur, comme on sait, dans toute l'Amérique du Nord, quand tout à coup on vint signaler derechef les « buggies » orangistes qui s'engageaient dans l'avenue de trembles et de bouleaux conduisant au presbytère.

Nous n'en avions pas encore fini avec ces indiscrets. Furieux de leur déconvenue au « poll » et fortement imbibés de mauvais whisky, ils prétendaient prendre leur revanche en dénichant l'introuvable Louis Riel parmi les invités du curé de Saint-Norbert. L'amphitryon fronçait les sourcils : « Il y a un « bout » à tout, disait-il, même à la patience d'un curé patriote »; pour un peu il « ferait sauter en l'air tous ces maudits-là comme des grenouilles », grâce à quelques barils de poudre oubliés dans quelque coin de-

puis l'époque du gouvernement provisoire. Ce fut l'élément
laïque représenté par le secrétaire provincial, M. Royal,
qui prêcha le calme et la conciliation. Finalement,
l'un de nous se détache en parlementaire et conduit les
enragés perquisitionneurs dans tous les coins et recoins
du presbytère et de ses dépendances, église, logement des
sœurs, etc., etc. Pas plus de Riel qu'à l'assemblée électorale. Finalement, les hommes de Clarke et de notre peu
estimable compatriote D... s'en retournent bredouille vers
leurs véhicules, non sans proférer force menaces assaison-
nées des plus beaux jurons de l'idiome saxon du Far-West,
idiome d'une richesse exceptionnelle sous ce rapport. Deux
ou trois jours après, le petit journal français de Winnipeg
publiait un article fulminant sur cet incident, se demandant si, à défaut d'autre garantie, les métis ne devaient
pas bientôt reprendre leurs fusils pour défendre leurs
droits. Ce fut sous l'impression fâcheuse de cette agitation
des esprits que, quelques jours plus tard, je quittai Winnipeg.

Les premières gelées avaient sévi dès la seconde quinzaine de septembre ; elles avaient été suivies par une période exceptionnelle de mauvais temps, neige alternée de
pluie, qui rendait presque impossible toute nouvelle excursion de longue haleine. C'était avoir du guignon ; l'automne manitobain étant généralement, ainsi que j'ai eu
l'occasion de le dire, une saison magnifique. De vieux
habitants déclaraient n'en avoir pas vu un semblable depuis près de trente ans. Toujours est-il que la saison
s'avançait et qu'il fallait promptement songer au départ si
je ne voulais pas être surpris tout à coup par les grands
froids. La route Dawson ne m'offrant plus d'intérêt, et les
petits lacs étant menacés de geler à courte échéance,
j'avais décidé de revenir par les États-Unis, en prenant le
« stage » ou diligence de Winnipeg jusqu'à Breckenridge,

sur la Rivière Rouge ; un trajet de plus de 100 lieues, après
lequel je retrouverais le chemin de fer pour ne plus le
quitter jusqu'à Ottawa. Je voulais arriver à temps dans la
capitale pour la réouverture du Parlement et la décision
de la question ministérielle dont dépendait, en grande
partie, le résultat pratique de la mission qui m'avait été
confiée à Manitoba.

Un matin, tandis que je m'occupais des préparatifs de
départ, on m'annonce une visite. Un grand et vigoureux
vieillard entre dans ma chambre et me dit sans autre
préambule :

« Je m'appelle M***, de Saint-Avold, venu en Amérique
en 1847, jadis brasseur, aujourd'hui propriétaire à Manitoba et dans le territoire du Dacotah. J'ai appris que vous
êtes Messin et que vous êtes venu examiner ce pays, et que
vous devez repartir par la route des États-Unis. Je me mets
à votre disposition, si vous avez le temps de faire un détour, pour visiter le district de la rivière Pembina où j'ai
mes propriétés. Je repars dans trois jours. Je vous con-
duirai chez moi, et vous ferai reconduire ensuite à Pembina où vous pourrez prendre le *stage*. Cela vous va-t-il ?»

La réponse ne pouvait être douteuse.

« Trop heureux de trouver un compatriote, d'accepter
son hospitalité et de profiter de son expérience ; je suis à
vous. »

Le 18 octobre, après trois soirées consacrées aux ban-
quets et punch d'adieu que m'offraient à l'envi mes trop
hospitaliers amis de la colonie canadienne de Winnipeg,
je faisais dans la voiture de mon nouvel ami la première
étape de mon voyage de retour. Le temps était extrêmement beau le jour du départ, et le « buggy » roulait presque
sans heurts ni cahots sur la piste unie qui, dans les Prairies, pourvu qu'il ne pleuve point, tient parfaitement lieu
de route macadamisée. Partis à midi de Winnipeg, en re-

montant la Riviéré Rouge par la rive gauche, nous allons coucher, à 43 kilomètres, dans une petite auberge de la paroisse Sainte-Agathe. L'auberge est tenue par une famille irlandaise récemment établie dans cette localité presque exclusivement peuplée de métis. Deux fort jolies filles, grandes et fortes comme des grenadiers, nous servirent un souper à peu près passable. Dans un coin de la salle commune, un jeune homme, leur frère ou cousin, exerçait ses talents musicaux sur une sorte d'accordéon, tandis qu'une bambine d'une douzaine d'années, vive, fraîche, rose et d'une carrure qui promettait de rattraper bientôt celle de ses grandes sœurs, courait en jupon court et pieds nus au dedans et au dehors du logis, sans souci du froid, devenu très vif après le coucher du soleil. Gens et logis avaient un air de propreté rassurante ; ce fut donc sans penser à mal que mon compagnon et moi prîmes possession de nos couchettes. Hélas! dès le lendemain, de cuisantes démangeaisons venaient me rappeler combien les apparences sont parfois trompeuses, et quels hôtes incommodes continuent à héberger les réfugiés d'Érin, même longtemps après qu'ils ont échangé la misère chronique du pays natal contre l'aisance des pays nouveaux. Il ne fallut rien de moins que les bains réitérés que je m'empressai de prendre en arrivant chez M***, et un lessivage complet de mes effets, pour faire disparaître les dernières traces de cette imprudente cohabitation.

En quittant cette auberge trop hantée, nous tournons le dos aux berges légèrement boisées de la Rivière Rouge, pour prendre, à travers la prairie, dans la direction du sud-ouest. Chemin faisant, mon compagnon me racontait ses aventures. A peu près ruiné lors de la crise de 1848, il était venu en Amérique avec plus d'énergie que de ressources pécuniaires. Après avoir habité successivement

New-York, Chicago, Saint-Louis, il avait établi la première
brasserie dans la ville alors naissante de Saint-Paul de
Minnesota. En cé temps-là Saint-Paul traversait la période
« héroïque », et surtout chaotique, qui caractérise les débuts de toutes les grandes cités du Far-West. On y rencontrait, commé aux temps fabuleux célébrés par les classi-
quès, quantité d'êtres malfaisants, et, comme correctif,
bon nombre d'aspirants à l'emploi de Thésée ou d'Hercule. Ces derniers procédaient au nettoyage social à l'aide,
non d'une massue, mais de la salutaire institution des
« comités de vigilance », et selon l'expéditive procédure
de la loi de Lynch. En ces temps-là, le débitant était
obligé d'avoir deux revolvers sur son comptoir : c'était le
seul mode de contrainte morale dont l'efficacité fût appré-
ciée à sa juste valeur par les débiteurs récalcitrants. En revanche, si l'on risquait un peu sa peau, on faisait rapidement fortune. Les premiers occupants de l'emplacement
de Saint-Paul, quelques pauvres diables de chasseurs
canadiens, la plupart sang-mêlés, avaient en quelques
mois, sans savoir ni *a* ni *b*, réalisé, par la vente de leurs
lots urbains, des sommes fabuleuses. L'un d'eux, Vital
Guérin, possédait déjà 200 000 dollars (1 million de francs)
en banque, que sa femme et ses enfants, n'ayant encore pu
se résigner à adopter les chaussures civilisées, couraient
par les rues en mocassins ou pieds nus. Malheureusement
pour la plupart de ces favoris de la fortune, et en confor-
mité du vieux dicton populaire, ce qui leur était venu de
la flûte était promptement reparti par le tambour. Les tri-
pots se chargeaient de rétablir l'équilibre. Le-même Vital,
devenu plus que millionnaire—et millionnaire en dollars—
jouait parfois jusqu'à soixante mille piastres sur un coup
de cartes. Il a fini par être enterré aux frais de la colonie
canadienne de Saint-Paul par le clergé catholique auquel,
au temps de sa splendeur, il avait fait le cadeau princier

de l'« îlot » ou « bloc » tout entier sur lequel s'élève
aujourd'hui l'église cathédrale.

M*** était Lorrain, c'est-à-dire d'un tempérament tout
autrement rassis et calculateur ; aussi, lorsqu'il voulut
quitter Saint-Paul, était-il en position soit de revenir au
pays natal, soit d'entreprendre quelque chose de neuf dans
son pays d'adoption. Il se décida pour ce dernier parti.
Devenu propriétaire de quelques milliers d'hectares dans
la montagne de Pembina, à cheval sur les possessions de
la reine d'Angleterre et de la république des États-Unis, il
fait maintenant de l'agriculture, et, depuis l'annexion de
l'Alsace-Lorraine, appelle successivement près de lui ceux
de ses petits-fils et petits-neveux qui ne se sentent qu'une
inclination médiocre à servir sous les drapeaux du *Vater-
land* germanique. Son gendre, un Bavarois, en fait d'ailleurs autant pour les siens. La montagne de Pembina devient
ainsi peu à peu ce que Henri Heine se fût empressé d'appeler une colonie de « Prussiens libérés ».

Sur de vastes espaces, la prairie que nous traversions
avait été ravagée par les feux d'automne. L'herbe brûlée
laissait à découvert le sol uni, formé de terreau noir et
parsemé çà et là de blancs ossements de bisons. Il y a
une vingtaine d'années, les métis faisaient encore dans
ces parages de folles hécatombes de ces magnifiques ru-
minants. L'odeur de la poudre, la vue du sang, enivraient
les hardis mais imprévoyants chasseurs ; 100, 200 cavaliers tournoyant autour d'un troupeau en marche détrui-
saient en une seule journée des milliers d'animaux dont,
vu la pénurie des moyens de transport, on ne pouvait
songer à utiliser ni la viande ni même la « robe » ou
fourrure. On tuait pour le plaisir de tuer, ou, ce qui
revient presque au même, pour le seul plaisir de se procurer des langues de bison, le morceau de choix de la
cuisine des prairies. Aujourd'hui ce n'est plus qu'à deux

cents lieues à l'ouest de la Rivière Rouge que le bison, implacablement poursuivi et refoulé vers les Montagnes-Rocheuses, se montre chaque année en troupeaux encore innombrables, bien que diminuant dans des proportions inquiétantes. Encore quelques années, et, si d'un commun accord les gouvernements américain et canadien ne prennent des mesures pour réglementer la chasse, ce splendide gibier et ses précieuses fourrures ne seront plus qu'un souvenir [1].

Le 19 dans la nuit nous arrivions chez mon hôte, non sans avoir expérimenté l'instantanéité des changements de température dans la prairie. La journée avait été chaude, et, comme dans le désert africain, des effets de mirage relevaient à l'horizon, en leur prêtant des dimensions fantastiques, les humbles collines de cent pieds d'élévation à peine, qu'en l'absence de toutes hauteurs rivales on a décorées du nom de « montagnes de Pembina ». Au moment du coucher du soleil tout le ciel parut en feu ; d'énormes amas de nuages dessinaient au-dessus de l'horizon noir et sans profondeur une mer agitée dont les vagues eussent été d'airain avec des reflets d'or. Le spectacle était féerique ; mais mon compagnon m'avertit qu'il présageait de la neige pour le lendemain ou le surlendemain, ajoutant que ces nuages si brillants devaient précisément leur éclat aux fines aiguilles de glace dont ils allaient bientôt recouvrir le sol pour toute la durée d'un hiver de six mois.

L'explication n'était pas encore terminée, que, sans y être provoquée par vent ni par bise, la température s'abaissait brusquement au point de nous faire frissonner et

---

1. D'après le *Métis* on aurait tué rien que dans la région dont le fort Mac-Leod est le centre, dans l'hiver de 1875 à 1876, environ cent vingt mille bisons.

grelotter sous des pardessus dont quelques moments auparavant nous aurions eu peine à endurer l'épaisseur. Heureusement le gîte n'est pas loin : on se serre, on cingle les chevaux sur qui le voisinage de l'écurie exerce une salutaire influence, et bientôt un bon feu flambant dans l'âtre de la ferme de Walhalla — un nom à réminiscences germaniques importé par le gendre bavarois de M*** — nous fait oublier les sensations par trop réfrigérantes des dernières heures de la route. M*** m'assure, en se fondant sur une expérience acquise dans le Minnesota, que les progrès du peuplement, du défrichement et surtout du reboisement, auront pour effet de régulariser progressivement et dans une mesure notable le climat si capricieux des prairies.

Les collines de Pembina ont dû former jadis une chaîne d'îlots boisés émergeant des eaux du lac d'eau douce qui remplissait alors tout le bassin de la Rivière Rouge. Aujourd'hui encore, on peut dire qu'elles forment sur une longueur de près de cent lieues vers l'ouest, au milieu de la mer d'herbes des prairies, de véritables îles de végétation arborescente. Entre autres productions, — pommes de terre du poids d'une livre et betteraves idem, — mon hôte me montre sur ses terres quantité de vignes sauvages qu'il compte améliorer par la culture. Il a déjà fait du vin, nullement méprisable à son dire, mais dont malheureusement il ne lui reste plus d'échantillon. Il est évident que, dans un pays où le thermomètre descend régulièrement tous les ans au-dessous de trente-neuf degrés de froid, on ne saurait guère compter sur l'acclimatation des plants d'Europe ; toutefois, comme je l'ai déjà fait remarquer ailleurs, le relief si légèrement accusé du terrain suffit pour préserver en grande partie la région boisée et montagneuse des gelées précoces et tardives qui, dans a basse prairie, sont les plus redoutables ennemis de l'agri-

culteur. Cet avantage a été compris par le gouvernement
canadien. Depuis mon départ, plusieurs « townships »
ou cantons ont été arpentés dans la partie de la montagne
de Pembina qui relève des possessions britanniques, et
de nombreux colons, pour la plupart Mennonites émigrés
de Russie et Canadiens français venus des villes manu-
facturières des États-Unis, y ont été établis.

C'est une secte bien curieuse que ces Mennonites, sorte
de quakers allemands, dont l'application successive
du service militaire obligatoire dans les États de l'Europe
moderne est en train de faire un peuple de Juifs-errants.
Pour échapper aux lois militaires prussiennes déjà fort
dures à cette époque, ils avaient, dès la fin du dix-huitième siècle, demandé asile à la grande Catherine et fondé
dans le sud de la Russie des colonies agricoles extrêmement florissantes. La czarine leur avait garanti, en confor-
mité de leur dogme fondamental, le privilège de l'exemption de tout service armé ; mais, après Sadova et Sedan, la
Russie, elle aussi, est entrée dans l'engrenage des arme-
ments à outrance, et les privilèges mennonites ont dû être
abolis. Plutôt que de céder sur le point capital de leur
croyance, ces fervents adeptes de la paix perpétuelle se sont
résolus à abandonner leurs établissements, vieux d'un siècle
à peine. Ils ont envoyé en Amérique des délégués chargés
d'y chercher une patrie à l'abri des commotions qui menacent le vieux monde. Le Canada possède trop de terres
à défricher pour avoir la moindre velléité d'en conquérir
de nouvelles, et ses instincts pacifiques sont la meilleure
barrière contre les revendications parfois bruyantes, mais
au demeurant assez platoniques, des annexionnistes
yankees. Aussi le parlement d'Ottawa, désireux d'attirer
à Manitoba les nouveaux émigrants, s'empressa-t-il de
leur garantir, par une loi en bonne forme, l'exemption à
perpétuité de tout service dans les milices. On en a fait

autant au Kansas et je crois aussi au Brésil. Par suite, environ sept mille Mennonites se sont déjà établis à Manitoba, où leurs principaux établissements ont pour centre la petite ville d'Emerson. Toutefois un compromis s'est effectué, vers 1875, entre le gouvernement russe et les délégués des Mennonites demeurés en Europe. L'État aurait consenti à n'employer leurs recrues que dans le service sanitaire, et il est vraisemblable que cette concession enrayera momentanément, si elle ne l'arrête tout à fait, l'exode qui menaçait d'enlever au grand empire slave plus de cent mille cultivateurs, peu utiles sans doute à la guerre, mais fort précieux dans la paix. La loi russe qui interdit tout prosélytisme en dehors de l'Église nationale doit suffire à rassurer ceux qui appréhenderaient les conséquences contagieuses d'un privilège aussi important conféré à une secte religieuse. En 1877, pendant la guerre d'Orient dont j'avais été autorisé à suivre les opérations en qualité de correspondant du *Temps* à l'armée russe du Danube, j'ai rencontré un grand nombre de ces sectaires employés aux ambulances comme infirmiers ou brancardiers.

Après un repos de deux jours, M*** me fit reconduire en voiture, de Saint-Joseph de Walhalla au poste de Pembina, distant d'environ cinquante kilomètres. Le temps était froid et couvert; bientôt la neige se mit à tomber à gros flocons. Je trouvai au village américain bon nombre de métis plus ou moins compromis dans les mouvements de 1869-1870. La nouvelle de l'arrestation d'Ambroise Lépine les avait décidés à mettre prudemment la frontière entre eux et la police de l'attorney général Clarke. Rien de bien saillant d'ailleurs dans la situation ou l'aspect de ce petit village, établissement créé il y a bientôt un demi-siècle par quelques métis français, sur un emplacement regardé comme appartenant à la baie d'Hudson jusqu'au

jour où une détermination astronomique plus précise·
fit reconnaître qu'il se trouve à quelques centaines de·
mètres au sud de la ligne 49ᵉ et rentre par conséquent
de plein droit sous la juridiction des États-Unis. Un petit
ravin, au fond duquel coule la rivière Pembina près de·
son confluent avec la Rivière Rouge, sépare le village d'un
fortin presque entièrement construit en bois et habité
par quelques douaniers et soldats américains. Je passai la
soirée en compagnie d'un Canadien français nommé
Giroux, marié avec une excellente petite femme métisse·
et père d'une nombreuse famille de fort jolis bébés. Giroux
avait l'entreprise de certains travaux qu'on exécutait en
ce moment du côté canadien, non loin d'un fort construit
par la Compagnie de la baie d'Hudson après l'attribution
de Pembina aux Américains. Là se groupaient peu à peu
les premières habitations d'une future ville manitobaine
qui a reçu depuis le nom de Dufferin, en l'honneur du
gouverneur général du Canada. Invité à aller visiter les
chantiers du nouvel établissement, je prends place dans
une légère carriole traînée par un splendide « trotteur »
de la race canadienne dite « Morgan », et pour la dernière
fois je passe et repasse la frontière astronomique formée
par le 49ᵉ degré de latitude.

Pendant la nuit la neige n'a cessé de tomber, et le froid
est devenu assez vif pour que l'haleine se fige en petits·
glaçons sur les poils de la moustache. Aussi quel n'est
pas mon étonnement en arrivant sur la berge de la Rivière
Rouge, de voir une douzaine de métis français travaillant
plongés jusqu'à la ceinture dans l'eau glacée, dont la surface, parsemée çà et là de plaques de neige flottante, a
déjà pris cette consistance grumeleuse qui est le prélude
de la congélation totale. Il s'agissait de tirer à terre les
planches d'un *flat-boat* que la prise imminente de la
rivière empêchait de continuer son voyage vers Winnipeg.

Ces *flat-boats* (littéralement bateaux plats) sont, à proprement parler, de grands radeaux formés de madriers empilés sur une épaisseur de plusieurs pieds, que l'on construit dans la région forestière du Minnesota, vers la source des divers affluents de la Rivière Rouge. Sur la plate-forme on installe une sorte de corps de logis également en planches, dans lequel vient s'emmagasiner un chargement de tous les articles dont le commerçant nomade, le « boss » du « flat », compte pouvoir se défaire avantageusement en route. Puis sans plus d'équipage qu'un ou deux hommes armés de longues perches, on descend le cours des rivières. Arrivé à destination, et le chargement écoulé, le « navire » est lui-même mis en pièces, et ses débris — les madriers, — mis en vente à leur tour, vont servir à la construction des futurs Chicago de la prairie riveraine. Toujours pratiques et *smart* ces diables de Yankees !

Quant aux travailleurs, nos demi-compatriotes, dont l'occupation, sous ce costume et cette température, me donnait la chair de poule, Giroux m'assure que je m'apitoie à tort sur leur compte. Ils sont endurcis dès l'enfance à toutes les intempéries de l'air et de l'onde. Dans des conditions qui vaudraient au plus robuste Européen la plus carabinée des fluxions de poitrine, il leur suffit d'un coup de whisky pour achever gaiement et promptement leur tâche. Et tenez, voici le patron qui envoie « quérir » un flacon de ce grossier cordial ; un « Merci » énergique s'échappe de la robuste poitrine de chacun des travailleurs, et les voici de nouveau à l'ouvrage, fredonnant les couplets de la « chanson à Pierre Falcon ».

A Dufferin, la Rivière Rouge, rétrécie par deux berges hautes de sept à huit mètres et assez agréablement boisées, n'a plus guère que soixante-dix mètres de largeur. Sa plus grande profondeur en été est d'environ trois mètres.

Le 24 au matin, arrive à Pembina le « stage » ou diligence de Winnipeg à Breckenridge, diligence qui n'a guère de commun que le nom avec les imposants véhicules employés sur les grandes routes d'Europe. C'est tout simplement un char-à-bancs ou « waggon de squatter » à six ou huit places, garni de paille et recouvert d'une bâche en toile, mais monté sur de solides ressorts et traîné par des chevaux vigoureux; en un mot, juste ce qu'il faut pour rouler sur les routes naturelles des Prairies. En deux jours nous avions trotté nos cinquante lieues jusqu'à Moorhead, à travers un pays de plaines immenses, dont la monotonie n'est interrompue que par l'apparition intermittente de quelque rideau de trembles et de bouleaux perpendiculaire à notre route, et courant se confondre avec le rideau plus touffu qui nous dérobe sur la gauche la vue de la Rivière Rouge. C'est le signe indicateur de quelque affluent qu'il nous faudra passer à gué ou sur des ponts de bois d'une construction plus que primitive et d'une solidité des moins rassurantes. Partout jusqu'à Moorhead c'est la solitude la plus absolue. A peine tous les vingt ou trente kilomètres une, deux, au plus trois masures en bois, stations de relais où l'on descend prendre un très sommaire repas et où l'on trouve pour la nuit un gîte non moins spartiate. Tels sont : « Pointe Kelly », « Grande Fourche », « Frog Point », alias « Pointe aux Grenouilles », « Goose River », etc., mélange de noms vingt fois traduits et retraduits, comme je l'ai expliqué ailleurs, de l'un à l'autre des deux idiomes parlés par les premiers explorateurs de cette région. De Moorhead, station du futur « Pacifique du Nord », jusqu'à la petite ville de Breckenridge, le stage quitte le territoire du Dacotah et passe sur la rive droite de la rivière dans l'État de Minnesota. A Breckenridge, je retrouve enfin, après deux mois et demi, le mode de locomotion des pays civi-

La prairie. (Page 556.)

lisés, le chemin de fer, ne regrettant du « stage » que mes excellents compagnons de voyage, trois ex-officiers confédérés, dont un créole missourien d'origine lorraine, le capitaine Aymon. Tous trois revenaient de la Saskatchewan, où le capitaine avait commandé un petit vapeur pour le compte de la Compagnie de la baie d'Hudson. Malheureusement la navigation de la Saskatchewan n'est rien moins que facile, et le pauvre vapeur s'était échoué sur un banc de roches, ce qui forçait le personnel au rapatriement. Nous nous dîmes un cordial adieu, et le 4 novembre 1873, après de courtes haltes à Saint-Paul, Chicago et Détroit, j'étais enfin de retour à Ottawa. Ce voyage n'avait été marqué que par deux incidents dignes d'être mentionnés : une tempête de neige dans le Minnesota, — tempête fort curieuse à observer du fond d'un « *sleeping car* » bien chauffé, mais qui m'eût gêné considérablement si elle fût survenue tandis que je traversais les prairies, abrité seulement par la bâche du « stage » — et un nouvel accident de chemin de fer dans le Haut-Canada. Notre locomotive bouscula quelques voitures d'un train de marchandises en détresse et fut elle-même à peu près démolie. Il n'y eut heureusement ni morts, ni blessures graves ; à quelque cent mètres de là, un pont sans garde-fou traversait une « creek » assez profondément ravinée ; arrivé sur ce point, l'accident aurait eu sans doute de tout autres conséquences. Dans les « chars » nous en fûmes quittes à très bon marché : une secousse relativement légère, et deux heures d'arrêt en plein champ. *Cosas de América !*

Je retrouvais la capitale fédérale en proie à une agitation aussi intense que celle dont j'avais été témoin au mois d'août précédent. Il y avait de nouveau ouverture du Parlement. Je revis le gouverneur général, lord Dufferin, se rendre en grand cortège à la salle du Sénat, et lire

le « discours du trône » dans les deux langues de rigueur:
mais ce discours devait être le testament du ministère
qui l'avait inspiré. L'affaire du « Pacifique » s'était enve-
nimée durant la prorogation; la Chambre des communes
revenait hostile — à une faible majorité, il est vrai — ; mais
cela suffisait pour rendre impossible le maintien au pouvoir du cabinet Mac Donald. Le lendemain de mon arrivée,
un haut fonctionnaire me demanda amicalement si j'avais
préparé le compte des dépenses de mon voyage. Je ré-
pondis que je ne l'avais pas encore établi : « Eh bien, me
dit-il, dépêchez-vous et faites signer le mandat pendant
qu'il est temps encore par le ministre qui vous a confié
votre mission : son successeur aura tant à faire au début,
que vous pourriez éprouver des délais fort ennuyeux. » Je
suivis ce sage conseil, et bien m'en prit. A midi mon
mandat était acquitté, à trois heures le ministère était
démissionnaire. A ce changement politique je perdais la
perspective d'une nouvelle et fort agréable mission en
Europe, et je dois avouer que sur le moment j'en ressentis
quelque humeur; mais un mois plus tard, le jour même
que, retournant à Saint-Paul de Minnesota, où j'allais
passer l'hiver, je réparais une lacune de mon voyage d'été
en visitant les chutes du Niagara, je reçus une nouvelle
bien faite pour me confirmer, tout au moins à un point
de vue strictement personnel, dans les doctrines de l'im-
mortel précepteur de Candide. C'est presque toujours un
tort que d'accuser prématurément sa destinée à propos du
moindre mécompte. Si mes protecteurs fussent restés au
pouvoir, je devais partir pour la France par le premier
transatlantique français de New-York. Ce transatlantique
avait dérapé sans moi dans les derniers jours de novembre 1873. Hélas! il n'est jamais arrivé au port. Il
s'appelait *la Ville-du-Havre*.

TABLEAUX STATISTIQUES

I

NATIONALITÉS

Par une excellente innovation sur les dénombrements de presque tous les pays civilisés, le recensement canadien de 1871 a reparti d'après leur origine nationale les habitants des quatre provinces d'Ontario, Québec, Nouveau-Brunswick et Nouvelle-Écosse, qui ont formé, en 1867, le premier noyau de la Confédération canadienne.

NATIONALITÉS.	ONTARIO.	QUÉBEC.	NOUVEAU-BRUNSWICK.	NOUVELLE-ÉCOSSE.	TOTAUX.
Français	75.383	929.817	44.907	32.833	1.082.940
Irlandais	559.442	123.478	100.643	62.851	816.414
Anglais	439.429	69.822	83.598	113.520	706.569
Écossais	328.889	49.458	40.858	130.741	549.946
Allemands............	158.008	7.963	4.478	31.942	202.991
Hollandais............	19.992	798	6.004	2.868	29.662
Suisses...............	950	173	64	1.775	2 962
Italiens	304	529	40	152	1.035
Sauvages.............	12.978	6.988	1.403	1.666	23.035
Autres origines....	24.876	2.480	4.601	9.452	41.409
TOTAL	1.620.851	1.191.516	285.594	387.800	3.485.761

Sur les 94,021 habitants de l'île du Prince-Édouard entrée deux ans plus tard dans la Confédération, dix à douze mille environ sont d'origine française, les autres descendent en grande partie de Highlanders écossais.

La population de Manitoba, en 1870, était de 12 228 individus, non compris les Indiens, parmi lesquels 5452 catholiques, presque tous métis français sauf une centaine de blancs purs natifs de la province de Québec; de 4841 protestants, tous Écossais, Haut-Canadiens ou métis anglais; enfin 1935 de religion non désignée, probablement par suite de l'imperfection du recensement, et se partageant vraisemblablement entre les deux nationalités.

La Colombie britannique comptait 8567 habitants d'origine européenne, 1548 Chinois, 462 nègres et 23 000 sauvages.

Le Nord-Ouest, le Labrador, le versant de l'Océan glacial et autres territoires en dehors des provinces constituées, comprenaient en 1871 d'après le quatrième volume du recensement du Canada, environ 55 000 Indiens et un nombre non évalué de métis — probablement sept à huit mille.

II

CULTES

Le tableau suivant donne un état des différentes religions et principales sectes dans les provinces d'Ontario, Québec, Nouveau-Brunswick et Nouvelle-Écosse, d'après le recensement de 1871.

RELIGIONS.	ONTARIO.	QUÉBEC.	NOUVEAU-BRUNSWICK.	NOUVELLE-ÉCOSSE.	TOTAUX.
Catholiques........	274.162	1.019.850	96.016	102.001	1.492.029
Anglicans.........	330.995	62.449	45.481	55.124	494.049
Méthodistes	462.264	34.100	29.856	40 871	567.091
Presbytériens	356.442	46.565	38.852	103.539	545.398
Baptistes..........	86.630	8.686	10.597	72.430	239.343
Luthériens	32.399	496	82	4.958	37.935
Congrégationalistes.	12.858	5.240	1.193	2.538	21.829
Quakers	7.106	117	26	96	7.345
Juifs	518	549	48	»	1.115
Autres cultes......	57.477	19.172	3.443	5.243	85.336

Le recensement de 1871 pour l'île du Prince-Édouard divise ainsi les différentes dénominations religieuses : catholiques, 40 442 ; — presbytériens, 29 579 ; — méthodistes, 11 071 ; — anglicans, 7220 ; — anabaptistes, 4371 ; — autres religions, 1339.

On a donné dans le tableau précédent la répartition par culte des habitants de Manitoba.

III

PROGRÈS DE LA POPULATION AU CANADA

1° Recensements sous la domination française. — Le territoire de la Nouvelle-France comprenait alors, en outre des provinces actuelles d'Ontario et de Québec, une portion notable des États actuels de New-York, Ohio, Pennsylvanie, Indiana, Michigan et Illinois, mais en dehors du bas Saint-Laurent la population ne comptait guère que des « coureurs des bois » et quelques centaines d'habitants sédentaires autour des forts construits dans l'Ouest à mesure que s'étendaient les explorations. En revanche les recensements ne s'étendent pas aux territoires actuels du Nouveau-Brunswick, de la Nouvelle-Écosse et de l'Ile du Prince-Édouard qui constituaient l'*Acadie*. Nous ne donnons ici que les chiffres relatifs au Canada.

Années.	Habitants.
1641	240
1668	6.282
1679	9.400
1685	10.725
1695	13.639
1706	16.417
1716	20.531
1726	29.393
1736	39.063
1754	55.009

Sous la domination anglaise, mais avant la division en deux provinces :

1765	69.810
1784	113.012

(Dans ce dernier chiffre, ne sont pas compris 10 000 « loyalistes », réfugiés des États-Unis dans le Haut-Canada.)

Après la séparation des deux provinces en 1791 :

Années.	Bas-Canada.	Haut-Canada.
1806	250.000	70.000
1814	335.000	95.000
1825	479.288	157.923
1831	553.134	236.702
1844	697.084	500.000 (Évaluation).
1852	890.211	952.000
1861	1.111.560	1.396.000

En 1867, formation de la Confédération canadienne et premier recensement général en 1871 (voy. *Tableau I*).

Les recensements antérieurs à celui de 1844 ne distinguent point dans les provinces les habitants d'après leur origine française ou anglo-saxonne. Voici à partir de cette époque le mouvement de la population de langue française, l'ancienne Acadie non comprise.

Années.	Bas-Canada.	Haut-Canada.	Total.
1844	524.244	pas de recens.	»
1848	pas de recens.	20.490	»
1851	669.528	26.417	695.945
1861	847.615	33.287	880.902
1871	929.817	75.383	1.005.200

La période 1861-1871 a été marquée par un mouvement d'émigration considérable du Bas-Canada vers le Haut-Canada et les États-Unis, ce qui explique la diminution du taux d'accroissement de la population dans cette province.

IV

SUPERFICIE

Provinces.	Milles anglais carrés.	Kilomètres carrés.
Québec (Bas-Canada)...	193.355	500.769
Ontario (Haut-Canada).	107.780	279.138
Nouveau-Brunswick....	27.322	70.761
Nouvelle-Écosse.......	21.731	56.281
Manitoba.............	14.000	36.258
Ile du Prince-Édouard..	2.100	5.439
Colombie Britannique..	390.344	1.010.949
Territoires du Nord-Ouest, Terre de Rupert et Labrador.........	2.650.000	6.863.222
TOTAUX...	3.406.632	8.822.817

Notons ici que l'Ontario vient d'être considérablement
agrandi aux dépens du Territoire du Nord-Ouest, et que
le Manitoba s'attend à un grand accroissement vers l'est,
l'ouest et le nord.

Rappelons comme point de comparaison que la superficie de la France européenne est de 528 576 kilomètres
carrés.

Dans les quatre premières provinces sur une superficie
totale de 906 949 kilomètres carrés ou 90 694 900 hectares,
un peu moins de vingt millions d'hectares (19 979 242)
étaient possédés en 1871 par les particuliers. Le reste
appartenait encore au domaine public. La population
de ces mêmes provinces n'étant que de 3 485 761 habi-

tants, le rapport de l'étendue des propriétés à la population est donc de $5^h,73$ par tête. En réalité, les terres possédées à titre privé sont exploitées par 367 862 chefs de famille, dont 326 160 propriétaires et 39 583 fermiers, ce qui donne une moyenne de 54 hectares par propriété rurale.

Sur ces vingt millions d'hectares possédés, sept millions seulement étaient utilisés et mis en valeur; à savoir : (en chiffres ronds) 4 780 000 en grande culture, 2 110 000 en pâturages et 110 000 en vergers et jardins.

On comptait en 1871, dans les quatre provinces ci-dessus désignées, 836 743 chevaux, 2 624 390 têtes de gros bétail, et 3 155 509 moutons.

Le produit des forêts canadiennes, pour l'année 1870, s'est élevé à 744 040 659 mètres cubes de bois de toutes sortes, plus 121 685 mâts de navires.

V

PROGRESSION DU COMMERCE AVANT LA CONFÉDÉRATION

Années.	Commerce général en dollars (5 fr. 18).
1835......................	environ 10.000.000
1850......................	29.703.000
1855......................	64.274.000
1860......................	68.955.093
1864-65 (année fiscale) ..	80.644.951
1866-67 id. ..	94.791.860

APRÈS LA CONFÉDÉRATION

	Exportations.	Importations.	Total.
1868-69.....	60.470.000	67.400.000	127.870.000
1869-70.....	73.570.000	74.810.000	148.380.000
1872-73.....	89.790.000	127.515.000	217.305.000
1875-76.....	80.966.000	94.733.000	175.000.000

On reconnaît l'influence de la grande crise américaine dans l'arrêt de la progression entre 1873 et 1876.

VI

RENSEIGNEMENTS DIVERS

Finances de la Confédération. — Comptes de l'année financière finissant le 30 juin 1876 (en dollars).

Recettes	43.922.068
Dépenses	43.075.841

Parmi les recettes les douanes figurent pour 12 823 838 dollars et les impôts indirects (accise) pour 5 563 487.

Parmi les dépenses, le service de la dette absorbe 7 432 004 dollars, l'amortissement 4 772 798, les subventions aux provinces 3 690 355.

Le capital de la dette était au 1er juillet 1876 de 124 551 514 dollars.

Marine. — La marine marchande du Canada comptait, à la fin de 1874, 6 930 navires jaugeant 1 158 363 tonneaux, dont 634 vapeurs.

Chemins de fer. — A la fin de 1875 la longueur des chemins de fer en exploitation était de 7 150 kilomètres.

Immigration. La route du Saint-Laurent est depuis longtemps une des grandes voies que suit l'immigration européenne à destination du Nouveau Monde. Mais il s'en faut de beaucoup que tous les passagers qui débarquent à Québec ou à Montréal soient de futurs colons pour les provinces du Canada. Un très grand nombre gagnent immédiatement les États-Unis.

Voici cependant quelques chiffres pour les vingt-cinq dernières années.

Années.	Nombre d'émigrants venus d'Europe par le fleuve Saint-Laurent.
1854	53.180
1858	12.810
1862	22.176
1866	28.648
1870	44.575
1874	23.894
1875	16.038 } années de crise.
1876	10.901

Si le chiffre des arrivages d'Europe a diminué, celui de Canadiens rapatriés des États-Unis par la frontière de terre et qui ont fait déclaration d'établissement a pris en revanche une certaine importance. Il s'est élevé à 8 971 en 1873, à 14 110 en 1874, à 8 139 en 1875, à 11 134 en 1876. Ce sont surtout des Canadiens-Français.

Au point de vue de la nationalité, les émigrants arrivés à Québec se partageaient ainsi qu'il suit :

	1870	1871	1872	1873	1874	1875	1876
Anglais	20.934	17.915	14.867	18.004	13.298	7.582	4.989
Irlandais	2.858	2.980	3.410	4.336	2.650	1.449	808
Ecossais	3.279	3.426	4.165	4.665	2.562	1.816	1.009
Allemands	595	9.300	764	739	462	176	104
Scandinaves	16.780	2.999	10.148	6.447	1.407	1.201	1.157
Français et belges	»	»	1.366	2.634	1.632	534	289
Autres origines	29	400	23	76	»	»	40
Islandais	»	»	»	»	351	22	1.167
Mennonites	»	»	»	»	1.532	3.258	1.358
	44.475	37.020	37.743	36.901	23.894	16.038	10.901

FIN

FIN DE LA TABLE DES MATIÈRES.

PARIS. — IMPRIMERIE E. MARTINET, RUE MIGNON, 2.